O GRANDE LIVRO
DO
REIKI

JOÃO MAGALHÃES

O GRANDE LIVRO
~ DO ~
REIKI

MANUAL PRÁTICO E ATUALIZADO
SOBRE A ARTE DA CURA
— Níveis 1, 2 e 3 —

BAMBUAL
editora

Publicado pela primeira vez em Portugal pela Nascente, chancela da 20|20 Editora

Coordenação Editorial
ISABEL VALLE

Texto
JOÃO MAGALHÃES

Capa
IDEIAS COM PESO

Paginação
PAULO SOUSA

M188o

Magalhães, João
    O Grande Livro do Reiki: manual prático e atualizado sobre a Arte da Cura, níveis 1, 2 e 3 / João Magalhães – Rio de Janeiro: Bambual Editora, 2021.
    416 p.; ilus.

    ISBN 978-65-89138-06-8

    1. Saúde. 2.Terapias específica. I. Magalhães, João. II. Título.
                                    CDD 613
                                    615.8

www.bambualeditora.com.br
conexao@bambualeditora.com.br

Sumário

Dedicatória

Este manual é dedicado ao Mestre Usui, o grande pilar do Reiki. Sem ele nada seria possível neste método, somos apenas as mãos que cumprem o que é possível.

À Sílvia, por todo o amor incondicional.

A você, praticante de Reiki, pois você é o rosto do Reiki. Desejo que este manual lhe ajude a encontrar a si mesmo dentro do caminho do Reiki e que lhe traga momentos de felicidade e boa prática. Não desista, confie em si, tenha força e se alegre por todas as experiências, são elas que nos fazem crescer.

A todos os meus alunos e amigos, que tanto me ensinam e me levam a praticar cada vez mais Reiki.

A Carlos Marques, pela sua sabedoria, por ser de certa forma o pai do profissionalismo no Reiki, em Portugal, e por me inspirar a fazer mais e melhor, por todos.

A Johnny De' Carli, pela sua amizade e vivência.

A Carlos Alberto de França Rebouças Júnior, por toda a sua amizade e partilha.

À Cláudia, Filipa e Cristóvão, pelo apoio com as fotografias.

A Akemi Lucas, pela excelente caligrafia que usei.

A Masami, pela tradução de japonês para inglês.

A James Deacon, pela sua imensa partilha e apoio pessoal desde 2008.

Muito obrigado à Dália pela sua partilha de saberes sobre cristais e que me levou a encarar esta forma terapêutica de outra forma.

A todos os que me trazem desafios e exigências.

A todos os Mestres que fazem do Reiki seu caminho.

À Associação Portuguesa de Reiki, a todos os seus membros, voluntários e associados, que fazem tanto pelo Reiki em Portugal.

À editora, pela confiança, estímulo e apoio neste manual.

Prefácio

Quando observamos a natureza, nos deslumbramos com as suas maravilhas.

Quando encontramos o amor da nossa vida, é a plenitude.

Quando temos saúde, rejubilamos.

Estamos rodeados de belezas indescritíveis, sensações e acontecimentos inesquecíveis.

No entanto, muitos afirmam que, apesar de tudo isso, não encontram a felicidade.

O Grande Livro do Reiki é um livro maravilhoso, cuja leitura recomendo vivamente a todos que procuram a felicidade, o equilíbrio e a paz interior. Fruto da pesquisa e experiência do autor, é muito prático, enriquecedor e expõe técnicas muito úteis. Trata-se de uma vasta obra que explora exaustivamente, de forma teórica e prática, grande parte dos conhecimentos sobre Reiki existentes, atualmente, no mundo ocidental.

Nele podemos aceder a uma cronologia cuidada dos acontecimentos e seus intervenientes, com início no desenvolvimento do Reiki por Mestre Usui, seguido pelos Mestres influentes que marcaram a expansão do Reiki nos cinco continentes; e, também, a um vasto leque de temas muito interessantes, dos quais tomo a liberdade de destacar os seguintes: a explicação da necessidade de ética na prática do Reiki; a importância dos símbolos; o dicionário de Reiki; a abordagem de todas as etapas a percorrer desde a iniciação ao Nível 1 até à preparação para o grau de Mestre; «ensinar a ensinar»; como elaborar um manual; e, até, alguns dados para facilitar a legalização necessária à prática do exercício de terapeuta, ou formador, por conta própria.

Partindo do conhecimento de que tudo é energia e que a energia do Reiki nunca se esgota, aceitamos que a sua utilização não tem limites. No entanto, o propósito do Reiki não é curar, mas sim estabelecer harmonia e equilíbrio para que a saúde se restabeleça. É neste âmbito que é tão importante a abordagem da prática do Reiki no dia a dia, nas diversas vertentes da vida.

Para concluir, deixo aqui uma nota de homenagem ao autor pelo contributo valioso que presta a todos que desejam conhecer o Reiki e que, através desta energia maravilhosa, procuram melhorar as suas vidas.

Devo dizer, também, que é uma honra apresentar este livro, especialmente pelo que ele representa, pela grandeza de seu propósito, por chegar a todos os leitores e por responder a muitas das perguntas para as quais é difícil encontrar respostas.

Carlos Marques

O que é este manual
e como trabalhar com ele

«Quando o espírito está calmo,
toda a vida é verdadeira.»
– Goto Yuko Osho

Para mim, o Reiki e a sua vivência têm de ser algo muito prático e é isso que quero passar com este manual. Como tal, não espere uma obra literária e nem grandes divagações. Felizmente, existem imensos autores com esse trabalho já realizado e que poderão dar outras abordagens no percurso. Da minha parte, com este manual prático, pretendo passar ferramentas úteis ao seu caminho enquanto praticante, aliás, até mesmo antes de você ser praticante. Qualquer pessoa poderá ler este livro para compreensão do que é o Reiki e do que poderá atingir com esta prática. Se você é Mestre de Reiki, tenho também algumas partilhas para você, como certas aulas de exemplo na seção de *Gokukaiden*. No entanto, no manual não é ensinado a sintonizar: isso é uma prática que merece respeito e somente deve ser passada a quem está no momento certo, com seu Mestre, para o realizar.

Diz o Mestre Usui que «a missão do *Usui Reiki Ryoho* é guiar para uma vida pacífica e feliz, curar os outros, melhorar a sua felicidade e a de nós mesmos». E, para mim, tudo isso está contido na frase inicial dos preceitos do Reiki, que se torna o título deste manual prático.

Toda esta informação é fruto da minha pesquisa e, acima de tudo, da minha vivência no Reiki. Aqui incluí alguns materiais que são exclusivos, como a tradução do *Reiki Ryoho* no *Shiori*, que é o Manual do Reiki da Associação do Mestre Usui (Usui Reiki Ryoho Gakkai), pois providenciei a tradução do japonês para inglês. Sobre este manual, que bondosamente chegou até mim, decidi distribuir por muitos dos autores e investigadores de Reiki, para que eles também pudessem se enriquecerem com este saber e espalhá-lo bem melhor do que eu, para seus leitores. Só tenho a agradecer aos meus alunos e a todos os que partilham comigo suas questões através do Tao do Reiki. Acredito que é assim mesmo que todos podemos crescer, pela partilha. Observe este manual com a devida bondade. Você já sabe que nada é obrigatório e que a Verdade é quase inalcançável. Pratique e sinta, isso sim, é importante, cresça na elevação da consciência que o Reiki traz e partilhe essa felicidade com os outros. Lembre-se: *o Reiki é a arte secreta para convidar a felicidade.*

O MANUAL ESTÁ DIVIDIDO EM VÁRIAS PARTES:

- Explicação do que é o Reiki para não praticantes e a sua preparação para um curso de Reiki;
- Os níveis de Reiki. De *Shoden* a *Shinpiden*, do Nível 1 ao Nível 3;
- *Gokukaiden*, ensinar a ensinar;
- Viver com o Reiki, alguns exemplos de como você pode aplicar a filosofia de vida do Reiki em seu dia a dia;
- As técnicas de Reiki, guia prático de referência.

Esta divisão tem a função de ir auxiliando você ao longo da prática, de forma estruturada – a preparação para um curso de Reiki, os três níveis comuns a todos os sistemas, a preparação de ensinar a ensinar.

Entre cada nível tem uma seção preparatória para o início do próximo percurso que você fará. Cinco dias do Nível 1 para o Nível 2, 10 dias do Nível 2 para o Nível 3, 21 dias do Nível 3 para o 3B.

Divirta-se e seja feliz com sua prática de Reiki.

Nota à prática de Reiki:

O Reiki deve ser entendido como uma filosofia de vida, uma prática de desenvolvimento pessoal e uma terapia complementar e integrativa. Como tal, um praticante nunca deve deixar de tomar medicação ou aconselhá-lo a outra pessoa. Somente profissionais de saúde capacitados é que têm o saber para tal. Assim como nunca deve ser indicada qualquer promessa de cura. Esta ocorre por tantos fatores que muitos são absolutamente desconhecidos por nós.

O Reiki é uma prática que nos convida à felicidade, por nos ajudar a elevar a consciência, a transformar os nossos padrões de comportamento e a criar harmonia em todos os nossos corpos.

A nossa base é a energia e o saber holístico.

Parte I

O que é Reiki para não praticantes

1. O que é Reiki

«Você tem a paciência para esperar até que a lama assente e a água fique clara? Pode permanecer quieto até que a ação correta surja por si própria?» — Lao Tzu

O REIKI É SIMPLES

É uma energia universal, que está em todo o lado com uma frequência abrangente, curadora e vital. É a energia da criação, que anima todas as coisas vivas. Usar Reiki para outra finalidade que não seja o propósito de bem-estar, cura, vitalidade, não é usar a energia Reiki mas qualquer outra vibração. O Reiki apenas funciona quando a pessoa tem a vontade de doar incondicionalmente, daí ser uma energia dependente do chacra cardíaco do praticante. Sem amor incondicional e capacidade de doar, o Reiki não funciona, nem para autotratamento nem para aplicação a outros.

O Reiki trata o ser humano como um todo, auxilia o processo de autocura do próprio corpo, relaxa os músculos, alivia pequenas dores, auxilia no relaxamento mental e proporciona um bem-estar prolongado.

COMO FUNCIONA O REIKI

Considera-se que o Reiki está numa determinada frequência de energia. Ao ser iniciado, você estará sintonizado como receptor e emissor da Energia Universal e terá uma ligação direta à fonte desta energia. Seus canais energéticos estarão abertos, desbloqueados, alargados e, com o trabalho diário, serão aprimorados. Com isto não quero dizer que estará imediatamente preparado para receber e para enviar energia, pois terá que trabalhar com o autotratamento e meditar nas alterações que vão acontecendo em nossos variados corpos (físico, mental, emocional e espiritual). Principalmente, é importante nunca esquecer a prática dos princípios.

Para você compreender o que é o Reiki, precisa compreender que tudo é energia. O Reiki é uma energia universal que não se esgota, mesmo quando tratamos outras pessoas; estando a energia a passar por nós, estamos a nos tratar. Podemos dizer que é sempre uma ação benéfica para todos.

A sua aplicação é bastante extensa: em crianças, em adultos, nos animais e nas plantas, no ar, no planeta, nas nossas vontades e sonhos. **O Reiki não tem limites, apenas aqueles que estabelecermos**, no entanto, para que tudo seja sempre feito pelo BEM SUPREMO de cada um.

Praticar Reiki exige o desenvolvimento da consciência e a prática do amor incondicional. Esta forma de amor é a que dá sem esperar retribuição, que não olha para rostos e nem corações, mas para a necessidade de um bem maior.

O SIGNIFICADO DO REIKI

Em sua sabedoria, o Mestre Usui deu o nome do Reiki à energia que sentiu no topo da sua cabeça, no final do retiro no Monte Kurama. Em japonês, pode-se traduzir literalmente Reiki como Energia Espiritual ou Energia Universal. Mas o *kanji*, ou seja, o ideograma Reiki, tem uma sabedoria mais profunda que nos leva a compreender melhor o que é esta prática e filosofia de vida.

O Reiki surge da junção de dois *kanji*, *Rei* e *Ki*, o que nos faz refletir que não pode haver *Rei* sem *Ki*, nem *Ki* sem *Rei* – espírito sem matéria, matéria sem espírito; Energia do Céu sem Energia da Terra, Energia da Terra sem Energia do Céu. Tudo deve estar em harmonia.

O *kanji Rei* 靈 é composto por 24 passos. Seu significado literal é espírito, alma, fantasma, Universo, algo vindo de cima. O radical é 雨, que significa chuva. Para melhor se explicar este *kanji* podemos criar uma história muito simples. Observando o *kanji* encontramos muito significado em cada um dos seus traços. Um agricultor, ao ver a sua terra tão seca, clama ao Céu, aos *Kami*, para que chova. Este, ao derramar a sua bênção sobre a terra, faz o agricultor dançar de alegria. Vale a pena refletir sobre este *kanji*, pois ele explica muito do que é o Reiki – pedimos coisas boas que nos tragam fertilidade, felicidade, e ao recebermos ficamos alegres e gratos.

O *kanji Ki* 氣 é composto por 10 passos. Seu significado literal é vapor, ar, atmosfera, espírito (o arroz a ser cozido representa a energia).

O radical deste *kanji* é 气, que representa espírito, vapor. Pensa no comboio a vapor, no que o fazia mover. Quando guardamos energia temos muita força para continuar em frente. O Reiki permite-nos conservar e renovar a energia vital.

ASSIM, PODEMOS DIZER QUE O REIKI É:

- Um método japonês com técnicas que auxiliam o processo de cura por «imposição das mãos» e elevação da consciência;
- Uma filosofia de vida com base em Cinco Princípios;
- Uma prática de autoajuda para o crescimento pessoal;
- Um método possível de utilizar em qualquer lugar, momento ou situação;
- Uma técnica para equilibrar todos os nossos corpos;
- Envolver uma cura natural, profilática, que auxilia a manutenção do bem-estar;
- Uma terapia complementar e integrativa, que não exclui as outras medicinas ou terapias, antes pelo contrário, pode ampliar a sua eficácia.

ENERGIA UNIVERSAL: O QUE É? SERÁ REIKI?

Muitas vezes dizemos que o Reiki significa Energia Universal. Esta é uma definição mais consensual para o Ocidente e, de certa forma, mais isenta de conexões a aspectos religiosos ou espirituais. Esta energia está em todo o lado, não tem «polaridade», corresponde à energia vital que nos anima. É comum a todas as pessoas, animais e matéria. Sentir a Energia Universal é como sentir a vida pulsar dentro de nós. Os órgãos preenchem-se de vitalidade, as emoções harmonizam-se, a mente abranda. Estando em todo o lado, qualquer praticante pode veiculá-la, entrando pelo seu Chacra da Coroa, saindo pelas mãos. O fluxo dependerá do receptor e também da própria qualidade do canal do emissor. Imagina que o canal energético é como uma mangueira. Se estiver bem cuidada a água fluirá, se estiver pouco cuidada poderá encontrar algo como uma mangueira ressequida, com limos ou até estar dobrada.

Na perspectiva do Taoismo, podemos considerar o Reiki como Wuji, a energia primordial, sem fim, infinita. Wuji é a fonte do *tai chi* (*yin/ /yang*), que dá origem a todas as coisas.

Apesar de a energia universal estar disponível em qualquer lugar, não quer dizer que devamos praticá-la não importa onde. Se estiverem num ambiente denso, conseguirão fluir Reiki (sem dúvida), mas o efeito desse ambiente carregado no vosso campo energético poderá não ser o melhor.

Diz-se que a Energia Universal, Reiki, não tem polaridade. Não apanhamos choques elétricos nem absorvemos energia a mais – é recebida e emitida na medida necessária. Não conseguimos explicá-la cientificamente nem existe uma medição muito concreta. Isso talvez aconteça porque se esperam picos de energia ou uma intensidade superior à normal; mas porque não considerar algo tão sutil que, por essa mesma simplicidade, traga o equilíbrio? Num ambiente pesado nos sentimos mal, num ambiente leve nos sentimos bem. Vale a pena refletir e investigar mais neste sentido.

«A força reside onde o *Ki* está concentrado e estável; a confusão e a malevolência reinam onde o *Ki* estagna.» Estes sábios conselhos de Morihei Ueshiba são uma advertência ao praticante – cultivar e aprender a concentrar o *Ki*. Esta concentração de energia vital depende também da nossa capacidade de não esgotar a energia através de más práticas ou desgastes emocionais. Ao deixar fluir o Reiki estamos harmonizando a energia interior e vital, mas devemos aprender a mantê-la e cultivá-la.

Um dos aspectos mais belos da prática do Reiki é começarmos a perceber que fazemos parte de um todo. Sentimos a energia que nos rodeia, que está dentro de nós, essa mesma energia que envolve os outros e os preenche. Assim, mais sentido faz percebermos e sentirmos que somos parte de um todo – individuais, únicos, mas interligados e igualmente importantes.

Faz sentido continuarmos a usar a expressão Energia Universal para definir o Reiki, pois é isso mesmo que a energia representa. Quando a sociedade conseguir compreender melhor os termos «espiritualidade», «essência» e «energia», então conseguiremos comunicar ainda melhor.

Por enquanto apenas há muita confusão e como o Reiki é simples podemos e devemos manter a simplicidade.

UM RESUMO SIMPLES DO REIKI

O Reiki é simples, é uma energia que está em todo o lado e, se você estiver devidamente sintonizado, será capaz de trabalhar com ela. É a energia que faz parte do método de cura natural Usui, um processo que Mikao Usui desenvolveu em 1922, após um retiro no Monte Kurama, durante 21 dias. No final desse retiro ele tomou consciência de uma energia que pode harmonizar e auxiliar no processo de cura. Para completar seu método, o Mestre Usui indicou **Cinco Princípios** para serem a filosofia de vida de qualquer praticante de Reiki. Esses princípios são:

Só por hoje, sou calmo;
Confio;
Sou grato;
Trabalho honestamente;
Sou bondoso.

Além dos princípios, o Mestre Usui escolheu também 125 poemas do Imperador Meiji para reflexão e trabalho interior.

O Reiki não é meramente imposicionar as mãos: é, principalmente, a elevação da consciência.

O Reiki também não é uma prática sem fundamento, já que tem 21 técnicas distribuídas ao longo de três níveis. Estas técnicas ajudam-nos a equilibrar a mente e o corpo, a elevar a consciência e a aumentar a nossa energia. Além da capacidade de fazermos autotratamento, o método proporciona também a aplicação aos outros. Neste tipo de tratamento começamos logo a aprender no primeiro nível, mas aconselha-se que seja feito a outras pessoas a partir do segundo e terceiro níveis.

O KANJI DO REIKI

	TRADUÇÃO	CONJUNTO
	Céu	Ame (Chuva)
	Chuva	
	Rezar, comunicar	Utsuwa (Recipiente)
	Céu	Miko (Xamã)
	Dançar	
	Terra	
	Vapor	
	Pote de cozinhar arroz	
	Grãos de arroz	Kome

2. Dicionário conciso do Reiki

Encontraremos muitas palavras em japonês que podem fazer alguma confusão, principalmente por serem foneticamente parecidas. Neste pequeno dicionário pretendo esclarecer alguns desses termos.

- **Anshin Ritsumei** – Elevação da consciência, estado de paz imperturbável no qual se encontra o propósito da vida.
- **Byosen** – Sensação das zonas doentes.
- **Chokurei** – Édito imperial, primeiro símbolo do Reiki usado para potenciar e ligar à energia Reiki.
- **Denju** – Sintonização.
- **Daikomyo** – Grande luz brilhante. Quarto símbolo do Reiki.
- **Dojo** – A escola. Significa literalmente "local do caminho".
- **Gainen** – Os preceitos do Reiki, escritos pelo Mestre Usui.
- **Gokai** – Os Cinco Princípios.
- **Gokai Sansho** – Tripla entoação dos Cinco Princípios (*sansho*).
- **Gokukaiden** – Nível 3B do Reiki: ensinar a ensinar, transmissão dos mais altos mistérios.
- **Gyosei** ou **Meiji Tenno Gyosei** – Poemas escritos pelo Imperador Meiji. O Mestre Usui escolheu 125 poemas para os seus alunos refletirem.
- **Hara** – Centro energético, abaixo do umbigo.
- **Honshazeshonen** – Esta pessoa corrige justamente os seus pensamentos. Terceiro símbolo do Reiki, usado para tratamento mental e à distância.
- **Kaicho** – Presidente, título dado ao líder da Usui Reiki Ryoho Gakkai.
- **Hikari** – Luz.
- **Hikkei** – Companheiro, caderno ou manual.
- **Ho** – Método ou técnica.
- **Kanji** – Caracteres chineses usados para se escrever Reiki em japonês, representam conceitos.

- *Koten Hanno* – Crise de cura. Processo pelo qual pode passar um praticante do Reiki ou um receptor duma terapia, para fazer uma limpeza em todos os corpos, atingindo o equilíbrio.
- *Kotodama* – «Espírito-palavra» – Palavras sagradas ou sílabas sagradas. O que pode ser aplicado ao recitar os símbolos para que se ativem.
- *Kurama Yama* – Monte Kurama, em Quioto, onde o Mestre Usui sentiu o Reiki pela primeira vez.
- *Okuden* – Nível 2 de Reiki, transmissão profunda.
- *Reiki* – Energia universal, energia espiritual, a energia usada na prática do *Usui Reiki Ryoho*.
- *Reiho* – Método (*ho*) espiritual/Método universal. O conceito é estranho para nós, ocidentais, mas representa algo que vem de cima, uma energia.
- *Reiha* – Uma onda de Reiki. O fluxo que a energia Reiki provoca e faz sentir.
- *Reiju* – Empoderamento espiritual e energético.
- *Ryoho* – Método de cura.
- *Menkyo Kaiden* – Permissão para ensinar. Certificado que comprova determinado grau.
- *Seiza* – Postura de joelhos, sentado em cima dos calcanhares. A tradução significa "postura correta".
- *Sensei* – Mestre.
- *Seiheki* – Harmonia, segundo símbolo do Reiki, usado para harmonização e purificação.
- *Shihan* – Professor ou instrutor.
- *Shihan Kaku* – Mestre assistente.
- *Shinpiden* – Nível 3 do Reiki, transmissão dos mistérios.
- *Shirushi* – Símbolo, o que pode ser aplicado aos símbolos do Reiki.
- *Shoden* – Nível 1 do Reiki, a primeira transmissão.
- *Tanden* – Centro energético localizado abaixo do umbigo. São identificados três *Tanden*:
  - *Kami Tanden* ou *Jo Tanden* – Centro de energia localizada na cabeça, entre os olhos. Pode ser chamado Centro dos Deuses (*kami*);

- *Naka Tanden* **ou** *Chu Tanden* – Centro cardíaco;
- *Shimo Tanden, Seika Tanden, Ge Tanden* ou apenas *Tanden* – Centro energético localizado abaixo do umbigo.
- *Teate* – Tratamento com as mãos.
- *Usui Reiki Ryoho* – Método de cura natural Usui.
- **Usui Reiki Ryoho Gakkai** – Sociedade, Associação Reiki do Método de Cura Natural Usui, que é a associação fundada pelo Mestre Usui, ou pelos seus primeiros alunos.

3. A aprendizagem do Reiki

O ensino do Reiki pode depender do sistema e do Mestre. A distribuição de ensino mais comum é a que divide a aprendizagem em quatro níveis – *Shoden, Okuden, Shinpiden* e *Gokukaiden*. Nos anos 1980, quando o Reiki chegou a Portugal, os níveis não vinham com o nome em japonês, por isso foram traduzidos simplesmente como Nível 1, Nível 2, Nível 3 e Nível 3B.

O Reiki chegou até nós, ou pelo menos à maioria, pelas mãos da Mestra Takata. Ela chamou ao seu sistema de ensino Usui Shiki Ryoho. Acredito ser importante conhecer a história do Reiki e compreender a importância dos três grandes mestres – o fundador Mikao Usui, Chujiro Hayashi e Hawayo Takata –, assim como também acredito que, conhecendo hoje a história do Reiki, assim como a «simplificação» da Mestra Takata sobre o Reiki, foi uma adaptação necessária àqueles tempos pós-Segunda Guerra Mundial, nos Estados Unidos. A perspectiva de Takata sobre o Reiki foi necessária naquele tempo. Houve um maior paralelismo entre o Reiki e o Cristianismo e o «poder de cura» ou «dom de cura»; basta ver-se que Takata referia-se a Mikao Usui como sendo um padre cristão. Hoje em dia sabemos que tal não era verdade: Mikao Usui nunca foi padre cristão e nem ensinou numa universidade em Chicago. O Reiki não precisa ter uma associação religiosa ou espiritual, pois é energia. Quando alguém perguntava o que significava «Reiki», a Mestra Takata dava uma resposta muito simples: *Rei* significa «universal» e *Ki* «energia». Ela também se referia ao Reiki como «uma força universal do Grande Espírito Divino» e «Uma energia cósmica para curar o doente», ou ainda como sendo o «Poder de Deus». Percebe-se assim como tão facilmente este método de cura natural entrou nas sociedades de profunda base cristã, como o Brasil e Portugal.

A Mestra Takata ainda dizia algo muito importante: o Reiki não está associado a qualquer matéria visível. É um poder espiritual invisível, que irradia vibração e que nos eleva em harmonia. Este poder não é compreensível para o Homem, ainda que cada ser receba as suas bênçãos. O Reiki ajuda a alcançar saúde, felicidade e segurança, que levam ao caminho da longevidade.

NÍVEL 1: *Shoden*
SIGNIFICA «PRIMEIRA TRANSMISSÃO», O DESPERTAR

O Nível 1 do Reiki compreende os conhecimentos básicos para fundamentar todo seu caminho. O que é Reiki, a filosofia de vida, o que é a energia e o corpo energético, como fazer o autotratamento e tratamento aos outros. É um nível que está mais focado para a prática em si mesmo e para o desenvolvimento dos princípios para a sua transformação e elevação da consciência. É um nível que trabalha mais o campo físico.

NÍVEL 2: *Okuden*
SIGNIFICA «TRANSMISSÃO PROFUNDA», A TRANSFORMAÇÃO

Neste nível será trabalhada a cura emocional e mental. Também poderá enviar Reiki à distância e trabalhar questões passadas. Aprenderá símbolos e demais técnicas que potencializam a cura.

NÍVEL 3: *Shinpiden*
SIGNIFICA «TRANSMISSÃO DOS MISTÉRIOS», A REALIZAÇÃO

Desenvolverás uma outra compreensão sobre a energia, sobre ti mesmo. Trabalhará essencialmente no campo «espiritual», ou seja com a fonte da energia vital. Aprenderá o símbolo de Mestre e iniciará o percurso de Mestre de si mesmo.

NÍVEL 3B: Mestrado. *Gokukaiden*
SIGNIFICA «TRANSMISSÃO DOS MAIS ALTOS MISTÉRIOS»

Neste nível completa-se o primeiro ciclo de aprendizagem do Reiki, em que o aluno aprende a ensinar. É uma revisão de toda sua aprendizagem e a preparação para passar a outras pessoas. Aprende-se como sintonizar em cada um dos níveis de Reiki. A sintonização poderá ser diferente de sistema para sistema.

Cada um destes níveis deve ser feito calmamente, ao seu ritmo. Todos os teus corpos devem habituar-se à transformação que o Reiki lhes traz e isso indica que você terá três níveis, mas toda uma vida de experiências e aprendizados pela frente. Cada nível conduz a uma nova perspectiva de vida, uma possibilidade de curar o passado, e o presente, para viver mais feliz.

A passagem entre cada nível implica o conhecimento da respectiva matéria, a prática do Reiki em si próprio e nos outros. Seja honesto consigo mesmo sobre isso, não procure usar o Reiki como uma aspirina ou como uma solução rápida para ganhar dinheiro – verá que não é bem assim.

4. Perguntas e respostas frequentes antes de aprender Reiki

Não tenho qualquer religião nem crenças espirituais, considero-me ateu: posso praticar Reiki?

Sim. O Reiki não requer crenças, não incentiva dogmas ou cismas. A prática está relacionada com a energia e com o crescimento pessoal. Os Cinco Princípios são valores humanos universais e não únicos numa crença espiritual ou religiosa.

Já pratico Reiki mas nunca fui sintonizado: é possível?

No campo da energia, tão desconhecida para nós, tudo é possível. No entanto, é tido como norma que apenas é praticante de Reiki quem recebeu a devida sintonização por um Mestre, tendo também sido sintonizado, numa linha que vai até ao Mestre Mikao Usui. Se não o foste, se não te passaram a devida ligação à fonte de energia nem te transmitiram oralmente os ensinamentos, então não se pode dizer que a energia que você partilha é Reiki, assim como não se pode dizer que seja um praticante de Reiki. Procure um Mestre que possa lhe ensinar e passar todos os conhecimentos necessários, assim como a sintonização, e verá que isso fará toda a diferença.

O que são as linhagens? São importantes?

As linhagens representam o percurso de Mestre para Mestre, até chegarmos a Mikao Usui. Só têm importância na medida em que compreender que seu Mestre foi realmente sintonizado por alguém que também foi sintonizado a partir de Mikao Usui. De resto, o mais importante não são as linhagens mas a vivência e a prática do Reiki.

Dizem que o Reiki é milenar: está correto?

Uma coisa é a arte terapêutica de cura pelas mãos, outra é o *Usui Reiki Ryoho* – o método de cura natural Usui, criado por Mikao Usui em 1922, que compreende Cinco Princípios e 21 técnicas, para elevação da consciência, o aumento da energia vital e o tratamento a si próprio e aos outros.

A cura pelas mãos, ou o tratamento pelas mãos, é uma prática milenar, mas isso é a mesma coisa que compararmos a capacidade de o ser humano filosofar à filosofia de Platão. Esta última só surgiu com Platão e depois apenas foi continuada por quem a praticou.

Acabei de concluir o Nível 1: posso fazer o Nível 2 já amanhã?

Sem dúvida que é uma responsabilidade sua e do Mestre que lhe facilitar. Reflita o seguinte: Reiki é trabalhar com energia e é transformar a consciência para chegar à felicidade, para atingir o *Satori*, como o Mestre Usui dizia, a iluminação. Você crê que, de um dia para o outro, conseguirá absorver todos os princípios, as aprendizagens, e realizar as mudanças em si?

Dizem que, afinal, o Reiki não é uma filosofia de vida. É verdade?

Repara no que o Mestre Usui diz logo nos preceitos que escreveu: «É a arte secreta para convidar a felicidade». Este método envolve os princípios, os chamados *Gokai*, e, claro, a prática de autotratamento. Uma filosofia de vida é uma forma de encarar e participar da vida. Quando temos Cinco Princípios tão simples e tão completos, que nos pedem uma realização no momento presente, "só por hoje", então temos verdadeiramente uma filosofia de vida. O que não temos é um conceito de seita, de alimentar o ego ou de exclusivismo. O Reiki é simples, para todos, e ajuda-nos na transformação social.

Será que qualquer pessoa pode canalizar o Reiki?

Sim, todas as pessoas têm essa capacidade, desde que sejam corretamente iniciadas. O termo «canalizar» é algo estranho, pois faz-nos lembrar outras práticas espirituais com as quais o Reiki já foi confundido. Através de nós passa a energia universal, o Reiki, que vai para nós mesmos ou para os outros. Na verdade, todos recebemos Reiki, apenas não sabemos como trabalhar com essa energia, daí a necessidade da sintonização. Seria algo preconceituoso dizer que o Reiki é apenas para alguns escolhidos. O Reiki é para todos, sem dúvida, apenas requer trabalho e entrega.

Tenho lido que o Reiki cura, é verdade?

Não. O que o Reiki faz é proporcionar a cura, o equilíbrio da pessoa, se isto for possível. Pensa numa pessoa como sendo uma floresta. Essa floresta está muito mal cuidada e, além disso, decide-se abrir lá um poço de petróleo, que lhe traz ainda mais poluição. Imagina o Reiki como sendo o ar puro que tenta-se manter nesse espaço. É difícil se o espaço não mudar. Por isso se diz que a cura depende muito da própria pessoa. Existem situações de ausência de saúde que não são reversíveis. Nesse caso, o Reiki pode não curar, mas auxilia a diminuir os efeitos secundários e a trazer mais qualidade de vida à pessoa. Lembre-se também que o praticante de Reiki não cura, é apenas o veículo da energia.

5. Como escolher um Mestre de Reiki

Como aprender Reiki e com quem? Qual a motivação, os sistemas, o percurso? Estas são as questões que você deve colocar a si mesmo e, inclusive, qual escola que deve escolher para seu percurso no Reiki.

COMO SEI QUE ME IDENTIFICO COM O REIKI?

A opção de estudar e praticar Reiki parte exatamente dos mesmos princípios de qualquer outra disciplina curricular que se escolha como complemento para o nosso saber ou profissão.

Eis algumas questões que pode colocar a si mesmo:

- Que intenção me motiva para aprender Reiki?
- Quais meus objetivos de aprendizagem?
- O que irei fazer com esse conhecimento?
- Tenho motivação para cuidar de mim?
- Quero tratar os outros, mas compreendo que tenho de me equilibrar primeiro?

O Reiki parte de pressupostos que levam a olhar o ser humano de uma perspectiva holística, ou seja, encará-lo como um todo, um ser com corpo, mente, emoções, essência e uma estrutura energética. O Reiki não é uma religião nem está ligado a uma religião. Os seus Cinco Princípios são linhas condutoras para a boa construção do praticante de Reiki e uma ótima base para o despertar e o crescimento da consciência. Estes Cinco Princípios também nos ensinam que o Reiki assenta numa base chamada «amor incondicional», ou seja a capacidade de dar sem esperar receber. Este «amor incondicional», aplicado ao Reiki, é o que se traduz na capacidade de poder praticar Reiki livre de preconceitos.

A outra vertente do Reiki é a terapêutica, a parte de uma prática a que se chama autotratamento, onde se aprende a aplicar o Reiki em si mesmo. Esta prática não impede o surgimento de doenças, mas torna o nosso corpo energético mais equilibrado e mais capaz de responder à doença. A partir do momento em que se perceber com conhecimento suficiente e, com permissão de seu Mestre, poderá aplicar Reiki em outras pessoas. A prática terapêutica é considerada segura dentro dos moldes definidos no ensino do primeiro nível, o tratamento do corpo físico e seu equilíbrio energético.

Em resumo, você pode encarar o Reiki como sendo uma prática terapêutica complementar, com uma filosofia de vida refletida por seus Cinco Princípios. Assim como numa disciplina curricular, também o Reiki pode ser mais ou menos interessante, dependendo do Mestre que o ensina e de sua própria predisposição.

QUE INFORMAÇÕES SE DEVE PEDIR AO MESTRE DE REIKI?

Compreender a extensão do curso

O Reiki, dependendo do sistema que se escolha, divide-se em três ou quatro níveis. Partimos da base do Reiki Tradicional, em que há:

- **Nível 1** – Trabalha-se ao nível físico;
- **Nível 2** – Trabalha-se ao nível emocional e mental;
- **Nível 3A** – Nível de Mestre;
- **Nível 3B** – Nível de professor – o Mestre é ensinado a ensinar.

Se for o Reiki Essencial, temos:

- **Nível 1** – Trabalha-se ao nível físico;
- **Nível 2** – Trabalha-se ao nível emocional e mental;
- **Nível 3** – Nível de Mestre – é ensinado a ensinar.

Não existem sistemas melhores ou piores e pode até ser opção do Mestre, num curso Essencial, dividir seu Nível 3.

O SISTEMA DO REIKI QUE SERÁ APRENDIDO

Uma questão importante que deve ser colocada é: **qual o sistema de Reiki que será ensinado**. Alguns sistemas novos usam mais símbolos e identificam esse sistema como sendo mais «poderoso» e muito melhor do que todos os outros. O saber não ocupa lugar e tudo tem seu espaço e tempo no Universo, mas, para se praticar Reiki é preciso que se aprenda Reiki.

- Estão identificados dezenas de sistemas de Reiki;
- Você deve ser capaz de compreender, na totalidade, o que o sistema que irá aprender pretende atingir e que tipo de ferramentas estarão a seu alcance;
- Alguns sistemas têm apenas uma base do Reiki Essencial, sendo depois complementados com outros conhecimentos, que resultam num sistema com informação por vezes bastante diferente de sistemas mais conhecidos, como é o caso do Tradicional e do Essencial (e muitas vezes com pouco a ver com o Reiki).

A APRENDIZAGEM

Partindo desses pontos, poderá saber com o Mestre como se desenrolará sua aprendizagem:

- Qual a duração, em horas ou dias, da sintonização em cada um dos níveis?
- Quanto tempo será o percurso em cada nível?
- Que condições são necessárias para passar para o nível seguinte?
- Que acompanhamento terá com seu Mestre?
- Haverá encontros regulares para dúvidas?

CUSTO DA FORMAÇÃO

O custo da formação em Reiki é variável, dependendo de nível para nível e do contexto econômico da localidade, ou seja: numa vila do interior é provável que não tenha o mesmo valor que numa cidade grande. O preço não é sinônimo de qualidade garantida, pelo que é sempre aconselhável ao aluno pedir uma pequena entrevista para validar se o percurso que irá escolher se enquadra nas suas expectativas. Em tempos de crise todos procuram o mais barato, mas por vezes o mesmo pode sair mais caro em todos os aspectos.

LOCALIZAÇÃO

Aprender perto da sua área de residência/trabalho pode ser um fator que auxilia à continuação do estudo. Mas, não há problema em escolher um Mestre que esteja longe de sua localidade, garantindo, no entanto, o acompanhamento pelos meios de comunicações disponíveis. Quanto ao acompanhamento, você não pode esquecer que irá praticar o Reiki em si e em outras pessoas e que necessitará de orientação sobre a posição «correta» das mãos e para tirar dúvidas que surgirem no processo.

Material educativo

Provavelmente, você receberá um manual do nível correspondente que estará aprendendo. Esse manual pode ser dividido, dependendo da matéria que estará aprendendo, e ter acréscimos ao longo de toda a aprendizagem, ou pode ser completo, contendo toda a informação necessária ao curso. Eventualmente, será dada informação complementar ao aluno, como o estudo do corpo energético do ser humano (chacras e meridianos), técnicas tradicionais, outras técnicas de Reiki, meditação e outro tipo de informação que seja complementar ao estudo do Reiki.

O caminho no Reiki somente você poderá trilhar. Sinta sua escolha, use a mente e o coração para tal. Empenhe-se na aprendizagem e na prática, pois verá que isso fará toda a diferença. Lembre-se de que o Reiki não é diferente de qualquer outra especialidade que você aprende e que tudo leva seu tempo. Se quiser pensar nesta prática como uma via profissional, pois sente que pode ser útil para os outros, então terá que praticar ainda mais e ter seu devido tempo para desenvolver-se.

6. O Reiki, a ciência e a espiritualidade

«Existem apenas dois modos de viver a vida: um é como se nada fosse um milagre; o outro é como se tudo fosse um milagre. Eu acredito no último.» – Albert Einstein

Acreditar ou não acreditar no Reiki e em seus efeitos é algo que diz respeito a cada um. É um sentimento interior que depois se reflete na vida. O Reiki não vem acompanhado com um manual de ciências, não vem com uma bula ou com um complexo conjunto de regras para patologias. Mesmo quando os Mestres Usui e Hayashi indicaram posições específicas para algumas doenças, nunca deixaram de ressaltar que se devia praticar o sentir, através do *Byosen* e do *Reiji-Ho*. Assim, o Reiki traz algumas dúvidas a quem se considera mais racional e isso é muito positivo. O Reiki, como muitas outras coisas, não se consegue explicar totalmente, mas consegue-se sentir, se a isso nos predispusermos. Se, no entanto, quisermos ocupar tempo e mais tempo na busca de explicações que contentem a mente, há sempre estudos que podem ajudar o mais descrente acadêmico a debruçar-se sobre o assunto durante um bom tempo. Deixo aqui alguns artigos por entre 2072 resultados da PUBMED sobre Reiki:

- **Reiki improves health of oncology patients: in and out of the hospital**, Kendall M., Lovett E. J., Altern Complement Med. 2014 May; 20(5): A75.
- **Effect of Reiki Therapy on Pain and Anxiety in Adults: An In-Depth Literature Review of Randomized Trials with Effect Size Calculations.** Thrane S., Cohen S. M., Pain Manag Nurs. 2014 Feb 27, pii: S1524-9042(13)00080-5.
- **Reiki therapy for postoperative oral pain in pediatric patients: pilot data from a double-blind, randomized clinical trial.** Kundu A., Lin Y., Oron A. P., Doorenbos A. Z., Complement Ther Clin Pract. 2014 Feb; 20(1):21-5.

- Development of a hospital reiki training program: training volunteers to provide reiki to patients, families, and staff in the acute care setting. Hahn J., Reilly P. M., Buchanan T. M., Dimens Crit Care Nurs. 2014 Jan-Feb;33 (1):15-21. PMID: 24310710.

Em Portugal, instituímos desde 2012 o Prêmio Hayashi de Investigação Reiki, um reconhecimento e incentivo ao trabalho acadêmico em teses e monografias sobre o Reiki e sua aplicação. Acredito que ao instituir-se este prêmio, estamos contribuindo para um esclarecimento mais abrangente e unificador do que é o Reiki e de seus efeitos na saúde. De 2012 a 2014 foram atribuídos os seguintes prêmios:

- **As Medicinas Alternativas e Complementares no Serviço Nacional de Saúde.** Mónica Policarpo – 2012.
- **Influência do Reiki, Terapia de Desenvolvimento Humano, na Realização do Desenho Infantil com Crianças com Necessidades Educativas Especiais e Dificuldades de Aprendizagem.** Vânia Soares – 2012.
- **Energy Healer Procedure in an Experimental Model – Preliminary Results.** Antónia Maura Ferreira – 2012.
- **A Psicossomática e o Reiki.** Mónica Sousa – 2013.
- **Com o Poder nas Mãos, Um Estudo sobre Johrei e Reiki.** Marcela Jussara Miwa – 2013.
- **Efeitos da Prática do Reiki sobre Aspectos Psicofisiológicos e de Qualidade de Vida.** UNIFESP – Ricardo Monezi – 2013.
- **Só por Hoje, é Bom Estar Aqui – o Impacto do Reiki nas Crianças com Autismo.** Marina Alexandra Santos Nunes, Jorge Joaquim Martins Vaz, Escola Superior de Educação Jean Piaget (Viseu) – 2013.
- **Reiki: Terapia Complementar no Sistema de Saúde.** Monografia realizada no âmbito do Mestrado Integrado em Ciências Farmacêuticas. Érica Cavalcanti Cardoso – 2014.
- **O Reiki como Terapia Complementar na Prática de Enfermagem.** Kelly Ferreira, Liliana Paiva, Maria Gomes, Susana Gonçalves, Vera Costa (2007). Monografia, Escola Superior de Enfermagem de Angra do Heroísmo – 2014.

- **Significados de Empowerment Psicológico na Experiência de Doença Oncológica: Reiki como Técnica Promotora – Um Estudo Exploratório.** Rita Susana Évora Ferreira. Tese de Mestrado, ISPA, Instituto Universitário de Ciências Psicológicas, Sociais e da Vida – 2014.
- **O Reiki como Um Contributo para a Prática de Enfermagem: Revisão Sistemática da Literatura.** Luís Manuel Mota de Sousa, Sandy Silva Pedro Severino, Cristina Maria Alves Marques-Vieira. (2011) – 2014.
- **Microempreendedorismo na Economia Social: da Ideia à Sustentabilidade de Uma Organização – Estudo de Caso da Associação Portuguesa de Reiki.** Gabriel Nuno Ludovice Simões. Tese de Mestrado, ISG – 2014.

A ESPIRITUALIDADE NO REIKI

«O importante é não parar de questionar.» – Albert Einstein

Se, por um lado, o campo científico traz algumas duras provações aos praticantes de Reiki, também o campo da espiritualidade o faz. Se a parte espiritual estiver cheia de crenças e dogmas, se quiser apropriar-se da simplicidade do Reiki, de sua eficácia e sentido e daí retirar todo seu significado original até nada mais ser do que uma palavra, então também não teremos Reiki. Talvez o Reiki tenha uma grande lição para todos nós: manter uma mente de principiante, uma mente aberta e com desejo de aprender, que não se contenta com as definições convencionais ou com os excessos que atribuem tudo à espiritualidade. O verdadeiro equilíbrio está no caminho do meio, quando aprendemos a usar mente e coração (*kokoro*). Como os Mestres Usui, Hayashi e Takata reforçavam, o Reiki é um método de cura natural para a mente e para o corpo.

Será possível conseguirmos um dia integrar as inteligências?

É bem possível que sim, mas até lá devemos ter sempre uma atitude de respeito. Esta faz parte dos princípios essenciais da Humanidade: respeito por quem apenas quer ter uma visão racional, respeito por quem apenas quer ter uma visão espiritual e respeito por quem quer ter uma visão equilibrada. Como diz um de nossos princípios: «Só por hoje, sou bondoso.»

FALAR DE ESPIRITUALIDADE NO REIKI

Os sentimentos são estados de alma ou estados de espírito que dá pistas do que sentimos em relação a algo, e que pode ser nosso, do meio em que vivemos ou de outras pessoas. Ao nos observar como seres capazes de mergulhar em nosso interior, nas profundezas da consciência, do subconsciente, reconhecer que somos únicos e distintos, é o que podemos chamar espírito, apesar das semelhanças com os outros. É simples: espírito é o que somos num todo, mas ao mesmo tempo além de um aspecto ou de um momento. A espiritualidade é a vivência ou a experiência que temos num determinado momento, em que nos sentimos ligados a algo identicamente profundo e que nos ressoa.

Todos conhecemos o Reiki como Energia Universal ou Energia Espiritual. Este termo «Energia Espiritual» assusta, tendo em conta o histórico do que «espiritual» significa em nossa sociedade. Mas, se observarmos o sentido de espiritual segundo a perspectiva descrita acima, então o Reiki é uma energia que percebemos interiormente e que nos traz uma ligação profunda à vida e ao que nos rodeia. Assim sendo, o Reiki como Energia Espiritual nada tem de estranho ou de relacionamento com as coisas que nos podem deixar de alguma forma inseguros, assustados ou absolutamente descrentes.

Conheço muitos praticantes que, ao ligarem-se ao Reiki, comungam também de todos os outros campos de sua espiritualidade. A sua união com uma energia vital é também uma comunhão com o que consideram divino e assim, para eles, todo o ato é sagrado. De forma alguma essa prática é incorreta, porque nem sempre podemos compartimentar nossa vida. Fazemos isso ao pensar que no trabalho apenas exercemos a mente ou que numa prática do Reiki apenas exercemos o espírito. No entanto, é importante reforçar o aspecto da percepção: com que energia estou trabalhando? Se dispersarmos nossa atenção por muitas energias, não conseguimos perceber o Reiki e, assim, aqui fica uma sugestão: usar o Reiki, apenas o Reiki.

Experimentar a energia do Reiki é compreender o que é a vitalidade, o que nos anima e preenche, o que vitaliza cada célula e equilibra emoções, sentimentos e pensamentos. Experimentar apenas o sentir desta energia nos leva a aumentar nossa percepção.

Você também não pode esquecer que, se quiser sentir a unidade espiritual com sua crença, não deve deixar de lado o Reiki. Ou seja: no momento em que se ligar à energia, se você também faz essa ligação a Deus, aos santos ou anjos nos quais acredita, não se esqueça de se focar no fluxo do que realmente irá fazer: o Reiki. Quando nos focamos, a energia está lá. Se em sua experiência apenas se ligar à energia, não estará excluindo todo o resto. Não se deixe limitar por sua mente.

A ESPIRITUALIDADE DOS SENTIMENTOS E O REIKI

Um sentimento também é energia. Como se sente com o amor incondicional? Com a compaixão? Com a bondade?

Já imaginou o que é dizer «Agora vou ligar-me à compaixão e deixá-la fluir para mim e para meu semelhante»? Experimente fazer isto e observe a relação que poderá ter com sua ligação ao Reiki.

A energia dos sentimentos é também uma energia espiritual, segundo a definição introduzida no início. Assim, ligar-se e deixar fluir amor é igualmente importante e idêntico a ligar-se e deixar fluir o Reiki. São energias positivas, construtivas, apesar de serem de diferentes frequências.

Experimente e observe o que sentirá com este pequeno exercício:

- Esvazie sua mente e permanece no aqui e agora, sentado ou deitado, descontraidamente;
- Ligue-se ao Reiki e deixe a energia fluir por si mesmo, saindo pelas mãos e pelos pés;
- Sinta como está;
- Passado algum tempo, ligue-se a seu conceito de amor incondicional (dar sem esperar receber) e o deixe fluir por si mesmo;
- Sinta como está;
- Ligue-se agora ao sentimento de paz e deixe fluir por si mesmo, saindo pelas mãos e pelos pés;
- Como se sente?
- Sentiu alguma diferença nestas três energias? Elas são idênticas mas... têm diferenças.

Tudo o que experimentou foi num plano espiritual, ou seja, foi seu ser que experimentou. Sua mente analisa, o corpo emocional reflete, mas é seu ser que tudo observa e considera.

Quando compreendemos melhor os significados profundos, deixamos de lado as crenças e vivemos mais plenamente. Podemos falar de espiritualidade no Reiki sem irmos buscar temas paralelos ou conceitos ainda assustadores para algumas pessoas. Acima de tudo, temos de respeitar as crenças de cada um.

UM RESUMO SOBRE O REIKI, A CIÊNCIA E A ESPIRITUALIDADE

Quis introduzir este conceito do aspeto científico e da espiritualidade, na perspectiva do Reiki, para que você esteja absolutamente à vontade em sua prática e em seu sentir. O Reiki é algo tão pessoal que é muito comum nossas crenças interferirem em nossa prática. O importante será sempre nunca julgar, aceitar as diferenças e cumprir os Cinco Princípios. É na tolerância que encontramos um oceano de liberdade.

7. Preparação para um curso de Reiki

Cada curso de Reiki é único e, por isso, antes de fazê-lo, pergunte a seu futuro Mestre quais as melhores indicações para o dia do curso. Alguns irão recomendar determinado tipo de roupa, meias grossas ou chinelos, com almoço ou sem almoço, por isso é melhor você estar devidamente informado. Tente esclarecer algumas destas questões pelo menos uma semana antes do curso.

Para lhe ajudar no processo de preparação interior, mental e emocional, e mesmo na preparação de seu corpo, partilho com você práticas para cinco dias antes do curso, que poderá utilizar a hora que quiser, para se preparar para a prática do Reiki. Experimente fazer estes cinco dias. Você verá que ocuparão pouco tempo e ajudará a ter uma outra perspectiva sobre a prática. Você já sabe: o Reiki não requer crenças nem tem pressupostos, à exceção de compreendermos que tudo é energia, de alguma forma.

CINCO DIAS PARA COMEÇAR A PRATICAR REIKI

Só por hoje

Antes de começar os cinco dias, há uma frase que merece atenção e reflexão. Nos preceitos, o Mestre Usui diz «Só por hoje». Este "só por hoje" não significa que irá fazer apenas neste dia e esquecer nos próximos. "Só por hoje" significa a prática da atenção plena – só por hoje, aqui e agora, de mente e coração. Quando iniciar cada um destes dias, tente manter-se no momento presente, saboreando cada lição, o que sente, o que pensa, e verá que isso faz toda a diferença.

Como realizar os cinco dias

É muito simples: tente recolher-se num espaço tranquilo e, se quiser, coloque uma música serena, sente-se ou deite-se confortavelmente, de preferência com as costas retas. No início de cada dia terá um poema do Imperador Meiji, que poderá ajudar na reflexão. Medite um pouco sobre o que o princípio do dia diz e o que gostaria de ver transformado em você. De que forma acha que o Reiki poderá lhe ajudar a alcançar esse objetivo?

Tenha também atenção à sua alimentação e hidratação. Ao longo destes cinco dias, tente fazer uma alimentação mais equilibrada. Não ingira em excesso carnes vermelhas, açúcar, álcool e estimulantes como café, chá verde ou tabaco. No entanto, não deixe que algo crie ansiedade em você. Uma alimentação equilibrada servirá para preparar seu corpo para a sintonização. Quanto menos toxinas tiver, melhor. No entanto, nada é impeditivo para fazer o curso. A hidratação é também muito importante, até para ajudar o organismo a libertar-se de toxinas. Se puderes, beba 1,5 l de água por dia, a não ser que se sinta mal por ingerir tanta quantidade. Tendo cuidado com a alimentação e a hidratação, terá o corpo mais harmonizado e com uma maior frequência energética.

DIA 1 – SÓ POR HOJE, SOU CALMO

«A água – Que pena, apesar de a fonte ser pura e clara, a água torna-se suja quando flui por um riacho poluído.» – Imperador Meiji

REFLEXÃO
Como você é perante a vida e perante os desafios que surgem?

_____

_____

_____

Como você imagina ou gostaria que o Reiki lhe ajudasse com suas questões?

_____

_____

_____

O QUE VOCÊ PODE FAZER
Observe quais situações lhe fazem perder a calma. Consegue perceber que reações seu corpo tem quando perde a calma ou quando vê alguém perder a calma?

_____

_____

_____

DIA 2 – SÓ POR HOJE, CONFIO

*«Reminiscência – Liderando o país para que seja visto como bom, faço
o meu melhor usando as minhas faculdades ao máximo.»*
– Imperador Meiji

REFLEXÃO

Você tem confiança em si mesmo? Consegue confiar nos outros?

_____

_____

_____

Acha que consegue dar seu melhor e se sente reconhecido por isso, ou
sente necessidade de ser reconhecido por isso?

_____

_____

_____

O QUE VOCÊ PODE FAZER

O que acha que a vida reserva para você? Sente-se confiante de seu papel
na vida e do que você pode fazer por si mesmo e pelos outros?

_____

_____

_____

DIA 3 – SÓ POR HOJE, SOU GRATO

*«**Jornal** – Tanta gente lê jornal, portanto, deveria ser escrito com o
que é significativo, em vez do mundano.»*
– Imperador Meiji

REFLEXÃO

A gratidão é significativa para você? De que maneira você a expressa?

_____

_____

_____

O que acha que é preciso para haver mais gratidão no mundo?

_____

_____

_____

O QUE VOCÊ PODE FAZER

A gratidão nos traz uma liberdade incrível e uma grande capacidade de desapego e de entendimento sobre as coisas. Hoje, tente fazer o seguinte exercício: agradeça algo de bom que tenha acontecido a você; agradece algo de mau que tenha acontecido você.
Como se sentiu?

_____

_____

_____

DIA 4 – SÓ POR HOJE, TRABALHO HONESTAMENTE

*«**Prática** – A menos que seu trabalho aponte para o bem-estar geral,*
é muito difícil conduzir os povos neste mundo.»
– Imperador Meiji

REFLEXÃO

A honestidade é importante para você?

_____

_____

_____

Você é honesto consigo mesmo?

_____

_____

_____

O QUE VOCÊ PODE FAZER

Como você costuma encarar a honestidade? Acha que é algo importante para os outros terem você e você com eles? Você desenvolve essa honestidade consigo?

Hoje, experimente falar com você mesmo. Primeiro coisas simples, como se fosse uma conversa de amigos; depois experimente falar consigo mesmo sobre as coisas que lhe preocupam. Como se sente nessa intimidade com você mesmo?

_____

_____

_____

DIA 5 – SÓ POR HOJE, SOU BONDOSO

«Espelho – Devo polir o meu 'eu' mais e mais para usar o claro e brilhante coração dos outros como um espelho.»
– Imperador Meiji

REFLEXÃO
Como espera que os outros sejam bondosos com você?

_____
_____
_____

De que forma acha que o Reiki lhe ajudará com a bondade?

_____
_____
_____

O QUE VOCÊ PODE FAZER
Hoje, observe-se na qualidade de pessoa bondosa. Como você recebe os gestos dos outros, mesmo que não sejam bondosos, e como você é bondoso com os outros?
Experimente observar o que lhe rodeia quando está a caminho do trabalho ou de casa, de que forma a vida faz sentido e o espaço que ela ocupa em você.

_____
_____
_____

MUITO OBRIGADO POR CUIDAR DE SI

Muito obrigado por realizar seu processo de cinco dias. Espero que tenha sido muito positivo para você e que tenha despertado o gosto pela transformação. Com sua aprendizagem no Nível 1 que se aproxima, você verá como pode fazer essa transformação de forma consistente.

O Mestre Usui dizia que *o Reiki é a arte secreta de convidar a felicidade* e com muita razão. O Reiki pede trabalho, constância e acima de tudo vivência. É isso que nos ajuda a ser felizes e a fazer cada vez melhor.

Estes cinco dias foram apenas uma introdução à reflexão e aos objetivos que quer alcançar com sua prática de Reiki. Quando começar a trabalhar com a energia, também poderá trabalhar as questões que observou. Não tenha pressa, é como construir uma casa: demora tempo e, com quanto mais amor der cada passo, mais sólida sua construção, sem limites, ficará.

Só por hoje, sou grato.

Parte II

Nível 1 do Reiki
Shoden

8. *Shoden* – Nível 1

«Hoje em dia as pessoas precisam melhorar e reconstruir interior e exteriormente a vida... A razão do lançamento do meu método para o público é ajudar pessoas com doença no corpo e na mente.» – Mikao Usui

Shoden 初伝 significa «Primeira Transmissão» e é composto por vários *kanji*. Sho 初 significa começo, primeiros tempos; *den* 伝 significa andar ao longo de, comunicar, progredir, seguir, tradição, transmitir. Assim, *Shoden* é o primeiro nível do Reiki, a primeira transmissão do método que o aluno recebe, seu despertar interior. Com o Nível 1 de Reiki estará participando conscientemente de um momento de mudança. A partir desta etapa você terá ferramentas para aprofundar seu autoconhecimento, assim como técnicas para autotratamento e tratamento de outros.

Reiki não é uma religião, é uma terapia e uma filosofia de vida baseada em princípios e valores humanos, que visam o *Satori* ou a iluminação, tal como foi considerado no seu tempo de criação pelo Mestre Mikao Usui. A prática é muito simples, pode ser feita por qualquer pessoa, desde que sintonizada.

COMPREENDER A PRÁTICA DO REIKI

A vivência com Reiki é algo que te transportará ao interior e, como tal, levará seu tempo e exigirá amor incondicional por você mesmo, tolerância, tempo e alegria. No sentir da energia, cada um tem uma sensação própria: uns sentem calor nas mãos, outros experienciam uma espécie de eletricidade percorrendo a mão, acabando por ser uma experiência única e própria para cada um. É a prática que traz o desenvolvimento e o crescimento, já que o Reiki não é uma pílula milagrosa. Com sua prática, você perceberá melhor o que é a energia fluindo em você e nos outros e as reações que provoca. Recorda o poema «Aprendendo», do Imperador Meiji:

Devias saber
A partir da forma
Como as crianças aprendem
Quanto mais praticas
Melhores resultados alcanças.

O Reiki pede sempre um olhar para dentro, isto porque é uma prática de amor incondicional que visa o nosso equilíbrio, logo o nosso equilíbrio é interno e só pode ser atingido quando nos centramos e aceitamos a pessoa fantástica que somos, no quadro dos nossos defeitos e virtudes.

Como praticar?

Após a sintonização é obrigatório um período de 21 dias de autotratamento; esta é a fase em que você se dedica a si mesmo, pois também merece. Após esse tempo não é obrigatório praticar todos os dias mas... que fará diferença, isso fará. A profilaxia e a prevenção são sempre preferíveis ao tratamento por motivos de doença. Faça todas as experiências primeiro em si mesmo, principalmente no autotratamento. Depois experimenta aplicar Reiki em seus amigos e familiares, nos animais, nas plantas – pode até fazer isso na comida. O Reiki pode estar presente em todos os momentos de sua vida quotidiana. Leia o capítulo «Viver com Reiki» para encontrar alguns exemplos de como você pode aplicar Reiki em sua vida. Seja criativo com a energia, viva e aplique os Cinco Princípios.

E depois?

A seguir ao Nível 1, *Shoden*, o despertar, temos a transformação, o Nível 2 (*Okuden*). Com este nível trabalhamos o campo emocional, aprendemos a usar símbolos para potencializar nosso trabalho, além de aprender a enviar Reiki à distância. O praticante deve passar para o segundo nível apenas quando tiver adquirido todos os conhecimentos e feito todas as práticas do primeiro nível, sentindo-se confiante, sabendo praticar os Cinco Princípios e estando disponível para crescer com o segundo nível.

9. O objetivo do Reiki

Olhando com simplicidade, vemos que o Reiki é a **prática dos Cinco Princípios**, de manhã e à noite, ou em todas as situações necessárias que nos levem a essa reflexão, com as mãos em *Gassho*, e o **autotratamento**, que nos auxilia a equilibrar física, mental, emocional e espiritualmente.

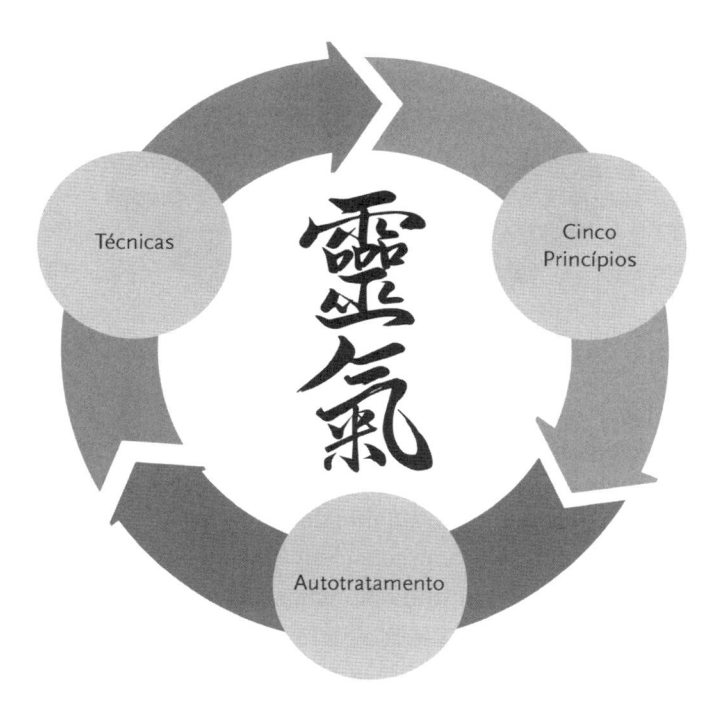

Com a **prática do Reiki** e a **elevação da nossa consciência**, ou seja, com a mudança dos nossos pensamentos e comportamentos, atingimos a felicidade na **Iluminação** (*Satori*).

ALCANÇAR O *SATORI*, A FELICIDADE E A PAZ DURADOURA

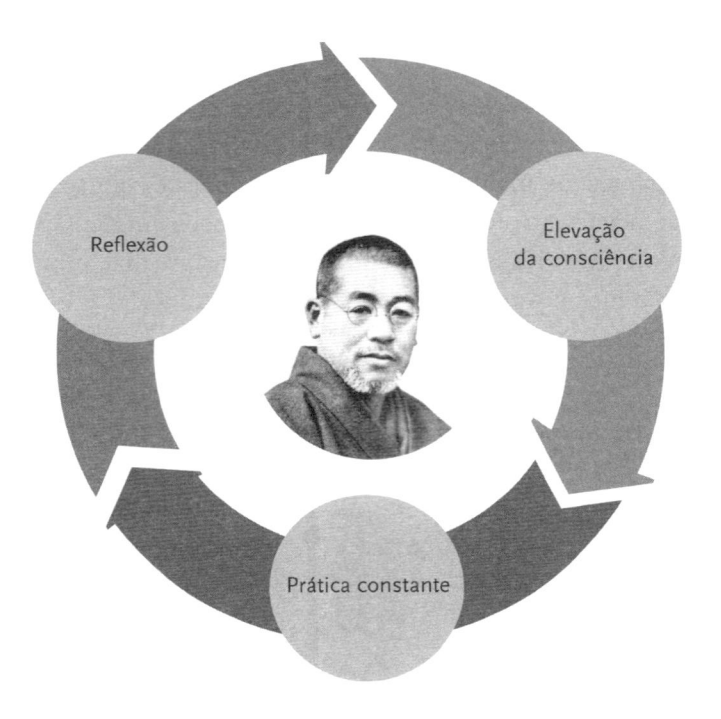

O Reiki é realmente muito simples, apenas nos pede a disponibilidade e a vontade de mudança para atingir o equilíbrio; o que queremos atingir com ele depende inteiramente de nós. A prática constante, aliada à reflexão e à elevação de sua consciência através dos princípios e das técnicas, leva você a um caminho de maior felicidade e paz duradoura.

10. O que é o *Usui Reiki Ryoho*, o método de cura natural Reiki, de Mikao Usui

Irás sempre ouvir falar do Reiki e este é o termo mais comum para toda a aprendizagem da filosofia de vida e da prática terapêutica. Na realidade, o nome adequado devia ser *Usui Reiki Ryoho*, ou *Reiki Ryoho*, ou seja Método de Cura Natural, Usui, que é o método criado pelo Mestre Usui, transmitido neste manual. Sobre este método podemos dizer:

- É um método simples mas não simplista, é uma filosofia de vida com base em Cinco Princípios e 21 técnicas de autotratamento e de tratamento a outros;
- Permite-nos elevar a consciência e transformar os nossos padrões de comportamento;
- Traz-nos harmonia, numa perspectiva holística, e auxilia no alívio da dor, procurando a cura, se possível;
- Tem uma ligação ao mais profundo da pessoa, à sua essência ou espírito, conforme os conceitos de cada um;
- É uma prática de amor incondicional, pois desperta-nos a capacidade de doar;
- É um método totalmente natural, não faz uso de medicamentos, não utiliza instrumentos acessórios nem tem manipulação;
- A energia está sempre disponível para ser usada, só dependerá de seu receptor e do emissor; como tal, é considerada uma energia passiva.

O QUE O REIKI, O MÉTODO DE CURA NATURAL, NÃO É

- Não é uma religião, um culto, uma seita. Não é dogmático nem obriga o praticante a qualquer crença. O mesmo é indicado pelo Mestre Usui: «Quer seja homem, mulher, jovem ou velho, pessoas com conhecimento ou sem conhecimento, quem tem senso comum pode receber o poder com precisão num curto período de tempo e pode curar-se a si e aos outros.»

- Não é uma prática espiritualista ou uma forma de massagem.
- Não é uma prática irresponsável. O praticante deve seguir um código de ética e deve ter bastante tempo de experiência antes de se dedicar a tratar os outros. Em primeiro lugar está sua própria cura. O ensino deve ser executado por um Mestre que cumpriu todos os ensinamentos e sintonizações.

UMA ENERGIA QUE CURA, OU MÃOS CURADORAS

Curar pelas mãos *teate* não era algo de inovador ou recente no Japão.

Toshitaka Mochizuki, diretor da escola Vortex Reiki, em Tóquio, publicou um livro em 1995 chamado *Iyashi No Te, Mãos Curadoras*, onde foi mostrado muito do que era a prática do Reiki no Japão. Crê-se que seu Mestre foi Mitsui, mas provavelmente também recebeu treino de Frank Arjava Petter. Seu livro contém imensas considerações muito interessantes sobre o Reiki, mas quero realçar algumas:

AS 10 CARATERÍSTICAS DO REIKI

1. Não é necessário um treino ou uma capacitação especial; qualquer pessoa que receba a sintonização pode auferir a energia Reiki e por sua vez transmitir a outra;

2. Não se perde a potência mesmo que o praticante não a utilize. Não diminui a força substancialmente;

3. Não é necessário concentrar-se muito para praticar;

4. Não é necessário aumentar ou diminuir o *Ki*. A energia regula-se automaticamente. Quanto maior for o fluxo de energia que se transmitir, maior será a intensidade de energia que se adquire;

5. O praticante não é afetado pela energia negativa da pessoa a quem transmite o Reiki;

6. Pode-se aprender com facilidade a técnica de cura à distância, que ultrapassa o tempo e o espaço (para os que receberem o segundo nível);

7. É compatível com outras técnicas de cura como o *Chi Kung*, meditação e terapias de cura;

8. Surte efeitos independentemente da fé do praticante, sem necessidade de que o mesmo seja crente;

9. Eleva a essência do praticante;

10. Existem antecedentes, em abundância e concretos, da sua aplicação com êxito.

AS TERAPIAS DE CURA PELAS MÃOS

Toshitaka Mochizuki indica algumas escolas e institutos que praticam também a cura pelas mãos: Taireido (Morihei Tanaka), Tenohira Chiryo Kenkyukai – Instituto de Terapia com as Mãos (Toshihiro Eguchi), Jintai Rajiumu Gakkai – Academia de Rádio Humano (Dobetsu Matsumoto); Shinnnokyo Honnin (Taikan Nishimura); Toyo Jindo Kyokai (Shunnichi Erna); Teikoku Shinrei Kenkyukai – Instituto Imperial do Espírito (Kinji Kuwata); Dainihon Tenmei Gakuin –Instituto Japonês de Tennmei (Kumagoku Hamaguchi), Shuren Tanshinkai (Saiko Fujita); Seido Gakkai (Reizen Ooyama), Reiki Kangen Ryoin (Koyo Watanabe); Nihon Shinrei Gakkai – Academia Japonesa do Espírito (Toko Watanabe); Shinshin Kaizen Koshukai – Instituto de Melhoramento Psicofísico (Reizen Yoshizawa); Reido Shuyokai (Suisen Oguri); Shizen Reino Kenkyukai – Instituto de Investigação da Capacidade Mística Natural (Reiko Takeda), Shizenryo Noryokuho Denshuukai – Instituto de Capacidade de Terapias Naturais (Reijin Oze), Seiki Ryoho Kenkyujo – Instituto de Tratamento dos Comportamentos – (Jozo Ishi); Katsureikai (Yoshikatsu Matsuda); Dainihon Reigaku Kenkyukai – Instituto de Estudos do Espírito do Japão (Reiko Saito); Yoki Sejutuin (Yoshitaro Ueda); e Reinoin (Reisei Katayama), entre muitos outros.

11. A história do Reiki

Pouco sabemos sobre o início do Reiki, ou, melhor, do *Usui Reiki Ryoho*. Cada investigador tem uma perspectiva própria e muitas vezes contraditória e a maior base factual que temos é a do memorial do Mestre Usui, erguido no Templo Saihoji, em Tóquio. Este memorial foi escrito por Juzaburo Ushida e editado por Masayuki Okada, em 1927.

Por uma questão histórica e para partilha universal, coloco aqui a versão japonesa do memorial. A sua tradução foi efetuada pela Sra. Masami, a meu pedido, desta versão japonesa cedida por James Deacon.

霊法肇祖臼井先生功徳之碑

臼井先 生功徳碑
修 養練
磨ノ実ヲ積ミテ中ニ得ル所アルヲ之ヲ徳ト謂ヒ開導拯済ノ道ヲ弘メテ外ニ施ス所アル
ヲ之ヲ功ト謂フ 功高ク徳大ニシテ始メテ一大宗師タルコトヲ得ヘシ古来ノ賢哲俊偉
ノ士カ学統ヲ垂レ宗旨ヲ創メシ者ハ皆然ラサルナシ臼井先生ノ如キモ亦其ノ人ナル
カ先生新ニ 宇宙ノ霊氣ニ本ツキテ心身ヲ善クスル法ヲ肇ム四方伝ヘ聞キ教ヲ乞ヒ療
ヲ願フ者翕然トシテ之ニ帰ス嗚呼亦盛ンナルカナ 先生通称甕男号ハ暁帆岐阜県山
県郡谷合 村ノ人其ノ先ハ千葉常胤ニ出ツ父諱ハ胤氏通称宇左衛門母ハ河合氏先生
慶応元年八月十五日ヲ以テ生ル幼ヨリ苦学力行儕輩ニ超ユ長スルニ及ヒ欧米ニ航シ
支那ニ 游フ既ニシテ世ニ立ツ事志ト違ヒ轗軻不遇屢窮約ニ処リシモ毫モ屈撓セス
鍛練益至レリ一日鞍馬山ニ登リ食ヲ断チテ苦修 辛練スルコト二十有一日候チ一大
霊氣ノ 頭上ニ感シ豁然トシテ霊氣療法ヲ得タリ是ヨリ之ヲ身ニ試ミ家人ニ験スルニ
功効立チトコロニ見ハル先生以為ヘラク独リ其ノ家人ヲ善クスルヨリハ広ク世人ニ
授 ケテ共ニ其ノ慶ニ頼ルニ若カスト大正十一年四月居ヲ東京青山原宿ニ定メ学会
ヲ設ケ霊氣ノ療法ヲ授ケ治療ヲ行フ遠近来 リ乞フ者履戸外ニ満ツ十二年九月大震
火 災起リ創傷病苦到ル処ニ呻吟ス先生深ク之ヲ痛ミ日ニ出テテ市ヲ巡リ救療スルコ
ト幾何ナルヲ知ルヘカラス其ノ急ニ赴キ患ヲ済フコト大率此ノ如シ後道場ノ狭隘 ナ
リシヲ以テ十四年二月市外中野ニト築ス声誉彌著ハレ地方ヨリ招聘スル者少カラス
先生其ノ需ニ応シ呉ニ之キ広島ニ向 ヒ佐賀ニ入リ尋テ福山ニ抵ル偶疾作リ遂 ニ客
舎ニ歿ス時ニ大正十五年三月九日ナリ享年六十二配鈴木氏名ハ貞子一男二女ヲ生
ム男ヲ不ニト曰ヒ家ヲ嗣ク先生人ト為リ温厚恭謙ニシテ辺幅ヲ飾ラス躯幹豊 偉常ニ
莞爾トシテ笑ヲ含ム其ノ事ニ当ルヤ剛毅ニシテ善ク忍ヒ用意尤モ深シ素トヨリ才芸
多ク読書ヲ好ミ史伝ニ渉リ医書 及仏耶ノ経典ニ出入シ心理ノ学神仙ノ 方禁呪占
筮相人ノ術ニ至ルマテ通セサルナシ蓋シ先生ノ学芸経歴ハ修養練磨ノ資料トナリ修
養練磨ハ霊法開創ノ管鍵トナリシコトハ彰彰乎トシテ昭ラカナリ顧フ ニ霊法ノ主ト
スル所ハ独リ疾病ヲ療スルニ止マラス要ハ天賦ノ霊能ニ因リテ心ヲ正シクシ身ヲ健
ニシテ人生ノ福祉ヲ享ケ シムルニ在リ故ニ其ノ人ヲ教フルヤ先ツ 明治天皇ノ遺訓
ヲ奉体シ朝夕五戒ヲ唱ヘテ心ニ念セシム一ニ曰ク今日怒ル勿レ二ニ曰ク憂フル勿レ
三ニ曰ク感謝セヨ四ニ曰ク業ヲ励メ五ニ曰ク人ニ親切ナレト是 レ実ニ修養ノ一大訓
ニシテ古聖賢ノ警戒スル者ト其ノ揆ヲ一ニセリ先生之ヲ以テ招福ノ秘法萬病ノ霊薬
トナセハ其ノ本領 ノ在ル所知ラルヘシ而カモ開導ノ道ニ至 リテハカメテ卑近ヲ旨ト
シ何等高遠ノ事ナク静坐合掌朝夕念誦ノ際ニ醇健ノ心ヲ養ヒ平正ノ行ニ復セシムル
ニ在リ是レ霊法ノ何人モ企及シ易キ所以ナリ輓近世運 推移シ思想ノ変動寡カラス
幸ニ此ノ霊法ヲ普及セシムルアラハ其ノ世道人心ニ裨補スル者鮮少ナラサルヘシ豈
啻ニ沈痾痼 疾ヲ療スル益ノミナランヤ先生ノ門ニ入 ル者ニ千余人高弟ノ都下ニ居
ル者ハ道場ニ会シテ遺業ヲ継キ地方ニ在ル者モ亦各其ノ法ヲ伝フ先生逝クト雖モ霊
法ハ永ク世ニ宣播スヘシ嗚呼先生ノ中ニ得テ外ニ 施ス者豈ニ偉且大ナラスヤ頃者
門下ノ諸士相議シ石ヲ豊多摩郡西方寺ノ墓域ニ建テ其ノ功徳ヲ頌シ以テ不朽ヲ図
ラントシ 文ヲ予ニ属ス予深ク先生ノ偉蹟ニ服シ諸 士カ師弟ノ誼ニ篤キヲ嘉ミシ敢
テ辞セスシテ其ノ梗概ヲ叙シ後人ヲシテ観感瞻仰誼ル能ハサラシメンコトヲ庶幾フ
昭 和二年二月
従三位勲三等文学博士　　　　　岡田　正之　撰
海軍少将従四位勲三等功四級　　牛田従三郎　書

TRANSCRIÇÃO DO MEMORIAL DAS GRANDES REALIZAÇÕES DO MESTRE USUI

Chamamos àquele que obteve a qualidade e a força mental, em si mesmo, trabalhando arduamente, um homem de virtude e àquele que espalhou um caminho de salvação e ajudou muitas pessoas um homem de excelência. Um grande apóstolo é o único que tem esta virtude e esta excelência. Desde tempos antigos, grandes pessoas eram assim, homens e mulheres, sábios, filósofos, autores de estudos ou religiões, e o Mestre Usui também era um deles.

O Mestre foi o fundador de um método «de como promover a saúde de seu corpo e mente, usando a energia espiritual do Universo (Reiki)». Ao ouvir falar da sua reputação, muitas pessoas vieram ter com ele de todos os lados e desejaram aprender ou ser tratadas por ele. Ele era muito popular...

Seu nome era Mikao Usui, também conhecido como Kyoho. Nasceu na aldeia de Taniai, Yamagata, na província de Gifu, e era descendente de Tsuname Chiba, que foi general do exército entre o final do período Heian e o início do período Kamakura. Seu pai era chamado Taneuji, conhecido como Uzaemon, e a sua mulher vinha da família Kawai. Nasceu a 15 de agosto de 1865. Desde criança que estudava arduamente e sua habilidade era superior à de seus amigos.

Quando cresceu visitou a Europa e a China, para estudar. No entanto foi pouco afortunado em termos de promoção da carreira, apesar da sua habilidade, e muitas vezes teve de lutar para viver. Apesar de ter muitas dificuldades, nunca desistiu e sempre manteve seu trabalho dedicado.

Um dia decidiu jejuar no Monte Kurama e treinou arduamente durante 21 dias. Ele sentiu o impulso da energia espiritual (Reiki) na sua cabeça e descobriu um método de cura. Tentou primeiro em si mesmo e em sua família. O efeito foi maravilhoso. Pensou então que este método devia ser partilhado não só com familiares como também com muitas outras pessoas e deslocou-se para Aoyama, Tóquio, onde fundou a associação em abril de 1922, iniciando o ensino e tratamento da terapia Reiki.

Em setembro de 1923 ocorreu um grande terramoto e muitas pessoas sofreram ferimentos e doenças. Ele sentiu-se compungido e foi para a cidade, onde tratou muitas pessoas todos os dias. Quem sabe quantas pessoas deve ter salvado!... Esta é uma pequena descrição de como o Mestre ajudou tanta gente em sofrimento em tempo de emergência.

Desde então, seu local tornou-se pequeno e moveu-se para um novo local em Nakano, Tóquio, em fevereiro de 1925. Sua fama espalhou-se por todo o Japão e ele foi frequentemente convidado a visitar muitas pessoas. Na resposta aos seus pedidos foi até Kure, Hiroxima, Saga e finalmente Fukuyama, em Hiroxima. Durante a sua permanência no hotel, em Fukuyama, ficou doente e faleceu a 9 de março de 1926, com 62 anos.

Sua esposa, Sadako, era da família Suzuki. Tiveram um filho, chamado Fuji, que foi o sucessor da família Usui, e uma filha.

O Mestre Usui era gentil, modesto e natural. Era alto, robusto e estava sempre sorrindo. No entanto, tinha um caráter tão bondoso que, quando tinha dificuldades, ultrapassava-as com uma clara determinação e paciência. Ele era instruído e gostava muito de ler. Estava familiarizado com muitos livros de história, biografias, livros de medicina, escrituras budistas, psicologia, adivinhação, encantamentos e fisionomia. É muito evidente que a sua dedicação e o trabalho árduo, baseado em seu saber acadêmico e em numerosas experiências, foram a chave da expansão da terapia Reiki.

O propósito principal da terapia Reiki não é apenas tratar a doença, mas também ter saúde e paz na mente e no corpo e desfrutar a vida. Para esta realização ele ensinava as pessoas a compreender os antigos poemas do Imperador Meiji e a cantar os Cinco Princípios de manhã e à noite.

Os Cinco Princípios são:

1. Não te zangues;
2. Não te preocupes;
3. Sê cheio de gratidão;
4. Dedica-te ao teu trabalho;
5. Sê bondoso para com os outros.

Estes são ensinamentos verdadeiramente importantes para a sua disciplina mental e os mesmos que os antigos sábios propalavam. O Mestre chamava aos Cinco Princípios **«A arte secreta de convidar a felicidade»** e **«O remédio milagroso para todas as doenças»**. Ele tornou-os simples para que todos os pudessem compreender. É essencial sentar-se direito, colocar as mãos juntas em frente a si mesmo e dizer em voz alta, de manhã e à noite, mantendo-os na mente todos os dias, para que ela se torne mais pura e saudável. É por isto que a terapia Reiki é partilhada com tanta gente.

Agora as gerações mudaram rapidamente e existem muitas diferenças no pensamento das pessoas. Se você puder espalhar a terapia Reiki, isso ajudará muita gente que está confusa e perdeu seu caminho. Não se destina unicamente ao tratamento de doenças crônicas, como de inúmeras outras doenças.

O número de estudantes que aprenderam com o Mestre Usui ultrapassa 2000. Tanto os que são membros da associação em Tóquio como os de outras localidades seguem seus grandes ensinamentos e espalham o método da terapia Reiki, ainda hoje. Apesar do Mestre ter falecido, devemos continuar a ensinar e a espalhar a terapia Reiki a muitas pessoas. Como o Mestre Usui foi magnífico por partilhar este feito, generosamente, com tantos de nós! Seus seguidores juntaram-se e decidiram erguer um memorial no Templo Saihouji, no distrito de Toyotama, para mostrar a virtude e a excelência do Mestre Usui e passá-las para sempre às novas gerações. **Eu não podia deixar de transcrever aqui este memorial**, pois admiro profundamente os grandes feitos do Mestre e também fui tocado pela paixão dos membros para manter a nossa relação, enquanto seus discípulos. Espero que as novas gerações continuem a admirar e a seguir o nosso grande Mestre.

FEVEREIRO DE 1927 Composto por: Masayuki Okada, Doutor em Literatura – Subordinado 3.º posto, 3.ª Ordem de Mérito.
Caligrafia por: Almirante Juzaburo Ushida – subordinado 4.º posto, 3.ª Ordem de Mérito.

Este memorial, erguido pelos alunos do Mestre Usui, é o que temos de mais aproximado sobre a história do Mestre Usui e do Reiki. Todos sabemos que as histórias têm sempre acrescentos e interpretações pessoais, por isso devemos encarar o texto como a história resumida de um tempo. Ao fazer esta tradução do inglês, da Sra. Masami, apesar de já ter feito outras anteriormente, senti-me verdadeiramente comovido. Parecia que estava mesmo ouvindo a história narrada pelo Sr. Okada e vendo os feitos do Mestre Usui. Uma profunda gratidão aqueceu-me o coração e é realmente isso que sinto pelo Mestre Usui – gratidão por tão grandes ensinamentos.

Outro texto, igualmente precioso, é uma entrevista que o Mestre Usui deu e colocou em seu manual para os alunos. Este manual, o *Usui Reiki Ryoho Hikkei*, que tenho na versão japonesa, é um conjunto de textos do Mestre Usui sobre os preceitos, sua entrevista, os poemas do Imperador Meiji e ainda algumas técnicas para o tratamento de doenças comuns. Ler esta entrevista enriqueceu nossa perspectiva, pelas palavras do Mestre Usui.

ENTREVISTA A MIKAO USUI, REGISTRADA EM SEU MANUAL SOBRE O *USUI REIKI RYOHO*

É uma tradição ensinar o método unicamente aos descendentes, para manter a fortuna dentro de uma família. Especialmente nas sociedades modernas, onde vivemos, deseja-se partilhar a felicidade da coexistência e a prosperidade. Assim, não posso permitir que a minha família seja a única a manter este método.

O meu *Usui Reiki Ryoho* é original, nada há como isto no mundo. Gostava de lançar este método para o público, para benefício geral e na esperança de felicidade para todos. O meu *Reiki Ryoho* é um método original baseado no poder intuitivo do Universo. Através desta capacidade o corpo adquire saúde, aumenta a felicidade na vida e a paz da mente.

Nos dias de hoje, as pessoas necessitam de melhorar e de reconstruir, interior e exteriormente, a vida, daí que a razão do lançamento do meu método para o público destina-se a ajudar pessoas com doenças no corpo e na mente.

O que é o *Usui Reiki Ryoho*?

Graciosamente, recebi as últimas injunções do Imperador Meiji. Para alcançar os meus ensinamentos, treinar e melhorar física e espiritualmente, e andar por um caminho certo como um ser humano, em primeiro lugar temos de curar o nosso espírito. Em segundo lugar, temos de manter o nosso corpo saudável. Se o nosso espírito for saudável e em conformidade com a verdade, o corpo vai ficar naturalmente saudável. A missão do *Usui Reiki Ryoho* é aconselhar para uma vida pacífica e feliz, curar os outros, melhorando sua felicidade e a nossa própria.

Há alguma semelhança com hipnotismo, o método *Kiai*, um método religioso ou outros métodos?

Não, não há nenhuma semelhança com qualquer desses métodos. O *Usui Reiki Ryoho* é para auxílio do corpo e do espírito com um poder intuitivo, que recebi após longo e árduo treino.

Então, é um método psíquico de tratamento...

Sim, pode dizer-se isso. Mas também poderia dizer que é um método físico de tratamento. A razão é que *Ki* e luz são emanadas do corpo do praticante, especialmente dos olhos, da boca e das mãos. Então, se o praticante olhar, soprar e tocar com as mãos na área afetada, tal como no caso de uma dor de dentes, cólicas, dor de estômago, nevralgias, contusões, cortes, queimaduras e inchaços, a dor desaparecerá. No entanto, no caso de uma doença crônica não é fácil, é necessário algum tempo para a tratar. Mas um paciente irá sentir melhoras no primeiro tratamento. É um fato, mais do que uma fantasia, como explicar este fenômeno com a medicina moderna. Se você vivenciar o fato, irá entender. Mesmo as pessoas que são sofistas não podem ignorar o caso.

Tem de se acreditar no *Usui Reiki Ryoho* para obter melhores resultados?

Não. Não é como um método de tratamento psicológico, hipnose ou outro tipo de método mental. Não há necessidade de se ter um consentimento ou a admiração. Não importa se duvidar, rejeitar ou negar. Por exemplo, é eficaz para crianças e pessoas muito doentes que não estão cientes de qualquer consciência, como uma dúvida, a rejeição ou a negação. Pode haver um em cada dez que acredita no meu método antes do tratamento. A maioria apreenderá o benefício após o primeiro tratamento, e então passarão a acreditar no método.

Que doença pode ser curada com o *Usui Reiki Ryoho*?

Qualquer doença psicológica ou física pode ser curada com este método.

O *Usui Reiki Ryoho* apenas pode curar doenças físicas?

Não. O *Usui Reiki Ryoho* não cura somente doença **física**. Doenças mentais como a agonia, a fraqueza, a timidez, a indecisão, o nervosismo e maus hábitos podem ser corrigidos. Então a pessoa será capaz de levar uma vida feliz...

Como funciona o *Usui Reiki Ryoho*?

Eu nunca recebi este método de ninguém, nem estudei para obter algum poder ou energia para curar. Acidentalmente percebi que recebera o poder de cura quando senti o ar de forma misteriosa durante um jejum. Então, tenho dificuldade em explicar exatamente o mesmo, apesar de ser o fundador. Estudiosos e pessoas sábias têm vindo estudar este fenômeno, mas a ciência moderna não pode resolvê-lo. Mas eu acredito que esse dia virá naturalmente.

O *Usui Reiki Ryoho* usa algum fármaco ou tem efeitos secundários?

Nunca usa fármacos ou equipamento médico. Olhar para a área afetada, soprar para ela, estimular ou tocar com as mãos, essas são as formas de tratamento.

Tem algum conhecimento de medicina?

O meu método está para lá de uma ciência moderna, pelo que não precisa de conhecimentos de medicina. Se ocorrer uma doença do cérebro, eu trato a cabeça. Se for uma dor de estômago, eu trato o estômago. Se é uma doença dos olhos, eu trato os olhos. Não tem de tomar um remédio amargo ou algum tratamento de moxabustão. É preciso pouco tempo para um tratamento, encarando a área afetada, respirando sobre ela ou colocando as mãos. Estas são as razões pelas quais o meu método é muito original.

O que pensam os médicos e cientistas famosos deste método?

Eles parecem muito razoáveis. Médicos e cientistas europeus têm críticas severas para com a medicina.

Para voltar ao assunto, o Dr. Nagai, da Teikoku Medical University, diz: «Nós, como médicos, fazemos o diagnóstico, registramos e compreendemos as doenças, mas não sabemos como tratá-las.» O Dr. Kondo refere: «Não é verdade que a ciência médica tenha feito um grande progresso. A maior falha na ciência médica moderna é não tomar conhecimento do efeito psicológico.»

O Dr. Kuga afirma: «É um fato que a terapia psicológica, e outro tipo de tratamento feito por curadores sem treino médico, funciona melhor do que os médicos, dependendo do tipo de doença, da personalidade do paciente ou da aplicação do tratamento. Também os médicos que tentam repelir e excluir estes curadores sem formação médica são de mente estreita.»

É um fato marcante que médicos, cientistas e farmacêuticos reconhecem o efeito do meu método e tornam-se alunos.

Qual é a reação do Governo?

A 6 de fevereiro de 1922, a Comissão Permanente de Orçamento da Câmara dos Deputados, através do Dr. Matsushita, pediu um parecer do Governo sobre o fato de pessoas que não têm formação médica estarem tratando muitos pacientes com um método psicológico ou espiritual.

O Sr. Ushio, um delegado do Governo, disse: «Há pouco mais de 10 anos, as pessoas pensavam que a hipnose era obra de um duende de nariz comprido, mas hoje em dia foram feitos estudos e é aplicada a doentes mentais. É muito difícil resolver o intelecto humano apenas com a ciência. Os médicos seguem as instruções de como tratar pacientes pela ciência médica, mas não é um tratamento médico, como a terapia por eletrodos, ou apenas tocar com as mãos em todas as doenças.» Então, o meu *Usui Reiki Ryoho* não viola a lei da medicina ou a regulação do *Shin-Kyu* (tratamento por acupuntura e moxabustão).

As pessoas pensam que este tipo de poder curativo é uma bênção para pessoas escolhidas, não por treinarem.

Não, isso não é verdade. Toda a existência tem um poder curativo. Plantas, árvores, animais, peixes e insetos, mas especialmente os humanos, como senhores da criação, têm um poder considerável. O *Usui Reiki Ryoho* materializa o poder curativo que o humano tem.

Então, qualquer pessoa recebe *Denju* do *Usui Reiki Ryoho*?

Claro, homem, mulher, jovem ou velho, pessoas com conhecimento ou sem conhecimento, quem tem senso comum pode receber o poder com precisão num curto período de tempo e pode curar-se a si e aos outros. Eu ensinei mais de mil pessoas e ninguém falhou. Todos são capazes de curar a doença apenas com o *Shoden*. Podes pensar que é inescrutável obter o poder de cura num curto período de tempo, mas é razoável. É a característica do meu método que cura doenças difíceis com facilidade.

Se posso curar os outros, posso também curar-me?

Se não pode curar a si mesmo, então como pode curar os outros?

Como posso receber o *Okuden*?

O *Okuden* inclui *Hatsurei-ho*, o método de aplicar leves batidas com as mãos, o método de alisamento com as mãos, pressão com as mãos, um método da sensibilidade. Vou ensiná-lo a pessoas que aprenderam *Shoden* e que são bons estudantes, com boa conduta e entusiastas.

Há um nível mais alto que o *Okuden*?

Sim, há um nível chamado *Shinpiden*.

A CRONOLOGIA DO REIKI

A cronologia do Reiki permite-nos também ter uma visão abrangente desta prática e do que se passava no Japão.

1865, 15 de agosto	Nascimento de Mikao Usui em Taniai, na província de Gifu, Japão.
1868	Início da era Meiji.
1873	É levantada a proibição do Cristianismo.
1877–1878	Diz-se que aos 12 anos Mikao iniciou seu treino nas artes marciais, *Yagyu Ryu*, incluindo *Ken-Jutsu* (manejo de espada) e *Ju-jutsu* (combate desarmado). Aos 20 anos alcançou o *Menkyo Kaiden* (permissão de ensino).
1880, 15 de setembro	Chujiro Hayashi nasce em Tóquio, no Japão.
1883, 14 de dezembro	Nasce o fundador do *Aikido*, Morihei Ueshiba.
1885, 9 de fevereiro	Os primeiros japoneses chegam ao Havaí.
1900, 24 de dezembro	Nasce Hawayo Kawamuru, mais tarde conhecida como Hawayo Takata.
1902	Chujiro Hayashi é graduado na Academia Naval japonesa.
1906	Nascimento de Kimiko Koyama, o sexto presidente da Usui Reiki Ryoho Gakkai, de 1975 até 1999.
1908	Nascimento de Fuji Usui, o primeiro filho de Mikao Usui e Sadako Suzuki.
1912	Morte do Imperador Meiji. O príncipe Yoshihito torna-se «Imperador Taisho».
1913	Nasce Toshiko Usui, a primeira filha de Mikao Usui e Sadako Suzuki.
1914	Uma das possíveis datas da descoberta do Reiki por Mikao Usui. Esta data é sugerida em dois livros japoneses de Reiki, de acordo com estudos de Dave King sobre o *Usui-Do*. Esta é a data citada por Tatsumi-san, que se diz ser um dos estudantes de Hayashi.

1915	A monja budista Tendai Suzuki, alegadamente, torna-se no primeiro aluno do sexo feminino de Mikao Usui, permanecendo sob a sua formação até à sua morte, em 1926. Ela e outra monja tiveram permissão para sair do templo e permanecerem com o Mestre Usui, dando apoio no seu *dojo* (escola). O livro *Kenzen no Genri* é publicado. Autor: Dr. Bizan Suzuki. Os preceitos do Reiki (*Gokai*) foram primeiro impressos neste livro.
1915	Tamai Tempaku cria o *Shiatsu*. No *Shiatsu Ryoho* (método de tratamento por digipressão), Tamai descreve o tratamento de condições patológicas identificadas pela medicina ocidental, usando o método de cura *Shiatsu*, que integra terapias tradicionais, sabedoria espiritual e fisiologia.
1917, 10 de março	Hawayo Kawamuru casa com Saichi Takata e muda o nome para Hawayo Takata.
1917	Gichin Funakoshi introduz o *Karate*, em Okinam. Seu nome original era *Te* ou *Naha-te*.
1918	Chujiro Hayashi torna-se diretor da defesa do porto de Ominato, no Norte do Japão.
1919	Morihei Tanaka publica *Taireido: a Nova Revelação que Mostra o Verdadeiro Sistema de Vida*. Existem sugestões de Mikao Usui ter sido aluno de Tanaka, ou pelo menos que tenha sido influenciado pelos seus ensinamentos. O termo *Taireido* foi traduzido como «o grande caminho espiritual». A terapeuta Mataji Kawakami publica o livro *Reiki Ryoho To Sono Koka* (*Reiki Ryoho e os Seus Efeitos*). Há indicações do uso do termo «Reiki Ryoho» antes de o Mestre Usui o descrever nas suas práticas.
1920	Toshihiro Eguchi estuda com Mikao Usui. Nasce Chiyoko Yamaguchi.

1921	Mikao Usui é contratado como secretário no Departamento de Saúde e Bem-Estar, sob a direção de Goto Shinpei, o qual foi administrador civil de Taiwan de 1898 a 1906 e, em 1922, veio a ser presidente da Câmara de Tóquio. Mikao Usui incorpora os princípios do livro *Kenzen no Genri* na sua prática.
1921, 25 de novembro	Hirohito torna-se regente do Japão.
1922	Mikao Usui retira-se em meditação, durante 21 dias, em Kurama Yama (Monte Kurama). Há algumas dúvidas se o Monte não seria antes Koya (Koya Yama). É sugerido que, antes deste retiro, Mikao Usui praticava e ensinava um sistema pessoal de autodesenvolvimento, com conhecimentos de origem budista e algumas práticas xintoístas que envolvem conceitos de energia. Em 2006, pesquisas de Dave King, entre outros, indiciam que talvez fosse influenciado pela filosofia do grupo Omoto Kyo. Seu sistema era indiciado como sendo Usui Do, «o caminho de Usui». Mikao Usui abre a sua escola do Reiki em Harajuku, Aoyama, em Tóquio. Seu lema era «Unidade através da harmonia e equilíbrio». Mikao Usui introduz a prática de *Reiju*. Diz-se também que Mikao Usui fundou a Usui Reiki Ryoho Gakkai, associação para a aprendizagem do método de cura *Reiki Usui*; no entanto, há quem afirme que foi apenas fundada após a sua morte.
1922, 17 de novembro	Albert Einstein e a sua segunda esposa, Elsa, chegam ao Japão e aí permanecem até 22 de dezembro, onde visitam várias universidades.
1923	Mikao Usui implementa o sistema de classificação utilizado na prática da arte marcial Judo como níveis de Reiki. Mikao Usui financia a construção do *Torii*, localizado no santuário Amataka. Aplique Reiki aos sobreviventes do terramoto de Kanto, o que ajudou a aumentar a sua reputação e a espalhar o Reiki por todo o Japão.
1923, 1 de setembro	O grande terramoto de Kanto atingiu Tóquio e Yokohama, atingindo 7,9 na escala de Richter. Cerca de 106 000 pessoas foram dadas como desaparecidas e 694 000 casas foram destruídas. O Mestre Usui ajudou muitas

(cont.)

	pessoas com o Reiki. Toshihiro Eguchi volta ao seu centro de prática com o sistema *Te-no-hira* (cura pelas mãos), que continha alguns elementos dos ensinamentos de Usui. O sistema de Eguchi continha elementos religiosos que incluíam uma cerimónia de bênção, que aprendeu com seu amigo Tenko Nishida, fundador da comunidade Ittoen.
1924	Mikao Usui muda-se para Nakano, uma província localizada nos arredores de Tóquio.
1925, maio	Chujiro Hayashi torna-se aluno de Mikao Usui. Kaiji Tomita, um estudante de Mikao Usui, apresenta quatro níveis de prática de Reiki: *Shoden* (primeiro grau), *Chuuden* (grau intermédio), *Okuden* (grau interior) e *Kaiden* (grau de explicação). Há geralmente três graus no Reiki ocidental: *Shoden* (Nível 1), *Okuden* (Nível 2) e *Shinpiden* (Nível 3: professor/mestre).
1925, novembro	18 oficiais juniores e os contra-almirantes, Juusaburo Gyuda (mais conhecido como Ushida) e Kanichi Taketomi (supõe-se que os dois últimos seriam os fundadores da Usui Reiki Ryoho Gakkai), juntaram-se às aulas de Mikao Usui. Crê-se que neste momento houve uma mudança na estrutura e na forma como o treino era dado no centro de Mikao Usui, como resultado da influência dos almirantes. Uma das inflexões foi no sentido da terapia energética, com um enfoque no tratamento aos outros. Este sistema é aparentemente baseado no de Eguchi de cura pelas mãos, usando também outras técnicas de desenvolvimento do *Ki*, também de Eguchi. Há também indícios de que foi por esta altura que o Mestre Hayashi, sob indicação dos contra-almirantes, compilou seu «guia de tratamento», como um texto básico para esta nova modalidade de terapia, em desenvolvimento. Foi, possivelmente, também sob a orientação e influência dos contra-almirantes, que os *Gyosei*, poemas do Imperador Meiji, foram usados no início dos encontros de Reiki.

1926, janeiro	Os níveis do Reiki mudaram uma vez mais para *Shoden* (incluindo *Chuuden* e mais quatro subníveis), *Okudenzenki* (*Okuden*), *Okudenkouki* e *Shinpiden* (o último contemplando o que era ensinado como *Kaiden*). No *Shinpiden* o conteúdo era o mesmo do nível *Sandan* (original do início do sistema de níveis do Mestre Usui). Diz-se que enquanto Gyuda e Taketomi atingiram o *Shinpiden*, o Mestre Hayashi continuou seu treino mantendo o sistema de níveis anterior, atingindo também o *Shinpiden*. Kaiji Tomita aprendeu Reiki por esta altura e mais tarde ensinou no formato de quatro níveis introduzido pelos oficiais da marinha. Aparentemente, as suas aulas para os primeiros níveis, *Shoden*, *Chuuden* e *Okuden*, tinham cerca de 10 horas de prática em cinco dias e o *Kaiden* era realizado em 15 dias de prática, possivelmente de 30 horas.
1926, 9 de março	Mikao Usui teve vários problemas financeiros. Viajou para Fukuyama para negociar uma resolução com os seus credores e, dizem, no processo morreu com um acidente vascular cerebral. Segundo alguns pesquisadores, o Mestre Usui já tinha tido dois outros problemas ao nível cerebral e conseguiu tratá-los com Reiki. Crê-se que Mariko-Obaasan e a sua amiga permaneceram no centro de treino de Usui durante alguns meses, após a morte de Mikao Usui, até finalmente saírem. Aparentemente, enquanto lá estiveram, alguns dos restos mortais de Usui foram colocados num altar privado, juntamente com uma grande fotografia dele e uma cópia dos Cinco Princípios (Gokai), princípios que ele tinha pendurado no seu *dojo*. Chujiro Hayashi reivindica a posse da prática do Reiki Mikao Usui. O estabelecimento é transferido para o distrito de Shinano Machi. Juusaburo Gyuda (Ushida), contra-almirante da marinha japonesa, é presidente do Usui Reiki Ryoho Gakkai.
1926, 25 de dezembro	Hirohito torna-se no «Imperador Showa», embora não o seja formalmente durante os dois anos seguintes.

1927, fevereiro/ /março	Memorial de pedra erguido para honrar Mikao Usui no Templo Saihoji, localizado em Quioto, por Fuji Usui. Foi também erguido o túmulo da família onde repousam os corpos da sua esposa Sadako e de ambos os filhos.
1928	Chujiro Hayashi aceita Wasaburo Sugano como estudante.
1928, 4 de março	Shou Matsui cria o primeiro artigo sobre Reiki a aparecer numa revista.
1928	A Eguchi Te-no-hira Ryoji Kenkyukai (Associação de Pesquisa sobre Cura pelas Mãos) é fundada por Toshihiro Eguchi.
1928	É publicado o livro *O Essencial da Autocura Seiki*, por Jozo Ishii. Este livro é publicado pelo Instituto Seiki Ryoho. O termo *Seiki* é traduzido como «Força Vital».
1930	Chujiro Hayashi renomeia seu método como *Hayashi Reiki Ryoho Kenkyukai*.
1930	O marido de Hawyo Takata, Saichi, falece.
1930	Toshihiro Eguchi publica o livro *Te-no-hira Ryoji Nyumon (Uma Introdução à Cura pelas Mãos)*.
1931	Chujiro Hayashi é convidado a retirar-se da Usui Reiki Ryoho Gakkai por não respeitar ou praticar pelos padrões estabelecidos por Mikao Usui. Eguchi também saiu da Gakkai, mas continuou a ensinar o *Usui-Do* ao mesmo tempo que seu próprio sistema. Um dos seus alunos foi Yuji Onuki.
1933	Kaiji Tomita publica o livro *Reiki to Jinjutsu – Tomita Ryu Teate Ryoho (Reiki e Trabalho Humanitário – Tomita Ryu Cura pelas Mãos*. Kaiji Tomita fundou o Tomita Teate Ryohokai (Centro de Cura pelas Mãos Tomita), após o falecimento do Mestre Usui.
1935	Hawayo Takata viaja para o Japão e recebe seu primeiro tratamento de Reiki. Hawayo Takata torna-se numa estudante de Chujiro Hayashi e muda-se para a sua casa. A irmã mais velha de Chiyoko Yamaguchi, Katsue, estuda Reiki em Dishoji, no Norte do Japão.

1935	Toshiko Usui (filha de Mikao Usui) e Jusaburo Ushida morrem.
1936	Hawayo Takata recebe Reiki de Nível 2 (*Okuden*). Hawayo Takata muda-se para o Havaí.
1937, 24 de setembro	Chujiro Hayashi e a sua filha Kiyoe viajam de Yokahama para o Havaí (Honolulu), para promover o Reiki. Estarão lá durante quatro meses e três semanas.
1938, 21 de fevereiro	Hawayo Takata recebe seu Certificado de Mestre de Reiki (*Shinpiden*) por Chujiro Hayashi. Chiyoko Yamaguchi torna-se praticante do método de ensino de Reiki de Chujiro Hayashi.
1940	Chujiro Hayashi lega a sua casa e clínica de Reiki à esposa.
1940, 11 de maio	Chujiro Hayashi comete *seppuku*, um suicídio ritual.
1970	O sistema de ensino de Hawayo Takata torna-se conhecido nos Estados Unidos da América.
1980, 11 de dezembro	Hawayo Takata morre em Honolulu, tendo formado 22 mestres.
1982	Mestres iniciados por Hawayo Takata e Phyllis Furumoto foram convidados para um encontro no Havaí. O grupo reconheceu Phyllis Lei Furumoto como sucessora de Takata.
1983	Novo encontro dos Mestres do Reiki na Colúmbia Britânica; durante este encontro foi criada a Reiki Alliance, em honra do sistema ensinado por Hawayo Takata.
2003, 15 de julho, Portugal	É aprovada legislação para Acupuntura, Fitoterapia, Homeopatia, Naturopatia, Osteopatia e Quiroprática.
2008, 22 de maio	Idealização da Associação Portuguesa de Reiki – Monte Kurama.
2008, 2 de outubro	Registo oficial da Associação Portuguesa de Reiki – Monte Kurama, com o objetivo de unificar as várias escolas, mestres e terapeutas de Reiki em Portugal, com o intuito de criar um código de ética para a autorregulamentação; divulgar a terapêutica e a filosofia Reiki; esclarecer dúvidas e partilhar o conhecimento deste bem supremo;

(cont.)

~~2008, 2 de outubro~~	avançar com propostas para o reconhecimento do Reiki como uma terapêutica não convencional; divulgar a necessidade dos cuidados paliativos e prestar os mesmos com entidades que reconheçam o Reiki como terapêutica.
2011, 7 de setembro	Entrada da Associação Portuguesa de Reiki para a Federação Nacional de Voluntariado em Saúde (Associado N.º 40, primeira associação de terapia complementar a estar associada).
2014, 24 de outubro	Idealização da Federação Europeia de Reiki, por João Magalhães, envolvendo as associações ProReiki, Swiss Reiki, Reiki Council, UK Reiki Federation, La Fédération de Reiki e a Associazione Italiana di Reiki.

Nesta pequena cronologia podemos observar alguns dos temas mais importantes sobre o Reiki. A divisão entre o ensino dito tradicional e o legado da Mestra Takata, e também a origem e o intercâmbio de conhecimentos da sociedade japonesa, muito contribuiu para toda esta prática ao nível da filosofia de vida, da organização de cursos e mesmo da prática terapêutica.

A associação que representa os ensinamentos do Mestre Usui, como eles foram passados, chama-se Usui Reiki Ryoho Gakkai. É uma associação fechada a estrangeiros e muito sabemos sobre os seus ensinamentos, pelo que o Mestre Hiroshi Doi partilhou conosco. Também neste manual compartilho alguns dos saberes incluídos no *Usui Reiki Ryoho Hikkei* e no *Reiki no Shiori*, que são manuais da associação do Mestre Usui. Estas foram traduções que encomendei do japonês para o inglês. Acredito que tais informações são patrimônio mundial e, como tal, irei disponibilizá-las quando tiver todas as traduções realizadas. O Reiki não deve ficar encerrado em marcas registradas ou direitos, que muitas vezes apenas servem para enaltecimento pessoal. Os princípios nos ensinam muito sobre essa reflexão. É um caminho exigente, mas se o coração estiver preso a essas situações, pouco servirá a nossa prática e muito mais lentamente cresceremos.

OS PRESIDENTES DA USUI REIKI RYOHO GAKKAI

1.º Presidente   Mikao Usui, 1865–1926;

2.º Presidente   Ushida Juzaburo, 1865–1935, contra-almirante;

3.º Presidente   Taketomi Kanichi, 1878–1960, contra-almirante;

4.º Presidente   Watanabe Yoshiharu..., –1960, contra-almirante;

5.º Presidente   Wanami Hoichi, 1883–1975;

6.º Presidente   Koyama Kimiko, 1906–1999;

7.º Presidente   Kondo Masaki nasceu em 1933 e é o atual presidente.

12. Mestres influentes no Reiki

Além do Mestre Usui, que é a base do ensino e da prática de Reiki, considero mais dois mestres como muito importantes e representativos para a sabedoria que hoje praticamos. O Mestre Chujiro Hayashi e a Mestra Hawayo Takata.

CHUJIRO HAYASHI – 1878–1940

O Mestre Hayashi nasceu em 1878 e praticou o suicídio ritual em 1940. Graduou-se como oficial da marinha e médico em 1902 e diz-se que iniciou sua prática do Reiki em 1925, aos 47 anos. Supõe-se que tenha sido dos últimos mestres do Reiki do Mestre Usui. Em Tóquio, formou seu método, o *Hayashi Reiki Kenkyukai*, numa clínica que tinha oito camas e 16 terapeutas. Os praticantes trabalhavam aos pares, com seus receptores. Em seu ensino adicionou posições de mãos que trabalhavam essencialmente a parte superior do corpo. Seriam cerca de sete ou oito posições, que cobririam a maior parte dos órgãos e meridianos. Só em caso de necessidade seriam tratadas as pernas e os braços, que são considerados «membros exteriores». Assim como o Mestre Usui, Hayashi deu no seu manual indicações específicas para diversos sintomas. Crê-se que tenha formado cerca de 17 mestres de Reiki, incluindo a nipo-americana Hawayo Takata. Seu saber de medicina, e muito possivelmente de medicina tradicional, trouxe uma maior riqueza ao Reiki enquanto terapia, mas nunca esquecendo a «melhoria do corpo e da mente». O Mestre Hayashi viajou para o Havaí em 1937, com a sua filha, onde passou cerca de quatro meses e três semanas, na divulgação do Reiki, em conjunto com a Mestra Takata. Em 1940, praticou *seppuku*, o suicídio ritual, para que não fosse convocado para a guerra. A escola e a clínica continuaram com a sua esposa, Chie Hayashi, apesar de esta ter pedido à Mestra Takata que a auxiliasse e ficasse responsável por ela.

HAWAYO TAKATA – 1900–1980

Hawayo Hiromi Takata nasceu a 24 de dezembro de 1900 e teve a sua passagem a 11 de dezembro de 1980. Nasceu em Hanmaulu, no Havaí, e é de origem nipo-americana. Em 1935, viajou para o Japão, onde iria receber tratamento para um grave problema abdominal, e recebe seu primeiro tratamento de Reiki na clínica. Hawayo Takata torna-se numa estudante de Chujiro Hayashi e muda-se para sua casa. Em 1936 recebe o *Okuden*, o Nível 2 do Reiki, e retorna ao Havaí. Diz-se que, a 21 de fevereiro de 1938, Takata recebeu seu Certificado de Mestre Reiki.

Desde o início que o Reiki foi de tradição oral, sendo o material escrito apenas relativo aos princípios, métodos e aplicações a doenças específicas. Diane Stein rompeu com essa tradição e decidiu publicar os símbolos e a informação sobre iniciações, com o título *Reiki Essencial*. A história contada pela Mestra Takata sofreu algumas alterações, pois crê-se que pretendeu tornar o Reiki mais compreensível para os ocidentais, em sua maioria cristãos. Não foram encontrados registros de o Mestre Usui ser sacerdote cristão ou reitor numa universidade em Chicago, assim como não está provado que o Mestre Hayashi fosse seu primeiro discípulo e sucessor «por direito». Tudo são histórias e devemos ter sempre alguma margem e paz de espírito nas interpretações.

Para a Mestra Takata, Reiki significava Energia Vital do Universo e representava a energia que está dentro de cada um. Esta, quando concentrada e aplicada a um paciente, irá «curar» todas as enfermidades. É a grande cura da Natureza, que não requer medicamentos, segundo ela. Para a Mestra Takata, a concentração da energia passava por purificar os pensamentos e as palavras e meditar, para deixar que a energia venha para fora, de dentro. A residência da nossa energia, segundo ela, estava localizada a cerca de três dedos abaixo do umbigo. E recomendava aos seus alunos: «Sente-se numa posição confortável, feche os olhos, concentre seus pensamentos e relaxa, junte as mãos e aguarda o sinal. Com bondade e gentileza aplique as mãos, começando pela cabeça, descendo depois pelo corpo. O paciente que está prestes a receber o tratamento deve purificar a mente, sentir-se confortável e com o desejo de se sentir bem. Não deve esquecer de se sentir grato. A gratidão é a grande cura para a mente. Em todos os casos, o paciente pode ser diagnosticado apenas pelo toque da mão.»

É muito interessante verificar como a Mestra Takata colocava suas crenças e as incluía na prática do Reiki, algo que é tão comum em todos nós. Por exemplo, ela acreditava que existe um Ser Supremo – o Infinito Absoluto –, uma força dinâmica que governa o mundo e o Universo, que este Ser é um poder espiritual invisível que vibra. Dizia ela que este poder é insondável, imensurável e, sendo uma força universal da vida, é incompreensível para o Ser Humano. No entanto, cada ser vivo recebe suas bênçãos diariamente, acordado ou dormindo. Sobre a energia, ela considera que vários professores e mestres chamam-lhe «O Grande Espírito», «A Força da Vida Universal» ou «Energia Vital», porque quando é aplicada vitaliza todo o corpo, ou ainda «Onda Etérea», porque alivia a dor e coloque a pessoa em sono profundo, como se estivesse anestesiada. O Reiki também pode ser conhecido como «Onda Cósmica», porque irradia vibrações de sentimentos exultantes e eleva-nos em harmonia.

Ao nível da terapia, a Mestra Takata indicava o Reiki como sendo uma onda radiônica, como o rádio, que pode ser aplicada localmente ou, como na onda curta, num tratamento à distância. O Reiki não é eletricidade, nem rádio, nem raio x. Pode penetrar em camadas finas de seda, linho, porcelana ou chumbo, madeira ou aço, porque vem do Grande Espírito, do Infinito. O Reiki não destrói tecidos delicados ou nervos. É absolutamente inofensivo, por isso é um tratamento prático e seguro. Porque é uma onda universal, tudo o que é vivo tem benefícios quando é tratado – a vida das plantas, as aves e os animais, assim como seres humanos, crianças ou velhos, pobres ou ricos. Deve ser aplicada e utilizada diariamente como uma prevenção. Quando estas regras são aplicadas diariamente, o corpo responderá e tudo o que desejamos e ansiamos alcançar neste mundo estará ao nosso alcance. Saúde, felicidade, o caminho para a longevidade, o que todos buscamos – vou chamar a isso perfeição.

CONSIDERAÇÕES SOBRE OS ENSINAMENTOS DA MESTRA TAKATA

Alguns dos tópicos da Mestra Takata nos fazem refletir incrivelmente sobre a nossa prática de Reiki:

Reiki é energia dentro de cada um.

Hoje em dia consideramos como sendo uma energia exterior. Este conceito de Takata está correto, pois o Reiki permeia-nos, preenche-nos e revitaliza-nos.

Não requer medicamentos.

A prática do Reiki é absolutamente natural, não envolve manipulação ou ação química ou mesmo homeopática. Não usamos ferramentas ou acessórios.

Para concentrar esta energia, deve-se purificar os pensamentos e as palavras e meditar, para deixar que a «energia» venha para fora, de dentro.

Um conselho profundo e tão belo. Sem dúvida que devemos ter mente limpa, elevação da consciência e devemos meditar para podermos encontrar a união com a energia. Mente limpa e coração predisposto: assim a energia flui.

Senta-te numa posição confortável, feche os olhos, concentre seus pensamentos e relaxe, junte as mãos e aguarde o sinal.

Uma boa referência à meditação *Gassho*.

Com bondade e gentileza, aplique as mãos, começando pela cabeça, descendo depois pelo corpo.

Só por hoje sou bondoso – no meu autocuidado, no cuidado dos outros.

O paciente que está prestes a receber o tratamento deve purificar a mente, sentir-se confortável e com o desejo de se sentir bem.

Predisposição, com a mente purificada, ou seja, relaxada e focada no tratamento. Responsabilizar a pessoa pelo próprio tratamento – o desejo de se sentir bem.

Não deve esquecer de se sentir grato. A gratidão é a grande cura para a mente.

Só por hoje sou grato. A grande benesse.

Em todos os casos, o paciente pode ser diagnosticado apenas pelo toque da mão.

Toca ou fique a uma ligeira distância do corpo, mantendo sempre a ética. Através deste «diagnóstico» energético, percebemos como está a energia da pessoa. O Reiki tem apenas a especialidade energética. O diagnóstico não é médico.

Usui, Hayashi e Takata são os três grandes Mestres do Reiki. Com Usui o Reiki teve sua expressão, com Hayashi conheceu a vertente aprofundada do tratamento e com Takata deu as mãos ao Ocidente, podendo chegar a todos nós. Cada Mestre tinha uma forma particular de ensinar, você deve ter percebido isso, e assim quando nós ensinamos um praticante a tornar-se Mestre, também será ensinado de uma forma diferente. A história do Reiki ensina-nos grandes lições – humildade, sabedoria, trabalho árduo e muito, muito Reiki.

13. A filosofia de vida no Reiki

O maior legado que o Mestre Usui nos deixou foram os preceitos, escritos pela sua mão em papel de amoreira, comprado pela Monja Suzuki, uma de suas ajudantes. Os Cinco Princípios são a base da nossa prática. Sem eles o Reiki perde seu significado, passa a ser mais uma forma de terapia energética entre tantas outras. Por isso, os Cinco Princípios merecem toda nossa atenção, pois serão os pilares de nossa fundação como praticante de Reiki e as pontes que nos levarão à elevação da consciência. Assim escreveu o Mestre Usui:

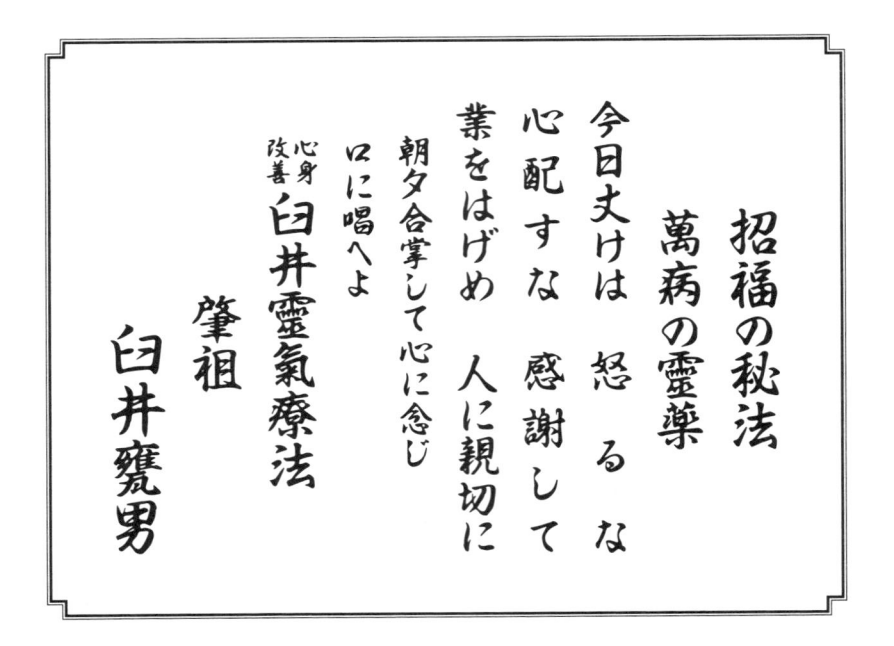

ENSINAMENTOS DO *USUI REIKI RYOHO* PARA SUA EVOLUÇÃO

A arte secreta de convidar a felicidade, a medicina espiritual para muitas doenças.

Só por hoje
Não se zangue
Não se preocupe
Seja grato
Seja diligente
Seja bondoso para com os outros.

De manhã e à noite, sente-se com as mãos juntas e repita
estas palavras alto e com seu coração.
Para a melhoria da mente e do corpo.

Método Usui de Cura Natural
O fundador, Mikao Usui
Shofuku no hiho, Manbyo no rei yaku
Kyo dake wa
IKaruna
Shinpaisuna
Kansha shite
Gyo wo hage me
Hito ni shinsetsu ni
Asa you Gassho shite kokoro ni nenji kuchi ni tonaeyo
Shin shin kaizen
Usui Reiki Ryoho
Chossô, Usui Mikao

Deste conjunto de preceitos tiramos aquilo o que hoje chamamos os Cinco Princípios:

Só por hoje sou calmo, confio, sou grato, trabalho honestamente, sou bondoso.

Os Cinco Princípios	Gokai	五戒
Só por hoje sou calmo, confio, sou grato, trabalho honestamente, sou bondoso.	Kyo dake wa Ikaruna Shinpaisuna Kanshashite Gyo wo hageme Hito ni shinsetsu ni	今日たけは 怒るな 心配すな 感謝して 業をはけめ 人に親切に

Ao longo do tempo foram surgindo muitas versões dos princípios. Faz parte da forma como cada um sente a energia e a vivência. Partilho contigo algumas versões.

Os princípios, segundo a Mestra Takata
Só por hoje, não te zangues
Só por hoje, não te preocupes
Só por hoje, sê grato pelas muitas bênçãos
Ganha a tua vida com trabalho honesto
Sê bondoso com o teu próximo.

Os princípios, segundo a Reiki Alliance
Só por hoje, não me preocupo
Só por hoje, não me zango
Só por hoje, dou graças pelas minhas muitas bênçãos
Só por hoje, faço o meu trabalho honestamente
Só por hoje, sou bondoso com todos os seres vivos.

SÓ POR HOJE

«Só por hoje» não é um dos Cinco Princípios do Reiki, mas um enquadramento no tempo e uma das mais importantes orientações do Mestre Mikao Usui – estar no aqui e agora, no momento presente.

Só por hoje peça a si mesmo mente limpa e coração predisposto, para que possa estar plenamente consciente de si, dos outros e do Universo. Esta atenção plena é o que permite entender o que se passa com você e o que se passa com os outros, é o que lhe dá espaço e tempo para que suas respostas e reações não sejam apenas impulsos, mas expressões da grandeza de sua consciência, em compaixão e amor incondicional. Antes de qualquer ação, só por hoje lhe pede que inspire, que mergulhe para dentro e, em plena consciência e responsabilidade, traga o melhor para a vida. Quando você reserva tempo para apreciar o vento, uma flor, sua própria obra, está cumprindo o «só por hoje». Nesta última ideia – observar e apreciar sua própria obra – está a base para a aceitação do potencial incrível que você tem e do que de bom consegue partilhar com todos. Só por hoje, aqui e agora, você é consciente e se realiza.

Só por hoje, na prática de Reiki

Quando você permanece no estado de consciência plena, de atenção plena, sente melhor o fluxo da energia. Percebe o *byosen* com mais clareza e compreende as mensagens que a energia que envolve você, ou a sua mesma, transmite. Estando a Terceira Visão limpa de pensamentos e num estado vazio, a percepção é ampla e a intuição mais apurada.

SÓ POR HOJE, SOU CALMO

Só por hoje, sou calmo é mesmo um desafio importante neste belo caminho do Reiki, para que possamos convidar a felicidade para a nossa vida. Ikaruna refere-se mais concretamente a um mandamento – não te zangues.

Kyo dake wa, Ikaruna – Só por hoje, sou calmo

O primeiro princípio do Reiki é o pilar de atitude para nos mantermos no momento presente. Encontrar a calma é um estado interior. Músicas, ambientes e roupas são tudo aspectos exteriores, que podem ajudar-nos a alcançar um estado de espírito mas não a mantê-lo, pois esse é um trabalho interior. Se continuar a cultivar a raiva, a guardá-la, então mais cedo ou mais tarde irá se deparar com os espinhos que crescem e lentamente lhe envenenam. A calma e a paz duradoura são o que permitirá você a reconhecer fronteiras e encontrar uma aceitação além dos limites do ego. A calma traz reconhecimento, crescimento interior. Persistir na raiva é como apanhar um pedaço de carvão quente com a intenção de o atirar em alguém. Segundo Buda, é sempre quem levanta a pedra que se queima.

A calma lhe permitirá tornar-se observador e compassivo. Poderá observar a vida como se estivesse no alto de uma montanha. O ar é fresco e puro e você observa todos os caminhos possíveis e todas as situações que acontecem.

Ikaruna – Só por hoje, sou calmo na prática do Reiki

Aplicar este princípio em nossa prática do Reiki é muito importante. Enquanto praticante ele nos ensina a disciplina, a atitude de aprendiz na prática – mente limpa e coração predisposto. Mente de principiante. Tudo tem um tempo e não nos adianta correr nos níveis ou na prática. Devemos sentir, observar as alterações e crescer com o Reiki.

A calma é também importante para quem é terapeuta. Ajuda-nos a ser objetivos, desapegados. Devemos escutar ativamente o paciente e auxiliá-lo em seu percurso terapêutico, respeitando a privacidade e seu próprio tempo de sentir seu percurso de cura. Não adianta desejarmos a cura, não é esse o papel de um terapeuta de Reiki, mas deixar que o Reiki flua de nós para a pessoa, para o seu bem supremo. Aí acontecem as maravilhas...

Para o Mestre de Reiki, a calma lhe diz que tudo tem um tempo; que há um tempo para ensinar, para cuidar dos alunos, para cuidar dele mesmo e continuar sua aprendizagem (que nunca deve parar); que no momento de dificuldade deve-se fazer valer os princípios e observar que a vida é comum a todos, que ninguém é mais que outrem. Ser Mestre é ser o aprendiz, com capacidade de partilha e doação, e com sentido de responsabilidade. A calma nos permite gerir as situações e observar o trabalho da energia.

Ikaruna – Só por hoje, sou calmo no dia a dia

Em seu cotidiano, esforça-se para ter tempo, disponibilidade. Estar no aqui e agora, escutando os outros, colocando os limites necessários, lhe ajuda a ter uma vida mais equilibrada e feliz. Permitirá perceber para onde a energia deve fluir e se estás a contrariando ou fluindo com ela.

Quando colocar as mãos em si... dedique-se a sentir, com calma.

Quando partilhar com os outros, deixe fluir e sinta o que o amor incondicional do Reiki lhe transmite. Dedique-se a esse momento presente, com paz. Só por hoje, sou calmo.

SÓ POR HOJE, CONFIO
OS CINCO PRINCÍPIOS DO REIKI

Só por hoje, confio. No quê? Em quem? Qual a importância de confiar, para que este seja o segundo dos Cinco Princípios do Reiki? Quando o Mestre Usui escreveu os *gainen* (preceitos), colocou as bases para que um praticante do *Usui Reiki Ryoho* atingisse a felicidade, a paz duradoura, a iluminação (*Satori*).

Kyo dake wa, Shinpai suna – Só por hoje, confio

A confiança vem do nosso coração, por isso quando nos sentimos magoados na integridade, na confiança, no amor, sentimos dor no coração. É através deste centro que a confiança se demonstra, mas ela também tem origem noutros centros energéticos, como o Plexo Solar, a base do nosso poder pessoal.

Shinpai suna – Confio na prática do Reiki

Confiar nos traz sempre uma profunda reflexão na prática do Reiki:
- Confio na minha ligação com a energia?
- Confio que sou capaz de realizar o autotratamento com capacidade suficiente para me equilibrar?
- Confio que sou capaz de veicular a energia para que os outros a recebam?
- Conheço os meus limites?
- Tenho mais tendência para fazer Reiki aos outros do que a mim mesmo?
- Acredito em mim como o ser incrível que sou?
- Acredito verdadeiramente no percurso que estou fazendo com o Reiki?

Confiar nos traz um grande poder pessoal e uma liberdade incrível. Confiar é compreender o tecido do Universo e a forma como ele se desenrola, o nosso papel, o papel do Reiki e o papel dos outros nele. Com a calma, em harmonia, conseguimos encontrar suficiente espaço em nós para sabermos confiar, primeiro em nós e nas nossas capacidades, em nosso amor, e assim, depois, confiarmos nos outros e no que eles têm para nos dar e para receber. O Reiki toca-nos interiormente e faz de nós seres despertos e cada vez mais conscientes, se soubermos confiar.

Shinpai suna – Confio no dia a dia
Os Cinco Princípios do Reiki nos pedem uma prática humanista, constante, diária. Para isso temos que confiar em nossa prática. Se quisermos desenvolver a arte de praticar Reiki temos de ser constantes, atentos, confiando na energia, em nós mesmos e nas nossas sensações. A partir daqui, todo um caminho se abre e com ele chegamos à felicidade, compreendendo e aceitando a vida e as suas lições.

SÓ POR HOJE, SOU GRATO
Kansha shite, sou grato – o terceiro princípio do Reiki
A gratidão é um estado de paz e reconhecimento vivido por quem encontra a sabedoria das coisas e da vida. Diz Buda que a paz vem de dentro de si mesmo. Não a procure à sua volta. Buda falava da interioridade, da necessidade de nos voltarmos para o interior e de encontrarmos aí o tesouro escondido que nos leva à felicidade. De certa forma, era exatamente isso que o Mestre Usui dizia nos *Gainen*, em seus preceitos: «...a arte secreta de convidar a felicidade».

Kyo dake wa, Kansha shite – Só por hoje, sou grato
A gratidão é uma virtude, um sentimento. É um valor interior que se sente, que nos eleva a consciência e faz brilhar. Este sentimento de gratidão espelha paz e serenidade e isso acontece pela clara compreensão das coisas, do sentido da vida. Quando falamos da gratidão, falamos da maior expressão do nosso coração – é profundo, é um ato de amor. É por esta razão que o Mestre Usui incluiu a gratidão nos Cinco Princípios do *Usui Reiki Ryoho*.

Kansha shite – Sou grato na prática do Reiki

Os Cinco Princípios do Reiki nos trazem a mudança e a transformação de consciência que nos permitem ser melhores. Quando olho para mim e me observo à luz destes princípios, descubro o que tenho a mudar, a transformar em mim mesmo. Esse momento é único, pois é uma tomada de consciência e daí advém a gratidão. Grato por descobrir o que há a mudar em mim, grato por poder fazê-lo, demore o tempo que demorar.

A gratidão advém igualmente da energia com a qual aprendi a trabalhar – o Reiki. E chega por poder usar essa mesma energia para me equilibrar e ajudar a equilibrar os outros. No momento em que me trato, o coração fica cheio – sou capaz de cuidar de mim mesmo, sou grato. No momento em que trato os outros agradeço, estou ligado ao Universo e deixo fluir a harmonia e a energia de que a pessoa necessita para a sua condição.

A gratidão está intimamente ligada a cada momento da prática do Reiki.

Kansha shite – Sou grato no dia a dia

No dia a dia, a gratidão espelha o que os Cinco Princípios nos ensinam. Ser bondoso, ser calmo, ter confiança. Não é simples, pois os nossos tempos estão recheados de desafios. Agradecer pelas situações difíceis e dolorosas, que à primeira vista nos são prejudiciais, é uma verdadeira ação interior de crescimento e sabedoria.

Os Cinco Princípios do Reiki não se fundamentam e crescem num só dia. Requerem prática, vivência, reflexão. Até por este tempo necessário devemos ser gratos.

SÓ POR HOJE, TRABALHO HONESTAMENTE

Trabalhar honestamente é um dos pilares da integridade de qualquer ser humano e faz parte de uma ética interior, independentemente de crenças, estratos sociais ou geografias.

Kyo dake wa, Gyo wo hageme – Só por hoje, trabalho honestamente

O trabalho e a honestidade são dois pares inseparáveis, se quisermos edificar-nos como seres humanos íntegros e elevados, compassivos e bondosos. O trabalho tem a ver com toda a ação que façamos, seja ela mecânica ou meditativa, física, mental, emocional, energética ou espiritual. A honestidade é a verdade e a transparência que brota do nosso coração para a ação que estamos realizando.

Gyo wo hageme – trabalho honestamente na prática do Reiki

O trabalho honesto no Reiki remete-nos para o nosso trabalho exterior e interior. E leva-nos às seguintes reflexões:

- Cuido de mim praticando o autotratamento?
- Aplico os Cinco Princípios, tentando transformar-me e tornar-me numa pessoa melhor?
- Aplico em mim o que aplico aos outros, quer seja tratamento ou filosofia de vida?
- Se ensino o Reiki, estou a fazê-lo em plena consciência e conhecimento?
- Acompanho os meus alunos permitindo-lhes crescer?
- Se cobro, sou justo para comigo e para com os outros? Sei reconhecer o meu valor e a necessidade de quem não pode?
- Aceito apenas o que é meu e o que o Universo me dá, justamente e com honestidade?

Trabalhar honestamente, no Reiki, pede-nos que sejamos verdadeiros no que sentimos e no nosso percurso. Quando pratico o autotratamento, o que escuto, o que sinto? Ligo-me e deixo verdadeiramente a energia fluir para a cura? Ser verdadeiro traz-nos leveza e alegria. De certa forma, mesmo cheios de problemas no mundo, não ter problemas interiores é incrivelmente importante. Ser honesto traz-nos essa liberdade.

Gyo wo hageme – Trabalhar honestamente no dia a dia

O quarto princípio do Reiki nos fala sobre brio e retidão. Ter gosto e cumprir diligentemente o trabalho que fazemos, seja ele qual for. Ter alegria na nossa ação e fazê-la com um coração compassivo e verdadeiro. Tudo o que fazemos pede isto mesmo – diligência e honestidade. Tudo o que der, retorna a você de alguma forma. Tudo o que retirar, também a será retirado de você. São muitas as formas pelas quais o Universo se manifesta, para que tudo se mantenha em equilíbrio. Vale a pena praticar o trabalho honestamente em todos os momentos da nossa vida.

SÓ POR HOJE, SOU BONDOSO

Ser bondoso para com os outros é o quinto princípio do Reiki, que podemos também indicar como *sou bondoso*. A bondade (*shinsetsu*) é uma expressão do nosso coração, a energia do quarto chacra. Olhar para dentro permite-nos ver além daquilo que aparentamos ser. Se aplicarmos o quarto princípio, trabalhar honestamente, vamos compreender as situações e, sendo bondosos para conosco, vamos crescer com elas e ultrapassá-las. A bondade é a base para qualquer relacionamento, incluindo aquele que temos com nós próprios.

Kyo dake wa, Hito ni shinsetsu ni – Só por hoje, sou bondoso

Quando o Mestre Usui nos indicou que devíamos ser bondosos teve um momento de grande visão e humanidade, pois todos estes Cinco Princípios (*gokai*) se interligam e, só por hoje, ajudam a elevar a consciência e a transformarmo-nos em melhores pessoas.

A bondade é um sentimento que emana do nosso coração quando a mente e o coração funcionam em conjunto. Ser bondoso é, em primeiro lugar, ter um sentido de respeito para com o próprio e para com os outros. É saber os limites e as fronteiras, e compreender que somente com amor incondicional e compaixão (*Karuna*) conseguimos realmente exprimir-nos em liberdade e compreender o outro.

Hito ni shinsetsu ni – Sou bondoso na prática do Reiki

Aplicar o quinto princípio na prática do Reiki nem sempre é fácil. Isto porque o Reiki nos traz uma aproximação muito interior e nos indica o que precisamos transformar. Então, perdemos mais tempo em autocrítica, desespero ou mesmo desistência do que propriamente cuidando com amor do que precisamos trabalhar e mudar.

Ser bondoso na prática do Reiki é compreender as necessidades, olhar o que há para ser tratado e o fazer com amor incondicional, característico desta energia. É aplicar regularmente o autotratamento ou pedir ajuda a alguém para que nos trate. É reconhecer a nossa necessidade e completá-la, indo à sua causa.

Hito ni shinsetsu ni – Sou bondoso no dia a dia

Os Cinco Princípios têm como objetivo convidar a felicidade, segundo as indicações do Mestre Usui. É uma grande verdade que sentimos ao praticar – com calma aprendemos a confiar em nós, nos outros e no Universo, expressamos gratidão pelas lições e pelo que recebemos, somos honestos conosco e com os outros, e com o que fazemos, vivemos em bondade escutando a mente e o coração, sendo compassivos.

Ser bondoso não é apenas algo que se faz quando se vai como missionário ou se praticam grandes obras de caridade. A maior bondade, por vezes, pode ser expressa com aqueles que estão mais próximos ou até são desconhecidos e precisam de uma palavra, de um toque, de um pouco de Reiki. A bondade surge em nós e flui para os outros.

14. *Anshin Ritsumei* – A paz de espírito e a iluminação com o Reiki

*A*nshin Ritsumei 安心立命 é alcançar a paz de espírito e a iluminação, é manter a mente serena. Este é um momento, um estado que alcançamos, como o Mestre Usui indicou, quando nos dedicamos à transformação interior através da prática dos Cinco Princípios e da reflexão nos poemas do Imperador Meiji. O Mestre Usui teve, pelo menos, dois grandes momentos de *Anshin Ritsumei*, quando compreendeu seu sentido de vida e quando sentiu o Reiki pela primeira vez.

Anshin significa alívio; mente focada em algo; ausência de preocupação, paz de espírito, paz mental; equanimidade, quando aplicada dentro do Budismo. A palavra pode ser aplicada como 安心決定 (*anshin ketsujō*): entoar o nome de Buda com pureza de mente e de coração; crença firme; confiança no futuro; 安心立命 (*anshin ritsumei*); 安心立命 (*anjin ryūmei); 安心立命 (*anjin ryūmyō*): paz de espírito e iluminação; manter a mente serena, imperturbável, através da fé; 一安(*hitoanshin*): sentir alívio.

Alcançar a paz de espírito com o Reiki

A paz de espírito alcança-se no momento em que conseguimos estar no aqui e agora, no momento presente, sem apego, em ligação com o Universo, com a vida. É um momento que se pode atingir de forma consciente, em qualquer situação. Advém do trabalho interior realizado, que permite transformar nossos padrões de pensamento, ação/reação, elevando a consciência. Podes trabalhar esta elevação da consciência e paz de espírito através da respiração, meditação e geração de virtudes.

Através da respiração

Joshin Kokyu Ho é uma técnica que nos permite acumular energia vital, reciclar a energia interna e restaurar a circulação energética pelos nossos canais internos. A concentração que desenvolvemos, estando apenas focados na respiração e no circuito energético, permite-nos alcançar uma mente clara, a paz de espírito e a harmonia interior.

Através da meditação

A meditação *Gassho* permite-nos estar em contato com a energia Reiki, centrados apenas num único ponto, no contato entre os nossos dedos e no nosso *Tanden*, o centro energético. Ao desenvolver a ligação com o nosso Eu e com o Universo sentimos a paz interior e, com a prática, vamos adquirindo uma paz mais duradoura e a equanimidade.

Através da geração de virtudes

O *Nentatsu Ho* é uma técnica própria para o desenvolvimento do pensamento positivo, da geração de virtudes. Ao manter a mente vazia e ao colocar nela somente a virtude que queremos alcançar, visualizando-nos como já tendo adquirido essa virtude, permite transformar a nossa consciência e alcançar a paz de espírito.

15. A influência do Imperador Meiji no Reiki

Apesar da criação do Método de Cura Natural ter sido posterior à era Meiji, Matsuhito (睦仁), o Imperador Meiji (明治天皇), teve uma enorme importância e influência na prática do Reiki. Nasceu a 3 de novembro de 1852 e faleceu a 30 de julho de 1912; foi o 122.º imperador do Japão e conduziu os destinos deste país praticamente durante 45 anos. Foi o motor da revolução industrial e da abertura do Japão ao Ocidente e à modernização, saindo de um Estado feudal para um Estado capitalista, mas profundamente centrado no imperador e no poder do Estado.

O Império do Sol Nascente veio a conhecer, verdadeiramente, uma nova era de ideias revolucionárias e profundas transformações sociais. Meiji significa «Governo iluminado» e foi reforçado com a mudança para o Xintoísmo como religião oficial (em 3 de fevereiro de 1870) do império. Em muitos templos coexistia o Budismo e o Xintoísmo, mas em muitos a vertente budista foi removida.

Kami no Michi, como é chamado o Xintoísmo (o caminho dos *Kami* 神, os deuses), sempre teve um papel fundamental na cultura popular japonesa. Com a compreensão da criação de todas as coisas através de deuses, o respeito pela Natureza e pelos antepassados, e uma forma de vida simples, tornou-se fácil a junção e a coexistência com outros credos e religiões, especialmente com o Budismo, introduzido no Japão por volta de 467.

Com a existência de um Xintoísmo estatal, venerando o imperador, a religião tornou-se mais organizada como se se tratasse de um departamento do Estado. Determinados rituais e doutrinas foram instituídos pelo Ministério da Religião. Com todo este processo, o Budismo sofreu um grande revés, sendo removido por completo do palácio imperial, assim como tendo sido retirados os privilégios e o *status* a monges e templos, ao contrário do Cristianismo, que em 1873 viu a sua proibição levantada pela pressão dos relacionamentos políticos e comerciais com o Ocidente. Em 1889 a liberdade religiosa foi promulgada na Constituição imperial. No caso do Budismo, as vertentes *Rinzai* e *Zen Soto* adaptaram-se e convergiram até para uma perspectiva mais ocidentalizada.

À data do surgimento do *Usui Reiki Ryoho*, em 1922, temos um Japão ainda com um marcante Xintoísmo estatal, o Budismo em declínio, o Cristianismo novamente aceito e a liberdade religiosa (mas devidamente controlada pelo Estado). Diz-se mesmo que a introdução dos poemas *Waka* do Imperador Meiji (*Gyosei*) não serviram apenas para trazer reflexão e elevação de consciência aos praticantes, como também para que não houvesse dúvidas de que o Reiki não era uma religião ou uma seita contra o imperador.

Conhecer a história no tempo da criação do Reiki permite-nos compreender muitas das partes que compõem a nossa prática. Felizmente, hoje em dia já existem livros com a tradução completa dos 125 poemas do Imperador Meiji e você poderá, também, encontrar a tradução para o português que fiz do *Usui Reiki Ryoho Hikkei*.

Para te ajudar a compreender a importância e a profundidade destes poemas, partilho com você cinco poemas inéditos, fora dos 125 escolhidos pelo Mestre Usui, para que você possa praticar num período de meditação ao longo **de sete dias**.

SETE DIAS DE REFLEXÃO COM O IMPERADOR MEIJI

O templo xintoísta Meiji, fundado em novembro de 1920, foi dedicado aos «espíritos divinos» do Imperador Meiji e da Imperatriz Shoken. O templo apresenta aos visitantes um conjunto de poemas que poderão observar para meditação ao longo da semana. Estes poemas são autênticas pérolas para a reflexão e a elevação da nossa consciência, enquanto praticantes de Reiki.

Ao longo destes sete dias, busque o recolhimento, conecte-se ao Reiki e recite os Cinco Princípios. Deixe que a energia flua para dentro de você e esvazia a mente. Se quiser, pratique o *Joshin Kokyu Ho* durante alguns minutos e, em seguida, recite o poema do dia. Depois de o fazer, sinta a energia e reflita sobre ele.

DIA 1 – ABERTURA

O céu espaçoso
Abrange sereno e claro,
Tão azul acima.
Oh, que a nossa alma possa crescer
E tornar-se tão aberta!

Observamos o céu e o mar vasto porque queremos também que o nosso interior seja vasto, aberto, predisposto, sem barreiras. Ao praticar Reiki descobrimos que isso é possível. Se surgirem bloqueios, eles apenas servem para serem desbloqueados. Por isso, mostre sua gratidão por ter consciência de você mesmo e permite-se abrir e crescer.

DIA 2 – PAZ

É nossa esperança
Que todos os oceanos do mundo
Estejam unidos em paz.
Então, porque os ventos e as ondas
Agora se levantam raivosos?

A paz é um bem necessário a toda a vida harmoniosa. Faz parte da responsabilidade de cada um promover essa paz. A paz interior, em primeiro lugar, e depois o espelho dessa paz para o exterior e para os outros. Na verdade, se você não tem paz interior nunca conseguirá atingir verdadeiramente a harmonia.

DIA 3 – RECONHECIMENTO

Quando nos tornamos adultos
E, finalmente, podemos ficar sozinhos
É a bênção
De ter pais atenciosos.
Isso não deve ser esquecido.

Tudo o que somos é também fruto do que nos deram e ensinaram. Este poema ensina-nos a agradecer por tudo o que nos deram. Os pais e avós apenas ensinam o que sabem, porque também eles foram ensinados pela forma como seus pais e avós sabiam. Cabe a nós a sabedoria de fazer um pouco mais.

DIA 4 – SINCERIDADE

A verdadeira sinceridade,
Mesmo que não expressa
Adequadamente em palavras,
Aparece mais naturalmente
No semblante de uma pessoa.

A nossa aparência por vezes reflete como nos sentimos e, mesmo que a nossa forma de expressar não seja boa, se formos sinceros tal será transparente. Coloque os princípios em seu coração, seja bondoso.

DIA 5 – BONS CONSELHOS

Palavras de advertência,
Quando oferecidas por uma pessoa
Que realmente se importa,
São dadas para nos manter bem
Como são os nossos medicamentos.

Escute as advertências. Por vezes, a crítica de um amigo pode ser uma bênção bem construtiva. Não deixe que seu coração se feche, mas o esvazie para compreender melhor o que lhe dizem.

DIA 6 – CAMINHO

Longe no céu
Pode ser vista, altaneira,
Uma grande montanha.
Apenas o desejo para escalá-la,
O caminho de ascese existe.

Querer ultrapassar os próprios limites é típico de um praticante de Reiki. O sentir da energia e sua compreensão é como escalar a mais alta das montanhas. É um caminho interior muito benéfico para nós. Quanto mais o fizer, também mais poderá ajudar outros a fazê-lo.

Dia 7 – Calma

Embora vivamos
Num mundo que está cheio
Com confusão turva,
Nossos corações permanecem preenchidos
Com uma calma ampla.

Se tudo à sua volta está em constante turbilhão, refugia-se nos princípios, na mente vazia e em sua prática. Equilibre-se e sinta-se – dessa forma poderá estar com uma ampla calma no mundo confuso que lhe rodeia.

16. Os valores do Reiki

O Reiki assenta em dois valores principais – o amor incondicional e o bem supremo.

O REIKI E O AMOR INCONDICIONAL

«O que quer que aconteça em sua vida, não desista do amor.
O amor cura, guia e ajuda. Mantém o amor no centro de seu
coração. Fisicamente, energeticamente e mentalmente,
o amor é o melhor remédio.» – *Tulku Lobsang*

Dar sem esperar receber é um lema do Reiki. O amor incondicional é um estado necessário para esta prática. Amor incondicional é o que se sente com o Reiki. Este é um bem que passa por nós e que vai para o outro. Que não nos deixa mal nem nos exige algo em troca. É um bem que nos traz bem. O amor incondicional é um amor pleno, completo, é o verdadeiro altruísmo, a grande doação. Não é o amor que depois pede retribuição, ou aquele descompensado que vai procurar nos outros o que não tem para si. Quando estamos preenchidos com amor incondicional, não há mais nada, nem mais nada importa. O Reiki é assim: quando nos entregamos a sentir a energia, não há mais nada. Tratar-nos com amor incondicional significa vivenciar o quinto princípio do Reiki – só por hoje, sou bondoso. Bondoso para comigo, amando-me, sabendo que tenho que me cuidar antes de cuidar dos outros. O amor incondicional começa em nós... e não termina.

O BEM SUPREMO

O bem supremo é um conceito que nos lembra que no Universo tudo está em sintonia e que nem sempre aquilo que desejamos é o que realmente é importante para nós ou para os outros. Não podemos esperar viver como se fôssemos o centro do Universo. Na prática do Reiki você pode (deve) sempre pedir para seu bem supremo e para o bem supremo dos outros. Quer esteja fazendo o autotratamento ou o tratamento em outras pessoas, você pode fazer esta prática no *Reiji-Ho* ou em qualquer momento que sentir ser importante.

Exemplo da prática de *Reiji-Ho*:
aplicar o bem supremo

- Após o *Gassho*, levar as mãos à terceira visão.
- Coloca a intenção para o tratamento, já previamente acordada com o seu receptor, e termina com «para o seu bem supremo». Ou então, se for para ti, «para o meu bem supremo».
- Por exemplo: «Peço que o Reiki flua para o equilíbrio e bem-estar de [...], em serenidade, para o seu bem supremo.» Ou: «Peço que a energia flua para a minha harmonia, para o meu bem supremo.»
- Agradece e passa ao terceiro pilar do Reiki, o *Chiryo*.

---

17. Os Três Pilares do Reiki

O Reiki assenta sobre princípios que nos conduzem à transformação e à elevação da consciência e ergue para a sua prática três pilares, *Gassho, Reiji-Ho* e *Chiryo*. Com isto, temos a concentração, a mente vazia e a ligação ao Reiki; a intuição que nos leva a perceber a energia, o que deve ser tratado e o tratamento em si. De uma forma resumida, os Três Pilares nos auxiliam a criar um momento, a predisposição e a capacitação para nosso trabalho com o Reiki, quer em autotratamento, quer em tratamento a outras pessoas. Eles são como seus condutores na prática.

GASSHO

A técnica *Gassho* significa «duas mãos postas», ou juntas, e consiste na concentração da mente vazia e em sentir o fluxo da energia Reiki.

REIJI-HO

Reiji-Ho quer dizer «método de indicação da energia Reiki». Sinta a energia fluir para seu corpo e sinta os bloqueios que possa ter. Você pode fazer o mesmo com o corpo de outra pessoa. Esta técnica é para sentir o fluxo da energia.

CHIRYO

Chiryo é o «tratamento», a própria prática do tratamento e que, segundo as orientações do Mestre Usui, deve-se praticar depois de *Gassho* e *Reiji-Ho*.

18. O corpo energético

S abemos pelos manuais da Associação do Mestre Usui (Usui Reiki Ryoho Gakkai) que a maior atenção na energia vital era no Tanden, o centro energético que está abaixo do nosso umbigo. Assim, seguindo esse conceito energético encontramos a ideia de *hara*, que significa literalmente umbigo, ou centro, e é comumente referido como a parte inferior do abdômen, logo abaixo do umbigo. O termo *Seika* refere-se a «abaixo do umbigo» e *Tanden* significa o mesmo que o chinês *Dan Tien*. *Seika Tanden* é também conhecido como *Kikai*, «oceano de *Ki*» e *Seika no Itten* («um ponto abaixo do umbigo»). Este é o centro da gravidade do nosso corpo, e os Japoneses entendem que é o centro vital e espiritual do Ser, da nossa essência vital. O *Ki* move-se com a mente: «Onde está a atenção, está a energia, o *Ki* flui.» Colocar nossa atenção no *hara* é como focar nossa energia lá, assim como levarmos a energia ao abdômen é uma forma de estarmos no presente. Na prática ocidental de Reiki, damos mais atenção ao sistema de chacras. Na verdade, ele torna-se mais complexo e ao mesmo tempo mais simples, pois permite-nos identificar claramente nossas questões se as soubermos escutar «honestamente».

CHACRAS

Os chacras fazem parte do sistema de crenças hindu e representam os nossos receptores e emissores de energia, uma ponte entre todos os nossos corpos e os construtores de nossa aura. A aura é o resultado da energia de todos nossos chacras e nela estão também contidas as informações sobre nossas vivências, felicidades, traumas, entre muitas outras coisas. É por isso que ao fazermos um tratamento de Reiki podemos sentir as situações da pessoa, uma vez que se trata da energia se comunicando conosco.

COMO FLUI A ENERGIA

O Chacra da Raiz e o Chacra da Coroa têm somente um único cone e podem ser vistos como complementares, sendo o Chacra da Raiz o responsável pela ligação à energia da Terra e o Chacra da Coroa à energia do Céu. Todos os restantes chacras têm ligações à frente e atrás. Um chacra saudável pode ter entre 10 cm e 15 cm de diâmetro. Esta é uma medida interessante para termos em mente na nossa prática, até para podermos avaliar como está o chacra da pessoa. Como cada chacra representa uma determinada frequência, cada um serve como receptor e emissor de energia. No processo de recepção de energia, temos de ter em conta o Chacra da Coroa e o da Raiz. Se um deles estiver bloqueado, a energia estará mais condensada dentro de nós, sem se reciclar, e muito possivelmente ficaremos doentes.

O CIRCUITO ENERGÉTICO NO REIKI

O circuito energético no Reiki passa por 4 fases:

1. A energia Reiki entra pelo Chacra da Coroa;
2. Desce até ao Chacra Cardíaco;
3. Percorre todo o corpo até aos pés;
4. A partir do Chacra Cardíaco vai para as mãos e destas sai pelos seus chacras nas palmas.

Chacra da Raiz	*Muladhara* – Base e fundamento; suporte.
	Localização: base da espinha.
É assim chamado pois está localizado na base da coluna; está ligado aos instintos de sobrevivência e à capacidade de nos integrarmos com o mundo.	**Cor**: vermelho.
	Elemento: terra.
	Funções: traz vitalidade para o corpo físico.
	Positivo: coragem, estabilidade. Individualidade, paciência, saúde, sucesso e segurança.
	Negativo: insegurança, raiva, tensão e violência. Instinto de sobrevivência e preservação, fluido magnético da Terra, vitalidade física, disposição.

Chacra Esplênico	**Svadhisthana** – Morada do prazer.
Localiza-se dois dedos abaixo do umbigo e está relacionado com a nossa sexualidade, a criatividade, os objetivos de vida, a alegria e o sistema reprodutor.	**Localização**: abaixo do umbigo. **Cor**: laranja. **Funções**: força e vitalidade física. **Positivo**: assimilação de novas ideias, criatividade, liberdade, desejo, objetivos de vida, mudanças, prazer, saúde e tolerância. **Negativo**: confusão, ciúme, impotência, problemas da bexiga e sexuais. Órgãos reprodutores, funções sexuais e reprodutoras, gestação, sistema excretor, alegria, criatividade.
Chacra do Plexo Solar	**Manipura** – Cidade das joias.
Abaixo da caixa torácica, e está relacionado com a digestão e com as nossas emoções; é um dos chacras mais facilmente afetáveis.	**Localização**: zona da barriga, no Plexo Solar. **Cor**: amarelo. **Funções**: digestão, emoções e metabolismo. **Positivo**: autocontrole, autoridade, energia, humor e poder pessoal. **Negativo**: medo, ódio, problemas digestivos, pensamentos confusos e raiva. Pâncreas, digestão, absorção, captação de energia dos alimentos, emoções, ligações emocionais. Baço, armazenamento e distribuição de energia vital, vitalidade, sangue, circulação.
Chacra Cardíaco	**Anahata** – Invicto; inviolado.
Está localizado na zona do timo, ao centro do peito; dá-nos a capacidade de exprimir amor e está também relacionado com a circulação sanguínea.	**Localização**: coração. **Cor**: verde (cura e energia vital); cor-de-rosa (amor). **Funções**: energiza o sangue e o corpo físico. **Positivo**: amor incondicional, compaixão, doação, equilíbrio e harmonia. **Negativo**: incapacidade de se dar, desequilíbrio, instabilidade emocional, problemas de coração e de circulação. Timo, pulmões, coração, sistema imunológico, sentimentos.

Chacra Laríngeo	*Vishuddha* – O purificador.
Tiroide. Está relacionado com a voz, os pulmões, a garganta, o nariz e os ouvidos.	**Localização**: na garganta. **Cor**: azul-céu. **Funções**: som, vibração, comunicação. **Positivo**: comunicação (interior e exterior), conhecimento, honestidade, integração, lealdade e paz. **Negativo**: incapacidade de comunicar, depressão e ignorância. Tiroide, metabolismo, vias aéreas superiores, boca, dentes, nariz, fala, voz, comunicação, expressão.
Chacra da Terceira Visão	*Ajna* – O centro de comando.
Situa-se no ponto em que as sobrancelhas tocam a cana do nariz e está relacionado com os olhos, a glândula pituitária e a intuição.	**Localização**: na testa, entre as sobrancelhas. **Cor**: azul-índigo. **Funções**: sistema nervoso e a visão. **Positivo**: visão interior (intuição), concentração, imaginação e sabedoria. **Negativo**: dores de cabeça, medo, problema nos olhos, pesadelos e tensão. Comando do sistema endócrino, chacra da psicografia e psicofonia, funções mentais, pensamento, raciocínio, visão, audição.
Chacra da Coroa	*Sahasrara* – O lótus das mil pétalas.
Relacionado com o cérebro e com a glândula pineal, é o centro de ligação ao Universo e o ponto de entrada da energia.	**Localização**: no topo da cabeça. **Cor**: violeta. **Funções**: revitaliza o cérebro. **Positivo**: ligação ao mundo das ideias, ao espiritual, abre a consciência. **Negativo**: alienação, confusão, falta de inspiração e depressão. Ligação com a espiritualidade, captação de fluido cósmico universal, intuição.

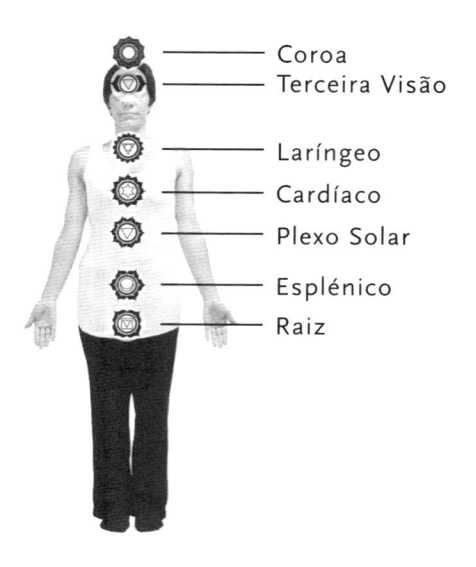

Coroa
Terceira Visão
Laríngeo
Cardíaco
Plexo Solar
Esplénico
Raiz

OUTROS CHACRAS

Em nosso corpo energético e físico encontram-se outros chacras, que podem ser interessantes para nosso trabalho terapêutico.

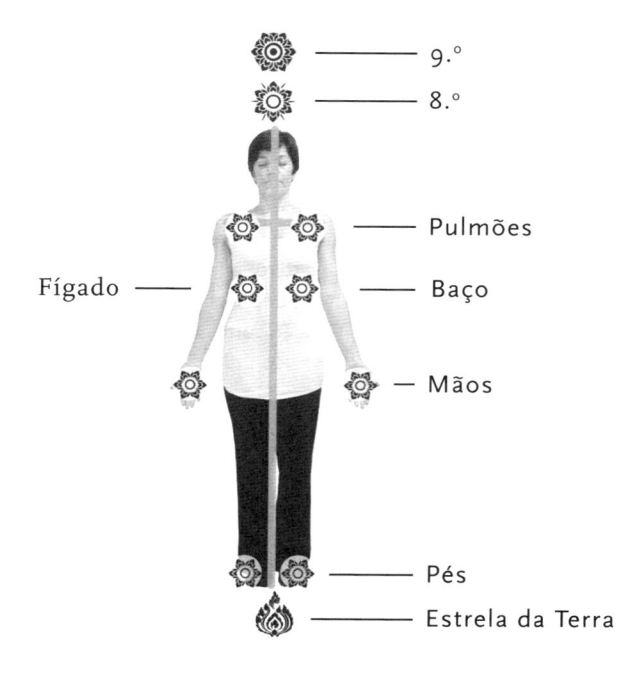

9.º
8.º
Pulmões
Fígado — Baço
Mãos
Pés
Estrela da Terra

9.° chacra	A impressão digital da alma. O 9.° chacra está cerca de 80 cm acima da cabeça; este chacra tem a «impressão digital» do nosso karma. Ele armazena as habilidades, as competências apreendidas em todas as vidas; é também a chave para o destino da alma.
8.° chacra	O chacra da alma É a interface para nossa relação com o Universo. Simbolicamente, pode ser visto como um cálice que capta e filtra a energia divina para a nossa consciência humana. É responsável pela expressão da sabedoria. Está a cerca de 20 cm do nosso corpo.
Pulmões	Estado de alma. Manifestam: preocupação excessiva, pesar, ansiedade, ressentimento, tristeza e melancolia, preocupação excessiva, pesar, ansiedade.
Baço	Preocupação, pensamentos, análise, concentração. Ansiedade, falta de concentração, esquecimento, indecisão, teimosia, dificuldade para mudar de opinião ou de ideias, ego, vícios, obsessões, vaidade, excessiva preocupação com a opinião dos outros, autopiedade, gula.
Fígado	Irritabilidade, raiva, depressão, impaciência, «pavio curto», ciúmes, dominação, excitabilidade, insegurança profunda, teimosia, preso às opiniões, ambição desmedida, controlador.
Mãos	Entrada e saída de energia. A mão esquerda costuma ser receptora e a direita emissora. No Reiki não existe polaridade, por isso ambas as mãos podem enviar ou receber energia. São chacras que devem ser trabalhados para desenvolver a nossa percepção do *byosen*.
Pés	Chacras que nos ligam à energia da Terra. Representação de todos os órgãos do nosso corpo.
Estrela da Terra	Este é um dos subchacras, cerca de 12 centímetros abaixo dos pés, se bem que em algumas tradições possa ser encontrado a cerca de um metro. A sua função primária é coordenar o enraizamento, o cordão que nos liga à Terra, que quando está corretamente ligado ao Chacra da Raiz permite um bom enraizamento, o centramento da pessoa, vivendo no aqui e agora.

ALINHAR OS CHACRAS COM O REIKI

Você pode alinhar seus chacras com o Reiki fazendo um autotratamento específico. São muitas as formas de fazer o alinhamento, contudo, apresentarei duas maneiras como exemplo:

- Ligue-se à energia Reiki;
- Coloque as mãos no Chacra da Raiz e sinta como ele está, sem se apegar a essa sensação;
- Esvazie totalmente o chacra, imaginando que o está limpando por dentro;
- Preencha-o agora com a energia de sua cor, neste caso, o vermelho;
- Deixe fluir Reiki para o chacra, imaginando a energia de cor vermelha;
- Vai subindo chacra a chacra, repetindo em cada um este processo com sua respectiva cor.

A técnica seguinte de alinhamento de chacras é também a que você poderá usar no final de um tratamento do Reiki a outra pessoa. Na realidade, é uma avaliação dos chacras de par em par, sentindo se a sua energia está equilibrada ou não. O final é no Chacra Cardíaco, nosso motor no Reiki.

- Ligue-se à energia;
- Coloque uma mão no Chacra da Raiz e outra no Chacra da Coroa. Avalie como está a energia: se sentir algum desequilíbrio é sinal de que ainda deve tratá-lo. Se estiverem equilibrados, poderá sentir apenas a sensação de «OK, já está, posso passar à posição seguinte»;
- Coloque uma mão no Esplênico e outra na Terceira Visão;
- Coloque uma mão no Plexo Solar e outra no Laríngeo;
- Coloque as duas mãos no Chacra Cardíaco e aproveite para selar este trabalho de avaliação com um profundo agradecimento.

Você poderá descobrir mais sobre seus chacras fazendo o Tao do Reiki «7 dias de caminho», que está no final deste livro.

TESTE CINESIOLÓGICO DOS CHACRAS

Este é um teste muito interessante para verificar como está a energia de seus chacras.

Antes de executar o teste, hidrate-se e, no caso de aplicar o teste em outra pessoa, hidrate ela também, pois a energia flui melhor com a água e dará um resultado mais real.

- O receptor coloca a mão direita sobre cada um dos chacras;
- Depois, estica o braço esquerdo em ângulo reto;
- Quem está fazendo o teste pede para o receptor segurar o braço na posição;
- Quem está fazendo o teste tenta empurrar o braço para baixo, com pressão na zona do pulso.

Se o chacra estiver equilibrado, então o braço tem resistência; se o braço ceder é porque o chacra está em desequilíbrio.

19. Anatomia para praticantes de Reiki

Para você ser praticante de Reiki não é necessário de ter profundos conhecimentos de anatomia ou fisiologia, pois nossa especialidade é a energética. Mas, para compreender melhor algumas questões que seus receptores possam colocar, é preferível que você tenha noções mínimas do lugar onde os órgãos se situam. É simples, basta apenas relembrar a matéria dada nos primeiros anos de ensino.

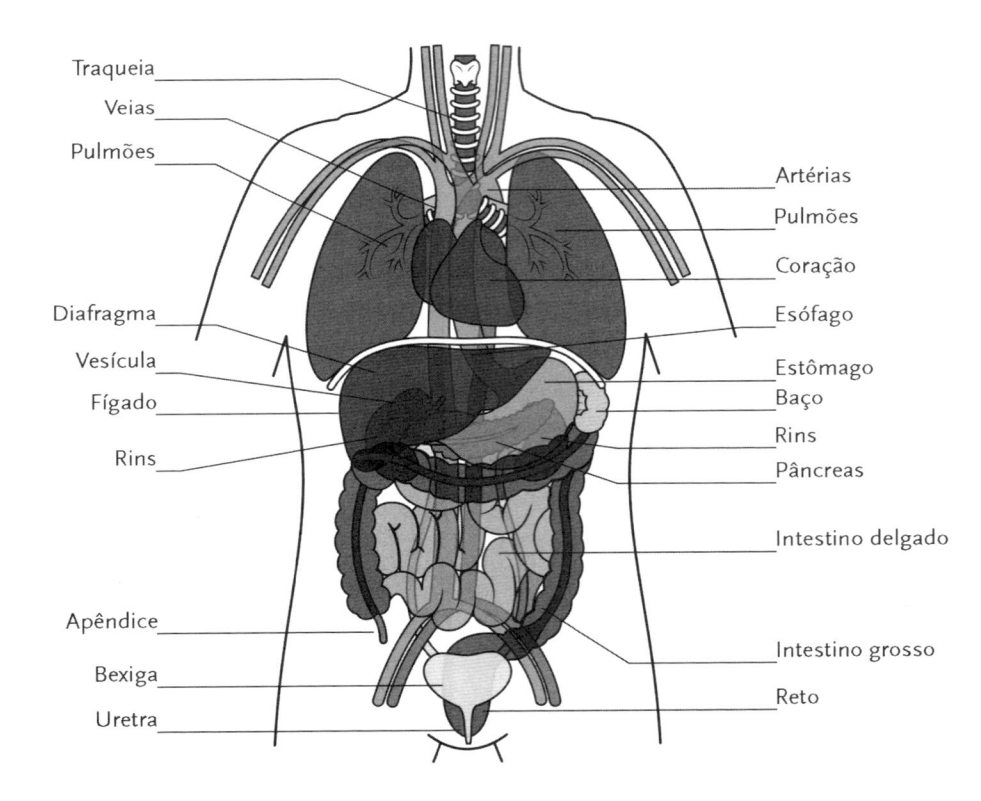

AS GLÂNDULAS ENDÓCRINAS

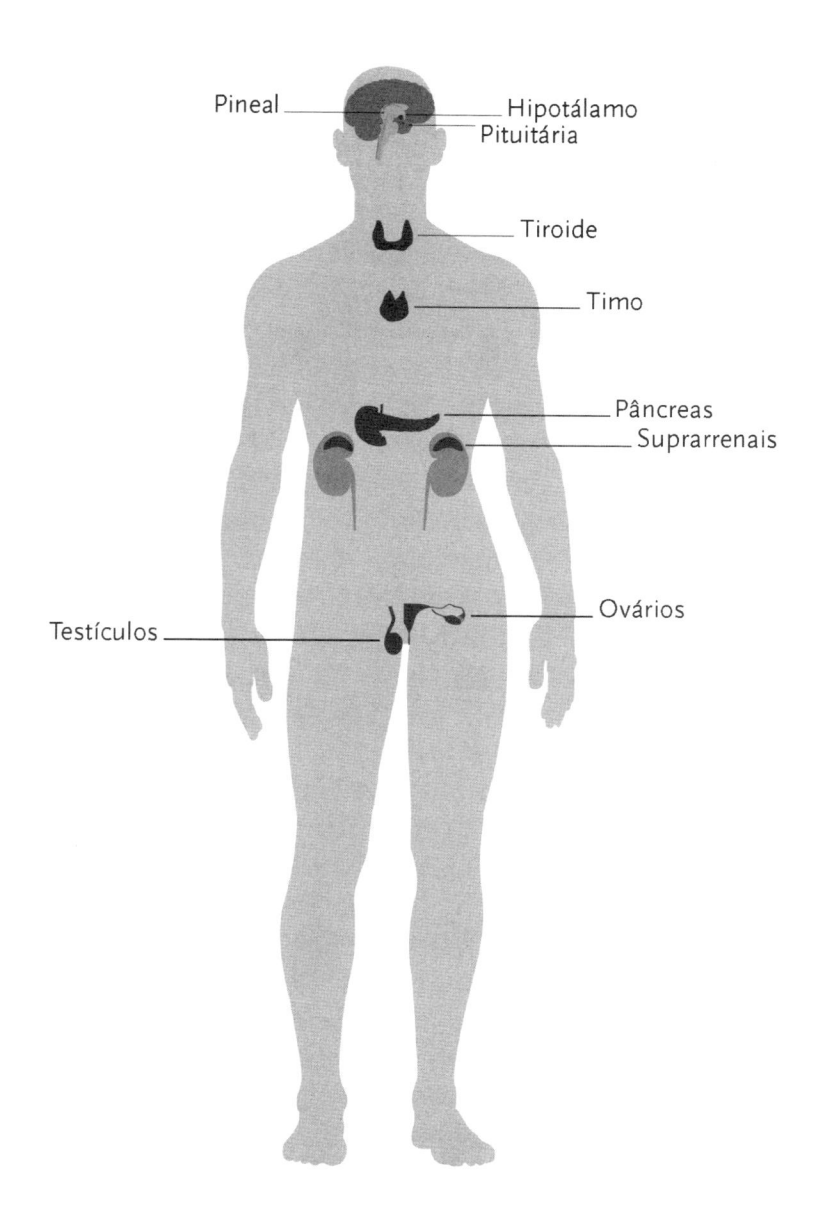

Pineal · Hipotálamo · Pituitária · Tiroide · Timo · Pâncreas · Suprarrenais · Ovários · Testículos

AS ARTICULAÇÕES

Pense nas articulações como «diques» da energia. Nelas ficam acumuladas energias densas, portanto, você deve ter bastante atenção em seu tratamento.

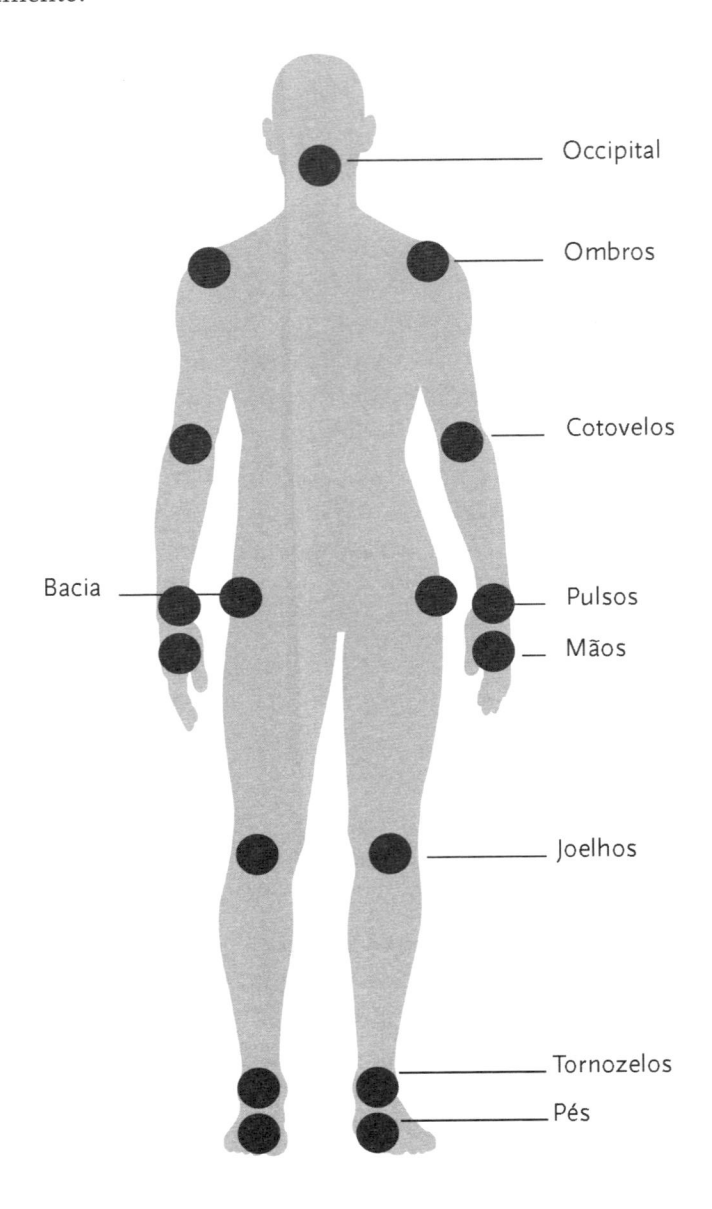

AS ZONAS DE DOR

Neste diagrama estão algumas zonas de dor que poderão lhe auxiliar a compreender, segundo a perspectiva oriental, algumas queixas. Não se esqueça de que a dor nem sempre é sinal da causa – procure a causa, trate o sintoma e mais rapidamente poderá atingir o equilíbrio.

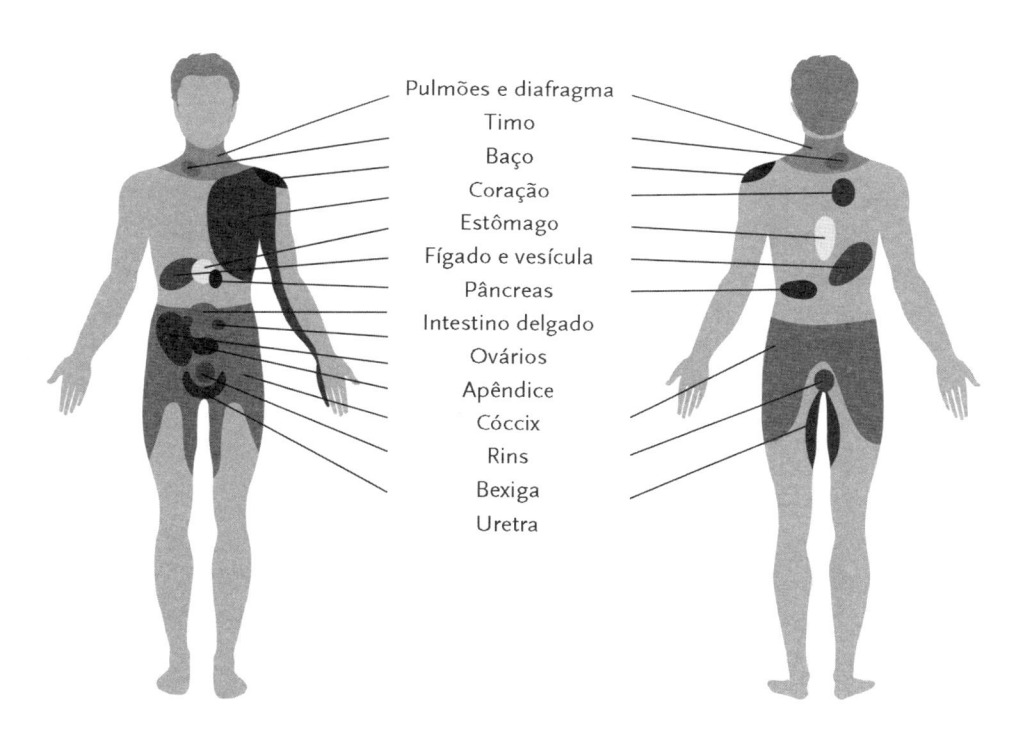

Pulmões e diafragma
Timo
Baço
Coração
Estômago
Fígado e vesícula
Pâncreas
Intestino delgado
Ovários
Apêndice
Cóccix
Rins
Bexiga
Uretra

SISTEMA SIMPÁTICO

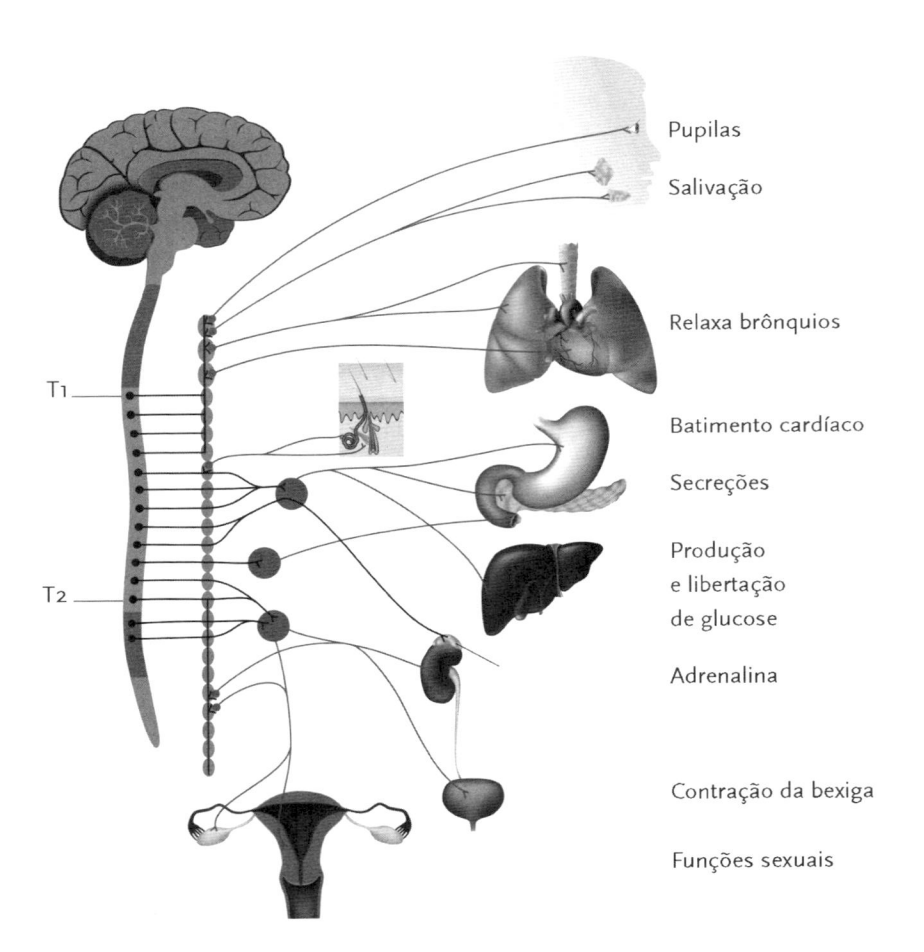

Pupilas

Salivação

Relaxa brônquios

T1

Batimento cardíaco

Secreções

Produção
e libertação
de glucose

T2

Adrenalina

Contração da bexiga

Funções sexuais

VÉRTEBRAS CERVICAIS (C)

1. Faces, cérebro, ouvido, base do crânio, circulação de sangue para a cabeça.
2. Olhos, testa, língua, seio facial, nervo ótico.
3. Dentes, bochechas, ouvido externo, ossos da cara (maxilar inferior e superior, nasal e malares).
4. Lábios, boca, nariz, trompa de Eustáquio.
5. Cordas vocais, garganta, amígdalas.
6. Amígdalas, ombros, músculos do pescoço.
7. Cotovelos, glândulas da tiroide, ombros, bolsas serosas.

VÉRTEBRAS TORÁCICAS (TH)

1. Mãos, esôfago, traqueia, antebraços.
2. Artérias coronárias, válvulas do coração.
3. Pulmões, tórax, brônquios, seios.
4. Canal cístico e colédoco, vesícula biliar.
5. Sangue, fígado, plexo solar.
6. Estômago.
7. Pâncreas, duodeno.
8. Diafragma, baço.
9. Glândula suprarrenal.
10. Rim.
11. Rim, uréter.
12. Circulação de sangue, intestino delgado, trompa uterina.

VÉRTEBRAS LOMBARES (L)

1. Intestino grosso.
2. Coxa, apêndice vermiforme, órgãos genitais, apêndice cecal.
3. Joelho, bexiga, órgãos genitais.
4. Próstata, nervo ciático, músculos das costas, parte inferior.
5. Pés, anca, reto, ânus, vértebras, pernas, tornozelos, nádegas.

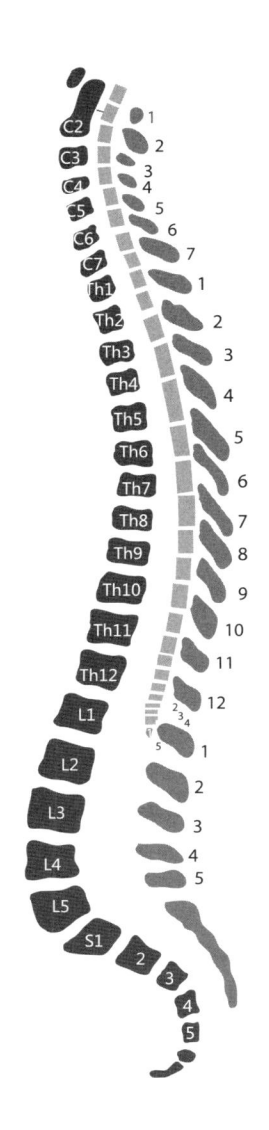

20. A sintonização

«Mestre, diz-me uma máxima da mais elevada sabedoria.»
E o Mestre disse: «ATENÇÃO.»
«É só isso?» E o Mestre repetiu: «ATENÇÃO, ATENÇÃO, ATENÇÃO.»
— Tradição Zen

Depois de ter o conhecimento de seu corpo energético, e mesmo uma aproximação de sua anatomia, agora você terá conhecimento do que é o processo de sintonização ou iniciação, como alguns Mestres referem. Como o nome indica, é um processo que auxiliará a ficar ligado à energia em sua frequência específica. É como se você pudesse passar a estar ligado à "Rádio Reiki", se pensarmos nos tipos de energias como frequências de rádio.

O processo de sintonização no Nível 1 envolve quatro passagens, isto no sistema tradicional, pois noutros sistemas será apenas uma. Estas quatro passagens representam seus quatro corpos – físico, emocional, mental e espiritual. Em cada uma dessas passagens é feita uma ligação à energia. Sua mente e seu coração ficam sintonizados no Reiki, assim como as mãos, que passarão a ser o veículo da energia. Todo seu corpo energético fica alinhado e isso poderá representar melhorias e benefícios para você.

- Expande a criatividade.
- Cura a mente, o corpo e o espírito.
- Trabalha nas causas, ajudando a compreendê-las.
- Desenvolve uma atitude positiva.
- Alivia o stress.
- Equilibra a energia e os chacras.
- Aumenta a energia, alargando o canal energético.

Todos estes benefícios advêm principalmente do alargamento do canal energético e da purificação, que propicia a elevação da consciência. Estes efeitos não são permanentes. Mas, não se deixe cair na tentação de nada mais fazer. Após a sintonização precisa praticar, para que seu canal energético se mantenha e todo esse trabalho inicial seja preservado e ainda mais expandido.

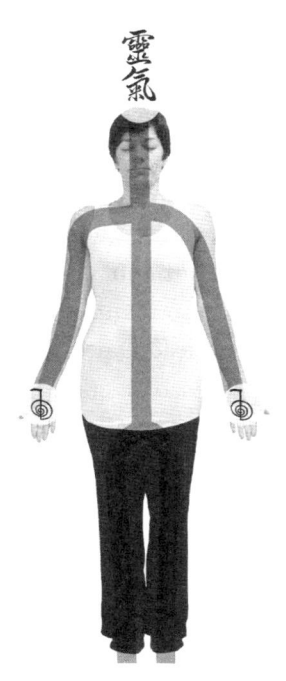

Esta é uma representação de como o Reiki flui por seu corpo.

A SINTONIZAÇÃO DE CURA NO REIKI

Sintonização de cura ou alinhamento do canal energético com intenção terapêutica é uma prática que um Mestre de Reiki pode adotar, sempre que quiser, para um aluno ou mesmo um paciente. Sintonizar significa colocar em sintonia, em harmonia, obter a capacidade de receber determinada frequência ou reciprocidade entre frequências. No Reiki existe sempre um emissor e um receptor. A energia está em todo o lado e, através da sintonização realizada pelo Mestre, o praticante fica apto a receber para também poder enviar. O processo de sintonização pode variar muito de sistema para sistema. Ao longo do tempo foram mudando as técnicas, as formas e os passos; no entanto, mantém-se o mais importante – o Reiki. Talvez o principal seja a sintonia que o Mestre é capaz de executar, entre o Reiki e seu aluno. Neste processo, o Mestre é apenas uma mera ferramenta, através da qual todo o processo é desencadeado, mas que, na realidade, é vivenciado pelo aluno. É nele que se opera o despertar, a transformação e a realização.

Quando um aluno recebe uma sintonização pode colocar uma intenção para esse momento: uma intenção que seja para seu bem supremo, para que a energia, o aumento e alinhamento de seu canal energético auxiliem a alcançar o pretendido.

Por vezes ouvimos falar de sintonização de cura na prática do Reiki. Cada Mestre deve ter uma consideração própria sobre essa matéria e nem por isso é um tema amplamente debatido ou esclarecido. A sintonização de cura é um processo idêntico ao da sintonização do nível do aluno, mas com uma intenção específica, colocada pelo Mestre e o aluno, para auxiliar no processo de cura. É de notar que o Reiki não cura, não é milagroso – o milagre está na pessoa, ela é que representa o maior milagre de todos: um ser senciente e maravilhoso, com capacidade de racionalizar e demonstrar emoções. A própria cura é muitas vezes realizada pela pessoa. O Reiki apenas auxilia o equilíbrio, dando o tempo e o espaço, contribuindo para a homeostasia de todo nosso sistema de vida.

Imaginando um aluno de Nível 3 que está com dificuldades em se tratar, que enfrenta questões graves na vida que lhe geram desequilíbrio em todos os campos, Mestre e aluno podem decidir realizarem uma sintonização de cura para auxiliar nessa questão. A sintonização irá dar um «empurrão» ao aluno para voltar a tratar-se, cumprindo os 21 dias, além de o harmonizar e alinhar seu canal energético e respectivos chacras. Por vezes, é só disso que a pessoa precisa – de um empurrão, de uma motivação para continuar e despertar algo que já está dentro de si. Se seu Mestre lhe der uma sintonização de cura, cabe a você cumprir essa mesma cura, pois é uma responsabilidade sua.

PERGUNTAS E RESPOSTAS SOBRE A SINTONIZAÇÃO

Por vezes o processo de sintonização é encarado como um ritual iniciático. Poderá ser, dependendo da perspectiva de cada um, e isso deve ser respeitado. Para mim é um processo que nos liga à Energia Universal. Tem tanto de sagrado quanto nosso próprio ato de respirar – toda a vida é sagrada. Para mim não implica crenças numa religião, mas a profunda ligação com o Universo e com a energia. Ao entrar no processo de sintonização, você fica apto à prática do Reiki, dentro do nível ao qual estás sintonizado. É como se seu canal energético ficasse apto a compreender, receber e usar determinada frequência. Aqui ficam algumas perguntas comuns que as pessoas costumam colocar sobre as sintonizações.

O Reiki pode ser feito sem sintonização?

Esta é uma questão muito interessante. Uns dizem que sim, outros que não. Ao longo de todos estes anos de prática, em diferentes terapias e vivências energéticas, só posso dizer que nada é como o Reiki. Não posso afirmar que antes de ser sintonizado praticava Reiki.

Quantas sintonizações de cura se pode ter?

Não existem limites, mas o certo é que as sintonizações devam ser espaçadas. O aluno precisa ter o tempo e o espaço para crescer, aplicar e notar as mudanças de sua sintonização de cura, caso contrário andará apenas à procura de uma aspirina ou pílula milagrosa que nunca aparece. O Reiki também exige disciplina.

A cada nível estabelecemos uma ligação com o Reiki mas, na verdade, quantas sintonizações do Reiki podemos ter?

Sintonizar é efetuar uma ligação em harmonia com determinada frequência, neste caso o Reiki. Em cada nível adquirimos uma sintonização que nos torna aptos a receber e trabalhar com essa frequência e com as ferramentas que a acompanham, como é o caso dos símbolos. No sistema tradicional, ou nos sistemas que seguem essa base, o primeiro nível é constituído por quatro momentos de sintonização, que representam nossos quatro estágios e corpos.

Mas, se alguém deixar de praticar Reiki durante muito tempo, o que acontecerá à sua sintonização?

Ela continua lá, a ligação não se perde. O que poderá se perder é a consciência e a sensação da pessoa com a ligação. É por isso que por vezes os praticantes procuram receber novamente a sintonização ou os Mestres a propõem ou oferecem. Assim como a sintonização de cura, voltar a receber uma sintonização não tem problema algum, é um reforço do que já está feito em si mesmo.

Quantas sintonizações do Reiki podemos ter?

Sabemos que, no tempo do Mestre Usui, os alunos recebiam frequentemente o *Reiju*. Por isso, se tinham encontros mensais recebiam mensalmente esse empoderamento, que é quase o mesmo que uma sintonização.

Não existe um limite para as sintonizações, mas sabemos que o Reiki ajuda-nos a libertar emoções, a equilibrar a energia e a limpar as toxinas. Tudo requer um tempo para termos essa consciência. Se estivermos sempre recebendo, podemos não conseguir entender as mudanças que em nós se operam. Dêem tempo, sintam e sejam a mudança. Peçam quando necessitarem.

O que é um *Reiju* e o que acontece se o meu Mestre não o fizer?

O *Reiju* é um empoderamento de sua energia e um processo de elevação da vibração. É uma conexão à energia Reiki e um processo de amadurecimento espiritual. A prática do *Reiju* começou há pouco tempo no Ocidente, próximo a data da criação deste manual, e por isso é muito natural que ainda sejam poucos os Mestres a fazê-lo. Não tem qualquer problema um praticante não receber o *Reiju*. Isso nunca afetou a excelência na prática e o desenvolvimento do praticante.

E se for outro Mestre que irá fazer a nova sintonização?

Não existe qualquer questão por ser um outro Mestre a fazer a sintonização. Só devemos ter respeito por tudo o que já foi feito e humildade perante o Reiki. A sintonização é um momento sagrado para nós. Sagrado não no sentido de religião, mas de respeito pela ligação que temos à energia, ao Universo e à pessoa que irá receber. Respeite quem faz a sintonização, respeite o Reiki.

A INTENÇÃO, NUMA SINTONIZAÇÃO DE REIKI

Sempre que fazemos uma sintonização do Reiki podemos estabelecer uma intenção. A intenção, no Reiki, ajuda que a energia tenha um propósito concreto, além de tudo o que irá trabalhar em nós como base.

Se você irá fazer um nível de Reiki, coloque uma intenção em sua sintonização. Algo que seja para seu bem supremo. Por exemplo, «desejo que o Reiki me traga sabedoria, para meu bem supremo e com serenidade». Desta forma, a energia da sintonização, além de preparar o corpo energético para o Reiki, no nível correspondente, pode ainda auxiliar a atingir uma virtude que seja necessária. O truque do bem supremo é para que seja claramente identificado algo que é bom para nós e para todos, que esteja no nosso caminho. A serenidade é para que a energia se manifeste ao longo do tempo, para que possamos crescer de forma consistente e não abrupta, o que poderia causar um choque muito grande.

PURIFICAÇÃO, UM PROCESSO DE 21 DIAS

O Reiki irá transformar sua vida, todos os aspectos da vida, e isso poderá lhe trazer alguns sinais de desintoxicação e de purificação. Os japoneses chamam este processo de purificação de a «crise de cura» (*koten hanno*). A Mestra Takata dizia que o *koten hanno*, a crise de cura, podia ocorrer entre quatro dias e três semanas. Esse processo pode decorrer em todo o corpo, nos órgãos e glândulas, que começam a funcionar com muito mais vigor e ritmo. Segundo ela, «os sucos digestivos voltam ao fluxo normal, os nervos congestionados abrandam, as adesões rompem, o cólon preguiçoso organiza-se, a matéria fecal sai dos trilhos dos intestinos, os gases são eliminados». As toxinas que você pode ter acumulado ao longo de anos podem também sair do corpo e isto poderá ser através da transpiração, de diarreia, de vômitos, de febre ou até mesmo de manifestações na pele. Não ache isto estranho, pense apenas que são reações do corpo, naturais, para seu próprio equilíbrio – a homeostasia. Outras reações, como mais ou menos sono, vitalidade, pele brilhante, tranquilidade e muitas outras, poderão ocorrer como parte do processo.

Pense também como o stress causa pressão interna e é tóxico para o corpo, a mente e o coração. Poderá causar inflamações, congestionamento, doença, o que na verdade significa ausência de saúde, de harmonia interna. O Reiki irá lhe ajudar a lidar com essas pressões e toxinas de uma forma diferente. Ao fazer o autotratamento, ao recitar os Cinco Princípios e ao dedicar-se à meditação no Reiki, você irá auxiliar todo um processo que trará mais harmonia à sua mente e a seu coração. Indico-lhe alguns dos possíveis efeitos sobre os quais o processo de sintonização e futuro autotratamento poderão ter influência:

FÍSICO
Vontade de descansar ou de despertar para mais movimento físico. Faz o que o corpo lhe pede, sem cair em inércia, no caso do descanso. Hidrate-se muito e coma refeições mais nutritivas.

MENTAL
No aspecto mental, a purificação pode surgir nos pensamentos que estavam num processo mais inconsciente e que aparecem para ser tratados. Aprenda que é muitas vezes mais perigosa a toxina do pensamento do que a física.

Trate a cabeça com as cinco posições iniciais que o Mestre Usui ensinou.

EMOCIONAL
Podem surgir emoções como irritação, raiva, tristeza ou até pesar, pois, ou estavam reprimidas, ou então fazem parte de um reajustamento emocional seu, que lhe levará a compreender o espaço que precisa ter para si mesmo.

Experimente tratar com uma mão no Chacra da Terceira Visão e com a outra no Esplênico. Deixe sair o que te pesa, permita sua própria libertação emocional.

ESPIRITUAL
Você também poderá sentir algumas alterações a nível espiritual. Pode ser no nível de seu entendimento pessoal, das crenças, do sentido da vida. Escute-se mais e tente compreender o que é correto para você.

Um aspecto muito importante é que poderá passar por todos os níveis do Reiki sem ter qualquer tipo de sintoma de crise de cura.

OS 21 DIAS DE AUTOTRATAMENTO

Após o dia da iniciação, você deve entrar no período de purificação e manutenção de seu canal energético, que consiste em praticar durante 21 dias o autotratamento completo, que poderá demorar cerca de 45 minutos. O processo é necessário para que os canais energéticos aumentem e para que sua percepção sobre a energia se torne cada vez mais clara.

No nosso dia a dia não há tempo para nada, muito menos 45 minutos, mas será que não o merecemos? Experimente comprometer-se com seu processo de cura e crescimento interior.

O Reiki resulta do amor e o autotratamento é uma maneira de termos um pouco de amor por nós próprios. Aproveite esta «desculpa» para estar consigo mesmo, pois você precisa e merece.

SER PRATICANTE DE REIKI

Acredito que, mesmo antes da sintonização, você já deve ter experimentado e percebido porque se diz que o Reiki é a arte secreta de convidar a felicidade. Após esta sua ligação à Energia Universal, seus canais energéticos estarão apropriados para veicular a energia e, muito possivelmente, seu corpo físico, mental e emocional refletirão também este seu passo e a elevação de frequência. Vale mesmo a pena praticar Reiki diariamente e vivenciar como as técnicas e o autotratamento lhe ajudam a realizar sua harmonia pessoal e mesmo a daqueles que são mais próximos. Nunca se esqueça, no entanto, que a base do Reiki assenta nos Cinco Princípios, ou seja, em sua elevação e na transformação da consciência. Cumprindo estes aspectos, tão simples como exigentes, estará a tornar-se um praticante do Reiki ou, como se diz também, um reikiano.

21. A ética

«A bondade perfeita age sem pensar em bondade.» – Lao Tzu

Pode parecer estranho, numa prática que fala tanto sobre princípios e amor incondicional, haver necessidade de ética, de regulamentação e até mesmo de vigilância. Isto é natural, pois a partir do momento em que o Reiki se desloca do ambiente privado para a saúde de outra pessoa, mesmo que de forma natural, há, socialmente, essa necessidade. Pensar em ética é tão simples quanto se interrogar se você deixaria qualquer pessoa que você não conhece lhe fazer Reiki. Há sempre algo que nos leva a procurar uma referência, uma segurança para nossa saúde e bem-estar, de que tanto necessitamos e devemos prezar.

O Reiki nos pede, sempre, que primeiro olhemos para nós. Tratar de mim, elevar a minha consciência. Só depois, então sim, tratar dos outros e ajudá-los a elevar a sua consciência.

INDICAÇÕES SIMPLES PARA UM CÓDIGO DE ÉTICA

- Consultar o código de ética do Monte Kurama – Associação Portuguesa de Reiki;
- Seja bondoso com você e com todos os praticantes, respeite as diferenças, respeite os ensinamentos;
- Deve ser estabelecido um elo de comunicação positiva com seu receptor, perguntando o que quer ver tratado e lhe explicando sempre o que você vai fazer;
- O que se passa dentro de um consultório ou numa conversa deve ficar estritamente entre as pessoas que nela intervêm;
- Eventualmente, os casos podem servir como exemplos para outros praticantes, mas nunca se deve personificar os consulentes;
- A partilha de informação, de conhecimento, é uma grande benesse; no entanto, devemos ouvir nossa consciência e nosso apelo in-

terior, se o que vamos ensinar ou dizer deve ser dado à pessoa que que está nos ouvindo;

- Se pretende cobrar pelas consultas, também leve em conta quem pode necessitar de tratamento e não ter dinheiro (aconselho que cobre pela consulta somente após o Nível 2 bem praticado ou mesmo no Nível 3);
- Lembre-se sempre de que você deve honrar os princípios segundo os quais o Reiki é regido.
- E, por que não fazer um juramento como praticante de Reiki?

OS CINCO PRINCÍPIOS PARA A ÉTICA

Só por hoje

Coloque-se no aqui e agora, no momento presente, em sua ação. É este o momento que conta e é aqui e agora que você pode fazer a diferença. Se sua mente está pensando no que fez ou fará, você não conseguirá estar atenta às necessidades do momento nem a uma percepção clara. Coloque seu coração predisposto. Reiki é amor incondicional, é dar sem esperar receber, é dar sem olhar a quem. Neste ato de amor incondicional, lembre-se também de você. Se irá atender alguém e sentir que não deve fazer, então não faça. A ética fala também de consciência. Só por hoje é também saber ser observador, ser atento e equilibrado. O Reiki é para a melhoria do corpo e da mente, como dizia Mestre Usui – Shin Shin Kaizen.

Sou calmo

A serenidade nos ajuda a estar presentes, a escutar o outro ao mesmo tempo que também nos escutamos. Quando conseguimos transmitir serenidade e harmonia à pessoa, daquela genuína que se foi construindo em nós com a prática dos princípios, estamos também ajudando no processo terapêutico e na construção da confiança. A calma também lhe ajuda no *byosen* e na percepção das necessidades da pessoa.

Confio

A confiança que estabelecer com a Energia Universal, a intimidade que tiver com ela, será um grande fator de diferença num tratamento.

Você sabe que não tem que conhecer tudo, não precisa ter todas as respostas, apenas fazer Reiki e dar seu melhor. Na confiança com o outro, estabelece-se a confidencialidade. O que se passa dentro daquelas quatro paredes não é para sair dali. Tudo o que é dito deve ser encarado como um momento de respeito, para o qual sua mente e seu coração devem estar preparados. Confie no Universo, em você, no Reiki.

SOU GRATO

Agradeça pelas situações que você se depara. Elas têm muito para ensinar e, através da vivência dos outros, também consegue crescer rapidamente, corrigindo seus erros e evitando situações que lhe causarão infelicidade. Agradeça pela energia que flui. Não é você que cura. Você é apenas um auxílio em todo o processo, mas também isso manifesta uma profunda alegria interior.

TRABALHO HONESTAMENTE

Trabalhar honestamente é, em primeiro lugar, a forma como você se enxerga. Seja verdadeiro consigo mesmo, aceite-se como é – desta forma não se desiquilibrará. Faça seu trabalho com brio: se cobrar, ajude quem precisa; se fizer gratuitamente, aprenda a aceitar quando não reconhecem sua doação. Estar de consciência tranquila nos ajuda a encarar a vida com mais força.

SOU BONDOSO

O desenvolvimento da bondade é importante. Seja bondoso consigo, trate, cuide de você, ame-se. Tudo o que fizer por você, em bondade, irá também refletir nos outros. Espelhe essa bondade e faça seu serviço com gratidão e sabedoria. O Reiki é simples, mas muito exigente na nossa transformação pessoal. Tudo porque nos leva por um caminho para a felicidade. Dá trabalho, mas é bom.

A ética no Reiki é simples, como a nossa própria prática, mas a nossa humanidade é complexa. Aceite os outros, suas próprias limitações e as dos outros também. Experimente fazer um Juramento de Praticante de Reiki. Será que consegue se comprometer?

Juramento do Praticante de Reiki

*Só por hoje, sou calmo, confio, sou grato,
trabalho honestamente e sou bondoso.
Como praticante de Reiki, comprometo-me a executar
o autotratamento e os Cinco Princípios constantemente.
Como veículo do Reiki, cuidarei de mim em primeiro lugar para,
equilibrado, poder cuidar do outro.
Seguirei meu caminho com uma prática constante, respeitando os
mestres e todos os praticantes.
Escutarei com bondade as diferentes perspectivas.
Trabalharei apenas dentro daquilo que sei
e darei o meu melhor.
Doarei Reiki a quem mais necessitar, dentro das minhas
possibilidades e equilíbrio.
Na prática do Reiki, apenas Reiki farei.
Só por hoje, sou calmo.
Confio.
Sou grato.
Trabalho honestamente.
E sou bondoso.*

22. Respostas a perguntas frequentes no Nível 1 do Reiki

O que devo fazer depois da sintonização?

Praticar sempre os Cinco Princípios (lembre-se de como o Mestre Usui indicava, de manhã e à noite), refletir sobre a importância que eles têm para você e a transformação que fará em sua vida. Faça o autotratamento pelo menos durante 21 dias. Pratique as técnicas.

A partir de quando posso praticar Reiki nos outros?

Depois dos 21 dias é possível que, durante um workshop ou trocas com os seus colegas, experimente repartir a energia com eles. Só depois de ter alguma experiência, de conhecer bem o efeito do Reiki em você e identificar o *byosen,* é que pode experimentar em outras pessoas que sejam próximas. Pergunte sempre ao seu Mestre quando isto poderá ser.

Quando é que não devo partilhar o Reiki?

Quando estiver com algum estado de espírito negativo: zangado, com medo, ansioso ou preocupado. Se a pessoa lhe transmitir desconforto ou desconfiança; quando você não estiver interiormente seguro e consciente do que vai fazer. Caso você não esteja predisposto, o Reiki não irá fluir.

Sou o responsável pelo resultado do tratamento?

Qualquer que seja o resultado, você é apenas o veículo da energia, não é você que cura, é através de você que a cura flui. No entanto, o tipo de trabalho que fizer com seu receptor é de sua responsabilidade.

A energia Reiki flui sempre?

Depende de você. Se estivere com muita expectativa, ou com os canais em condições débeis, pode não fluir. Poderá também acontecer que não seja possível o tratamento por uma questão cármica do receptor (ou seja, ainda não estás preparado para esse tratamento ou para uma cura). Há ocasiões em que flui e nós nem sequer sentimos a energia.

Como será quando eu estiver tratando outra pessoa? Poderei apanhar suas energias negativas durante o tratamento? Poderei ficar esgotado?

A resposta é não.

O método terapêutico do Reiki é a canalização unidirecional de energia, que entra pelo topo e sai pelas mãos diretamente para o paciente e não tem retorno para o terapeuta; não há circuito, isto se estiverem sintonizados no Reiki. No entanto, não há como prevenir e estar atento, ou seja, sua aura está em contato com a pessoa, por isso haverá troca energética. Faça as técnicas de limpeza e torne-se observador e consciente ao longo do processo.

Se alguém que não conheço estiver doente, devo tratá-la?

Aconselhe-se com seu Mestre.

Por que será que parece que a energia não flui para algumas pessoas?

Lembre-se de que, por vezes, dizemos sim com a boca e não com o coração, e outras não com a boca e sim com o coração. A doença é uma ausência da saúde, é um desequilíbrio, que pode estar no nível emocional ou mental. Outras vezes, a pessoa pode estar com tanto stress que se torna «densa» ou ainda pode estar bloqueada. É necessário verificar o Chacra da Raiz e o da Coroa, as entradas e saídas de energia.

E se alguém estiver morrendo?

O Reiki pode acelerar o processo de desligamento entre o espírito e o corpo. Convém avisar os familiares que isso pode ocorrer, de uma forma sutil, por exemplo, explicando que o Reiki pode trazer serenidade e tranquilidade, o que permitirá à pessoa sentir-se pronta para partir.

O que fazer quando quiserem nos colocar à prova?

Sua prática de Reiki não é para ser exibida em praça pública, pois pode acontecer que quem fez o pedido tenha energia e vontade suficientes para bloquear sua capacidade ou os resultados dela. Você irá apenas ficar frustrado e não estará dando uma boa imagem do Reiki, deixando-se guiar por esses desafios sem sentido.

Como sei que estou pronto para fazer Reiki nos outros?

O Reiki nos pedes mente limpa e coração predisposto. Em primeiro lugar, verifique se você está predisposto a doar Reiki e porque quer fazê-lo. Será realmente para fazer bem ao próximo ou é uma fuga de si mesmo? Sua intenção conta.

Estou no período menstrual: será que devo fazer Reiki?

Sim, e se tiver algum tipo de sintoma doloroso, inicie seu autotratamento uma semana antes, com aplicação local por cima dos ovários, assim como no Chacra Esplênico.

Parti um osso: será que posso fazer Reiki em cima dele?

Há quem relate situações de ter feito Reiki e o osso ter se solidificado. Creio que isto não acontece tão rapidamente, mas nada melhor do que ir primeiro ao médico e depois então aplicar Reiki. Atenção que, se ficar engessado, deve imaginar que a energia sai, também, pela ponta dos dedos das mãos ou dos pés que possam estar bloqueados.

23. Técnicas do *Reiki Shoden*

As técnicas do Reiki são um legado do Mestre Usui, Hayashi e Takata. Na década de 90, o Mestre Hiroshi Doi partilhou outras técnicas através de seu Gendai Reiki (Reiki Moderno). As técnicas do Reiki lhe dão ensinamentos preciosos para um trabalho terapêutico, para seu processo terapêutico e de elevação da consciência. Até agora, não consegui encontrar uma concordância com quais as técnicas ensinadas pelo Mestre Mikao Usui. Assim, tentarei colocar por ordem aquelas que recebi de ensinamento e as que me fazem também sentido. Por exemplo, o *Hatsurei-Ho* é indicado por alguns mestres como uma técnica de segundo nível, mas, para mim, faz-me muito sentido ser de primeiro, pois tem um reflexo muito importante para o desenvolvimento do praticante, quer no trabalho de sua energia vital, quer em todo o desenvolvimento da consciência. O Nível 1 tem muitas técnicas, por isso é um nível muito completo como base e muitas vezes é menosprezado em sua importância. Se conseguir ter um Nível 1 com uma excelente base, irá ver que fará muita diferença em todos os níveis seguintes.

- *Chiryo* – Tratamento.
- *Gassho* – Meditação com as mãos juntas.
  - *Gassho Kokyu ho* – Respiração pelas mãos.
  - *Gassho Meiso* – Meditação *Gassho*.
  - *Gassho Mudra* – Gesto de respeito.
- *Reiji-Ho* – Técnica de intuição através do pedido e da intenção.
- *Kenyoku* – Banho seco.
- *Joshin Kokyuu Ho* – Técnica para a respiração da parte superior do corpo.
- *Hikari no Kokyu ho* – Respiração de luz (outra versão do *Joshin Kokyu Ho*).
- *Hesso Chiryo Ho* – Técnica de tratamento pelo umbigo.
- *Byosen-Reikan-Ho* – Técnica de percepção da linha da doença.

- *Koki-Ho* – Técnica do sopro.
- *Gyoshi-ho* – Técnica do Reiki pelos olhos.
- *Tanden-Chiryo-Ho* ou *Gedoku-Ho* – Técnica de tratamento pelo *Tanden*.
- *Shuchu Reiki* – Reiki para grupos ou com mais do que um recep-tor
- *Ketsueki-kokan-ho* – Técnica de renovação do sangue.
  - *Hanshin-kokan-ho* – Renovação parcial do sangue.
  - *Zenshin-kokan-ho* – Renovação total do sangue.
- *Reiki Mawashi* – Reiki em círculo.
- *Jaki-kiri-joka-ho* – Técnica de cortar a energia negativa.
- *Renzoku-Reiki-Ho* – Técnica do Reiki em maratona.

Estas são as técnicas ensinadas ou que poderão ser ensinadas no Nível 1 do Reiki, dependendo do Mestre. Você encontrará a descrição delas no final do livro, no capítulo sobre as técnicas de Reiki.

24. O tratamento no Reiki

No primeiro nível do Reiki você irá aprender a fazer seu autotratamento, que é a base de sua prática terapêutica e, possivelmente, seu Mestre poderá ensinar-lhe a fazer tratamento em outras pessoas.

Para que estes tratamentos corram bem é importante que você desenvolva a técnica do *byosen*, o sentir da energia. Desta forma, você irá interpretar o que sente nas mãos ou na terceira visão. Outras técnicas importantes são o enraizamento, o banho seco (*Kenyoku ho*) e a chuva do Reiki (*Reiki Shower no Giho*). Ou seja, são as técnicas que permitem você estar ligado à terra, limpar o excesso de energia, seus cordões energéticos e ainda a aura.

Se quiser, estimula também as mãos, esfregando-as e batendo no chacra das palmas das mãos. Junte os dedos e coloque as mãos em concha, pois isso poderá ajudar-lhe a ter uma melhor percepção da energia. As mãos fechadas ajudam a concentrar a energia, que sai através dos chacras localizados nas palmas. Mas, não fique apenas nesta prática das mãos, pois alguns praticantes sentem o mesmo, ou melhor, com os dedos abertos. Sinta como é melhor para você e pratique.

 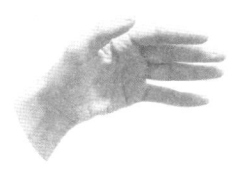

O AUTOTRATAMENTO

Se os Cinco Princípios transformam nosso comportamento e nossa consciência, nos ajudando a percorrer um caminho para a felicidade, o autotratamento nos permite equilibrar, de forma holística, todo nosso ser. O efeito da energia em nossos corpos físico, mental, emocional e espiritual é o de harmonizar. Se pensar em seu corpo como um ecossistema, então o Reiki traz vida e equilíbrio entre todas as partes desse sistema vivo. A prática de autotratamento pode variar bastante de Mestre para Mestre, por isso faça como lhe ensinaram. Estas posições são simples e percorrem a maior parte dos pontos energéticos e chacras.

Tem em mente alguns princípios que poderão ajudar a alcançar um melhor resultado com o autotratamento:

- Efetue o autotratamento num espaço sossegado e com tempo; reserve pelo menos entre 25 e 45 minutos para fazê-lo;
- Esvazie sua mente e coloque o coração predisposto, para que a energia flua e possa usufruir o máximo possível;
- Faça o banho seco e a chuva de Reiki, que irão lhe ajudar a ter a aura limpa;
- Pratique o enraizamento para ajudar a descarregar o excesso de energia e a se ligar à Terra.

Gassho
Junte as mãos, recite os Cinco Princípios do Reiki e sinta sua ligação com o Reiki. Deixe a energia fluir para a mente, o coração, para as mãos e para os pés.

Reiji-Ho
Leve as mãos à sua terceira visão e imagine que percorre todo o corpo, sentindo a energia. Desta forma você terá a percepção de como está. Coloque uma intenção para seu tratamento.

Rosto
Esta posição lhe ajuda a atingir o equilíbrio dos lados masculino (direito) e feminino (esquerdo): são duas energias constantes em seu corpo. Auxilia a tratar a vista, o nariz, a digestão e os dentes.

Têmporas
Alinhamento dos dois hemisférios, da cabeça e dos ouvidos.

Topo da cabeça
Esta é uma posição alternativa e pode ajudar-lhe a despertar e a desbloquear o Chacra da Coroa.

Nuca
Nesta posição estará tratando o excesso de pensamentos, as dores de cabeça e a tensão que por vezes surgem daí.

Chacra Laríngeo
Tratamento da tiroide, regulação do metabolismo e equilíbrio das emoções.

Chacra Laríngeo
Esta é uma posição alternativa para tratar o Chacra Laríngeo. Pode ajudar-lhe a aliviar a pressão das costas.

Chacra Cardíaco
Tratamento do amor-próprio, do amor incondicional para com os outros e estados de alma (pulmões). Tratamento do coração físico e do timo.

Plexo Solar

Tratamento do poder pessoal, gestão das emoções, pensamentos e digestão da vida. Regula todos os órgãos dessa zona do abdômen.

Chacra Esplênico

Objetivos de vida, tratamento da depressão e isolamento. Trata os intestinos, os rins e os órgãos reprodutores.

Chacra da Raiz

Tratamento dos ossos e da nossa base da vida. Reforça o tratamento dos órgãos reprodutores.

Joelhos

Os joelhos têm a ver com a nossa aceitação, integração, humildade e personalidade. Tratar a parte de trás dos joelhos ajuda a restabelecer a energia.

Tornozelos

Tratamento das articulações de ligação aos pés.

Pés

Nos pés encontramos a ligação a todos os nossos órgãos e ao sistema físico em geral. Corresponde quase a um tratamento de reflexologia.

TRATAMENTO A OUTRAS PESSOAS

No *Shoden* você vai desenvolver a consciência da energia, vai perceber o que é o Reiki para você, como ele flui e os efeitos que a energia tem em si mesmo. Irá experimentar com outras pessoas, naturalmente, mas aconselho que tenha essas experiências com o devido cuidado e acompanhamento. Pratique apenas quando se sentir seguro e, principalmente, depois de ter executado bastante em si mesmo. Poderá fazer a seus colegas, familiares mais próximos e amigos chegados. De qualquer forma, aconselhe-se sempre com seu Mestre, pois é ele que está orientando seu caminho.

A ética num tratamento

Para fazer o tratamento em alguém não é necessário pedir-lhe para tirar roupa, cintos, relógios, anéis etc. As limitações estão do seu lado e não nos objetos ou nos outros. No entanto, caso a pessoa sinta que o colar ou o cinto podem prejudicar, deve tirar. Explique antecipadamente a seu receptor onde irá colocar as mãos e, já sabes, nunca as coloque no peito das mulheres ou nos órgãos sexuais. Explicar previamente as posições e pedir permissão irá ajudar a pessoa a indicar-lhe onde tem zonas sensíveis, como feridas ou alguma sensibilidade pós-operatória.

PASSOS PARA UMA SESSÃO DE REIKI A OUTRAS PESSOAS

Preparação antes da sessão
- Limpeza física e energética do espaço;
- Sua própria limpeza física e energética;
- *Gassho* e ligação à energia, autotratamento;
- Enraizamento, banho seco e chuva de Reiki;
- Hidratação.

Entrevista
- Recolha os dados da pessoa, compreenda porque quer a sessão e o que pretende atingir com a mesma;
- Se tiver dores, indicar a escala de dor.

DURANTE A SESSÃO
- Enraizamento, repetir sempre que necessário;
- *Gassho*, ligação à energia;
- *Reiji-Ho*, sentir a energia da pessoa. Colocar a intenção;
- *Chiryo*, tratamento em todas as posições;
- Alinhamento dos chacras;
- Agradecimento.

DEPOIS DA SESSÃO
- Validar como a pessoa se sente, se foram cumpridos os objetivos e qual a escala de dor;
- Hidratar a pessoa;
- Limpeza do praticante – enraizamento, banho seco, chuva de Reiki. Se necessário, fazer autotratamento.

Caso queira, pode pedir para mim ou à Associação Portuguesa de Reiki, uma ficha de paciente.

TRATAMENTO À FRENTE

As posições que estão na página seguinte são as que poderá ter de executar para o tratamento em outras pessoas.

Lembre-se de que no Nível 1 você deve apenas praticar com seus colegas ou pessoas mais próximas.

Siga as indicações de seu Mestre.

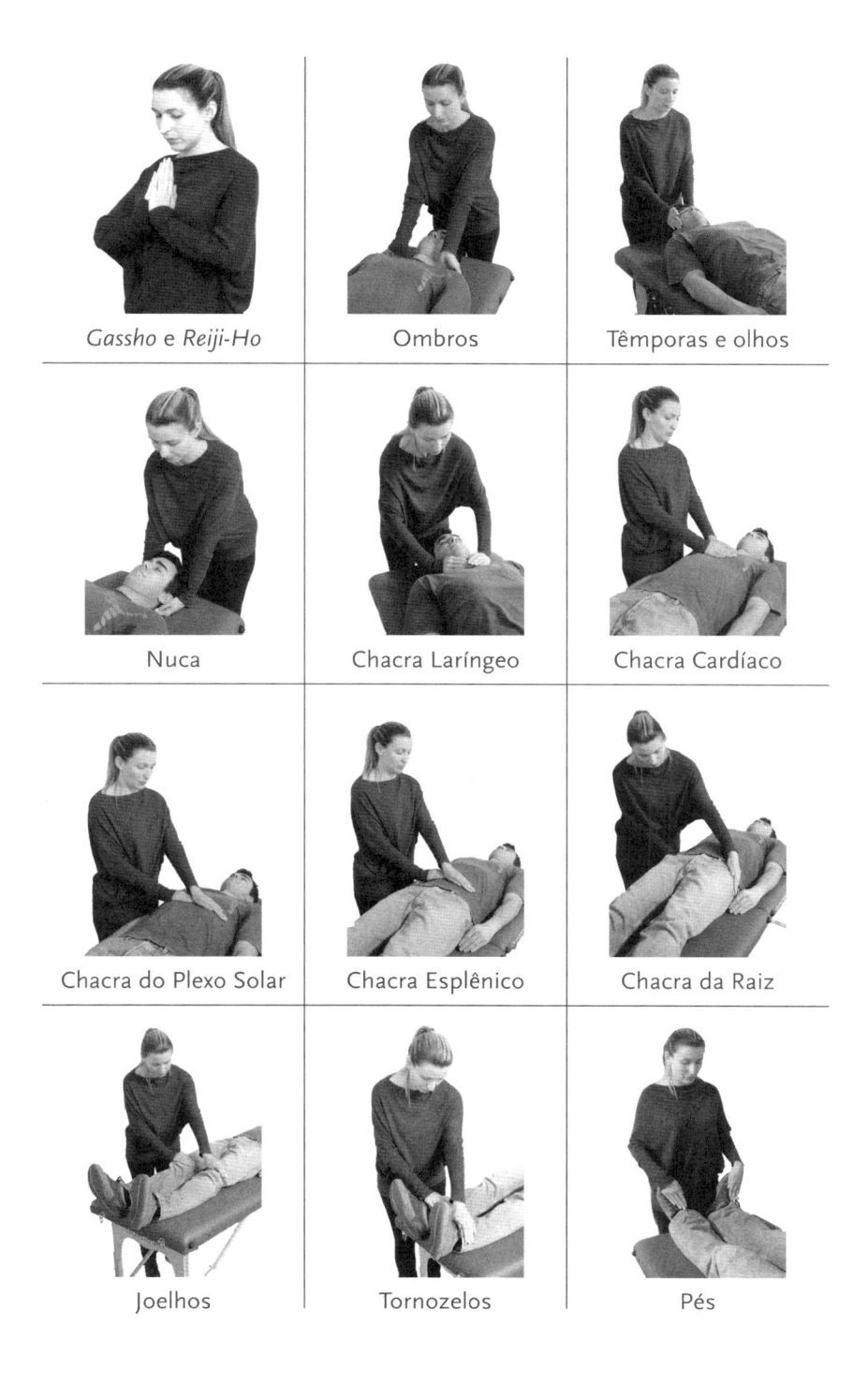

Gassho e *Reiji-Ho*	Ombros	Têmporas e olhos
Nuca	Chacra Laríngeo	Chacra Cardíaco
Chacra do Plexo Solar	Chacra Esplênico	Chacra da Raiz
Joelhos	Tornozelos	Pés

TRATAMENTO ATRÁS

Nuca	Chacra Laríngeo	Chacra Cardíaco
Chacra do Plexo Solar	Chacra Esplênico	Chacra da Raiz
Joelhos	Tornozelos	Pés

ALINHAMENTO DE CHACRAS

O alinhamento de chacras lhe permite compreender se os chacras, em par, estão alinhados. Uma forma de perceber que não estão é se suas mãos começam a sentir que uma fica mais acima do que a outra, *byosen*, ou se sente necessidade de continuar a tratar. Se sentir a necessidade de continuar a tratar, então volte a aplicar o Reiki onde achar ser necessário. Siga sua intuição, pois é dessa forma que a energia trabalha melhor.

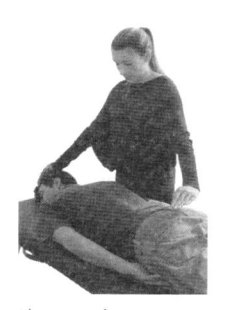 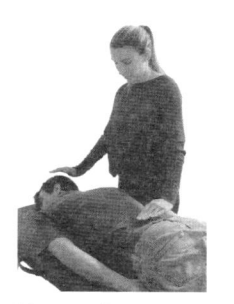 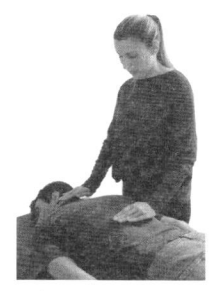

Chacra da Coroa + Chacra da Raiz	Chacra da Terceira Visão + Chacra Esplênico	Chacra Laríngeo + Chacra do Plexo Solar

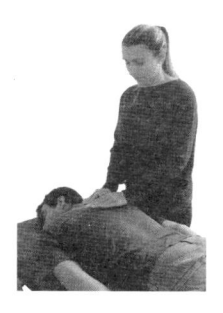

Fecho

As duas mãos sobre o Chacra Cardíaco. Quando terminar o *byosen* dos chacras pares, terá como última posição o Chacra Cardíaco. Aqui, além de sentir se tudo está bem, coloque também um fecho a todo o tratamento. Pode usar algum tipo de frase como: «Que o Reiki tenha fluído para seu bem supremo, que esteja bem e em felicidade.»

Agradecimento

Agradeça sempre no final de cada tratamento à energia Reiki, pelo bem que traz a você e aos outros. Se quiser, acrescente os agradecimentos que sentir serem necessários a este seu trabalho energético e intuitivo. Se quiser, recita os Cinco Princípios do Reiki.

Depois do tratamento

- Lave bem as mãos com água;
- Faça o enraizamento para se libertar de qualquer tipo de energia mais densa que tenha acumulado;
- Faça o banho seco;
- E a chuva de Reiki;
- Beba água e de água a seu receptor.

Se puder, faça algum exercício físico ou caminhe para liberar energia acumulada. A prática do Reiki é passiva, por isso podemos ter tendência a acumular energia. Ao final do dia, tome um banho revitalizante e de limpeza de sua aura. Pode usar soluções de sal ou alecrim, entre muitas outras, para ajudar a limpar e energizar sua aura.

O QUE FAZER COM O EXCESSO DE ENERGIA NUM TRATAMENTO DE REIKI

Ao fazermos um tratamento de Reiki a outra pessoa, podemos deparar-nos com uma acumulação de energia nos braços, nas pernas ou mesmo na parte superior das costas. A sensação não é de todo agradável e tem a ver com a dissonância que essa energia faz com a nossa própria.

Este excesso advém do contato com a aura da pessoa a ser tratada, assim como com a energia que foi libertada ao longo da sessão de Reiki. «Nada se perde, nada se ganha, tudo se transforma» é uma grande verdade, mas que nos exige um enorme esforço para entender e, muitas vezes, «transformar» essa energia.

O excesso de energia tanto pode ser notado como não, dependerá da sensibilidade do praticante, de sua capacidade para estar impermeável e também da própria situação da pessoa que está sendo tratada.

O que fazer com o excesso de energia num tratamento de Reiki?

Em primeiro lugar, não podemos manter-nos com essa energia, que deve ser retirada e transformada. Para isso temos várias técnicas que podemos aplicar:

- Enraizamento — deixando fluir o excesso de energia para a terra;
- Banho seco — limpando os excessos dos braços e das mãos e cortando as ligações;
- Chuva de Reiki — limpeza da aura;
- Sem medo, com amor incondicional.

Não encare essa energia mais densa com medo ou qualquer outra emoção negativa – ela faz parte da existência e deve ser respeitada. Se você desenvolver emoções negativas perante a memória dessa energia, sempre terá questões e mais questões, barreiras e bloqueios para resolver. Se tomar uma atitude compassiva, sem apego, então pode olhar e lidar com essa energia com amor incondicional, com Reiki. O que acontece à energia mais densa quando é tratada com amor? Experimente.

Após o tratamento de Reiki aplique autotratamento e cuide de si. Se houve alguma questão mais difícil, realiza a meditação *Gassho* e o *Nentatsu*.

EXEMPLO DE UMA APLICAÇÃO PASSO A PASSO

1. Faça *Gassho* e ligue-se à energia Reiki;
2. Sinta-a fluir para as suas mãos;
3. Coloque uma intenção para o que irá fazer com a energia e quais os objetivos a atingir;
4. Faça uma espécie de limpeza da aura de seu receptor. Passe as mãos por cima de sua aura, como se a estivesse varrendo e enviando toda a energia mais densa para fora;
5. Antes da primeira posição, coloque as mãos nos ombros do paciente. Os ombros são nosso primeiro ponto de contato com as outras pessoas e estão habituados ao toque. Faça a primeira posição e espere que comece a fluir a energia. Às vezes ela demora alguns segundos para iniciar, depende de como estão seus canais condutores e sua própria atenção;

6. Execute as demais posições, mas não se preocupe com o tempo em cada uma, pois sentirá quando começa a fluir e quando para;

7. Nunca tire as duas mãos do receptor, pois o rompimento do vínculo energético pode ser um choque; faça a passagem mão a mão e junto ao corpo;

8. Quando terminar a última posição, pode fazer o alinhamento dos chacras;

9. No final, junte as mãos e agradeça por ser um canal do Reiki (quem cura é o Reiki, não é você);

10. Indique a seu receptor para descansar um pouco mais deitado; lave as mãos e faça o banho seco;

11. Beba água e leve água a seu receptor;

12. Desperte-o com um leve toque ou um pequeno som. Deixe que desperte suavemente, sem pressa;

13. Falem sobre o que se passou na sessão e o que sentiram. Dê água para beber, para que fique hidratado.

GUIA DE TRATAMENTO RÁPIDO
OU ALINHAMENTO DE CHACRAS

Caso não haja tempo ou condições para um tratamento completo, você pode sempre utilizar o método rápido. Cada posição representa um ou mais chacras. Neste caso, o receptor poderá estar sentado.

1. Ligue-se à fonte, colocando as mãos em *Gassho*;

2. Sinta a energia Reiki no corpo e nas mãos;

3. Coloque as mãos sobre os ombros da pessoa;

4. Coloque uma das mãos em sua nuca e a outra na testa;

5. Coloque uma das mãos na junção cervical com os ombros e a outra na base da garganta;

6. Coloque uma das mãos no Chacra Cardíaco e a outra nas costas, à mesma altura;

7. Leve uma das mãos ao Plexo Solar e a outra às costas, à mesma altura;

8. Faça o mesmo para o Chacra Esplênico;

9. Leve uma mão de cada vez a cada um dos lados da bacia, para tratar o Chacra da Raiz;

10. Coloque as mãos nos joelhos;
11. Coloque as mãos nos pés, se for possível;
12. Visualize a pessoa como se estivesse muito bem, em paz e aliviada de seu problema;
13. Agradeça ao Reiki, da forma como preferir.

REAÇÕES DA PESSOA DURANTE O TRATAMENTO

As reações dependem sempre de paciente para paciente, mas há sempre pontos comuns. Enquanto terapeuta, não tenha receio das reações, procure descobrir as causas e, tranquilamente, chegue ao centro da questão para limpá-la. Os pacientes podem fornecer os seguintes tópicos após o tratamento:

1. O corpo apenas relaxou, por isso sente um bom alívio e calor geral;
2. Sentiu o corpo flutuar (saída da consciência) ou afundou de forma pesada (relaxamento);
3. Sentiu calor nas mãos do terapeuta;
4. Viu cores;
5. Movimentos no interior do corpo (pode acontecer no relaxamento e na energização dos órgãos);
6. Desorientação (convém sempre enraizar o paciente);
7. Memórias à superfície (são questões que o subconsciente envia para o consciente para serem tratadas);
8. Pressão ou dificuldade em respirar (stress);
9. Frio intenso (choque emocional);
10. Libertação emocional, como chorar.

NO TRATAMENTO A OUTRAS PESSOAS, TENHA ATENÇÃO EM

- Não é você que cura; você é apenas o veículo da cura. Esta é realizada pela pessoa, com a energia que recebeu, que é externa a você;
- Indique sempre que este é apenas um tratamento complementar e que você ainda não é um terapeuta, apenas partilhou energia;
- Se a pessoa tiver alguma «crise de cura», explique-lhe que é apenas uma reação natural do organismo para sua própria limpeza.

CUIDADOS QUE DEVE TER

A prática do Reiki é segura, pois é uma energia exterior, veiculada através de você para outra pessoa. Desde que mantenha o foco nesse processo, tudo estará bem. Mas, convém compreender que sua aura estará em contato com a aura da outra pessoa, e elas se comunicam; como tal, você poderá ter percepções de dor, indisposição ou até algum tipo de visualização estimulada pela Terceira Visão. Isso é muito natural, mas não quer dizer que aconteça com todas as pessoas ou em todas as situações.

No caso de você ter esses tipos de sensações, vindas do corpo da outra pessoa, poderá dizer interiormente «já percebi, irei tratar disso». Mantem-se focado no fluxo do Reiki e no enraizamento, pois irá ajudar-lhe a descarregar para a terra algum excesso de energia que esteja circulando.

Se você é daquelas pessoas que costumam inchar muito na barriga, isso poderá acontecer num tratamento. É apenas seu Chacra do Plexo Solar sendo demasiadamente simpático e absorvendo a energia da outra pessoa.

25. Tratamentos segundo os Mestres Usui, Hayashi e Takata

De Mikao Usui aos nossos dias, as posições de tratamento foram sendo alteradas. É um processo natural no crescimento da percepção da energia. Conhecer as posições ensinadas pelos Mestres Usui, Hayashi e Takata lhe ajudará a ter outras perspectivas para seu próprio autotratamento.

TRATAMENTO SEGUNDO O MESTRE USUI

O Mestre Usui insistia muito no tratamento da cabeça, o que até faz bastante sentido e reforça a ideia de que «todos os nossos males vêm da cabeça». Naturalmente que não são todos os nossos males, mas muitos têm uma origem psicossomática. Tratar ou reforçar o tratamento da cabeça é muito importante para a harmonia de todo nosso sistema. Muitas vezes o tratamento era feito em posição *seiza*, que significa postura correta. Indico as **cinco posições de tratamento** que o Mestre Usui recomendava:

I) Zento bu

Coloque as mãos de modo que cubra os olhos, as bochechas e as sobrancelhas. Tenha atenção para não tapar o nariz ou pressionar demasiadamente a área. Estará trabalhando a pituitária e a pineal, auxiliando no metabolismo, no equilíbrio emocional e na intuição.

II) Sokuto bu

Uma mão de cada vez, passe pelos lados, na zona das têmporas. Pode tocar ou ficar ligeiramente afastado. Estará trabalhando o equilíbrio dos hemisférios, o alívio da pressão na cabeça, o cansaço, as enxaquecas, o stress, a depressão ou a angústia.

III) Koutou bu

Movimente o corpo para o lado direito da pessoa que você está tratando; coloque a mão esquerda na Terceira Visão e a mão direita no occipital/nuca. Estará trabalhando mais a pineal, a clareza de pensamento, o equilíbrio e a serenidade na pessoa.

IV) Enzui bu

Coloque-se trás da pessoa e as mãos para tratar a tiroide. Tenha atenção para não pressionar demasiadamente esta área, pois há pessoas que se sentem sufocadas. Estará trabalhando o metabolismo, as mudanças de humor e a comunicação.

V) Toucho bu

Passe para o Chacra da Coroa e coloque as mãos com as palmas viradas para baixo, com os polegares quase tocando-se. É a finalização de seu trabalho e a potencialização da energia Reiki, que entra pelo Chacra da Coroa da pessoa, percorrendo todo seu corpo.

Termine fazendo *Gassho* e agradece.

TRATAMENTO SEGUNDO O MESTRE HAYASHI

O Mestre Hayashi ensinava as posições como um tratamento de sete partes, incluindo cabeça e torso. Numa oitava parte, o aluno colocaria o *Seiheki*, o símbolo da harmonia e purificação. Estas posições na cabeça e torso correspondem ao conceito mente/corpo, que nos relembra o Reiki Shin Shin Kaizen: o Reiki é para a melhoria da mente e do corpo. Segundo o Mestre Hiroshi Doi, Hayashi criou um novo sistema terapêutico ao criar seu *Kankyu Kai* e, naturalmente, ao longo do tempo foi tendo suas mudanças; isto porque Takata relata que aprendeu suas posições de Hayashi.

TRATAMENTO SEGUNDO A MESTRA TAKATA

A Mestra Takata ensinava 12 posições, às quais chamava «tratamento-base», que cobrem basicamente o corpo e a cabeça. O praticante iria tratar as pernas, os braços e os pés, se isto fosse necessário. Takata dizia que na aplicação deste tratamento «é necessária uma hora ou mais, dependendo da complexidade e seriedade do caso». Ao terminar o tratamento, ela aplicava o *Ketsueki Kokan Ho*. As 12 posições eram quatro no abdômen e no peito; quatro na cabeça e na garganta; quatro nas costas. A Mestra iniciava o tratamento no abdômen, pois considerava ser a zona mais importante do corpo, por ser a região criadora.

Através destas perspectivas sobre os tratamentos, as mudanças fazem parte do Reiki e não é tão importante quem tem ou não razão, mas talvez seja mais importante a manutenção da filosofia e dos próprios conceitos de Reiki.

GUIA DO MÉTODO DE CURA RYOHO SHISHIN

Este é o guia dado pelo Mestre Usui a seus alunos, segundo a Usui Reiki Ryoho Gakkai, traduzido do japonês para inglês e deste para português.

Cabeça	Fronte, cabeça em geral, têmporas. Parte posterior da cabeça, área do pescoço, coroa, estômago, intestinos.
Baixar a febre	Como o tratamento da cabeça, no entanto trata também a origem da doença em si.
Olhos	Olho, canto interno do olho, canto externo do olho, pescoço, vértebras cervicais (C1, C2 e C3).
Nariz	Osso nasal, narinas, zona entre as sobrancelhas, pescoço (C1, C2 e C3).
Ouvidos	Canal auditivo, partes anterior e posterior da orelha, vértebra cervical C1.
Boca	Cobrir a boca sem tocar nos lábios.
Língua	Parte superior da língua, base da língua (através do exterior: pescoço e sob o queixo).
Garganta	Tiroide, zona do pescoço.

Pulmões	Área pulmonar, zona entre as omoplatas, vértebras torácicas (T1, T2, T3, T4, T5 e T6).
Coração	Área do coração, vértebras cervicais C5, C6 e C7, vértebras torácicas T1, T2, T3, T4 e T5.
Fígado	Área do fígado, vértebras torácicas T8, T9 e T10 (especialmente do lado direito).
Estômago	Área do estômago, vértebras T4, T5, T6, T7, T8, T9 e T10.
Intestinos	Cólon ascendente, cólon transverso, cólon descendente, intestino delgado, umbigo, vértebras torácicas T6, T7, T8, T9 e T10, vértebras lombares L2, L3, L4 e L5, nádegas.
Bexiga	Área da bexiga, vértebras lombares L4 e L5.
Útero	Área do útero e zonas laterais, vértebras torácicas T9, T10, T11 e T12, vértebras lombares L1, L2, L3, L4 e L5, sacro e cóccix.
Rins	Área dos rins, vértebras torácicas T11 e T12.
Tratamento do meio corpo	Músculos do pescoço, ombros, músculos das costas, ambos os lados das vértebras, zona da cintura, zona das ancas.
Tratamento Tanden	Ventre, cerca de três dedos abaixo do umbigo.
DOENÇAS DO SISTEMA NERVOSO	
Neurastenia	Cabeça, olhos, coração, estômago, intestinos, órgãos reprodutivos, área afetada, fazer o tratamento do meio corpo.
Histeria	O mesmo que o anterior.
Anemia cerebral	Cabeça, estômago, intestinos, coração.

Hemorragia cerebral	O mesmo que o anterior.
Meningite	O mesmo que o anterior.
Encefalite	O mesmo que o anterior.
Dor de cabeça	Área da cabeça (especialmente as têmporas).
Insônia	Área da cabeça (especialmente a parte posterior).
Tonturas	Área da cabeça (especialmente a parte frontal).
Apoplexia cerebral (paralisia)	Área da cabeça (especialmente do lado afetado), coração, estômago, intestinos, rins, área paralisada.
Epilepsia	Área da cabeça, estômago, intestinos.
Doença de Huntington	Área da cabeça, coração, área afetada, palmas das mãos, plantas dos pés, meio corpo.
Doença de Basedow	Sintomas: olhos demasiadamente proeminentes – área da cabeça, olhos, tiroide, coração, útero e meio corpo.
Nevralgia	Área da cabeça, estômago, intestinos (para melhorar os movimentos intestinais), área afetada.
Soluços	Diafragma, fronte, vértebras cervicais C_3, C_4 e C_5.
Laringite	Fronte e têmporas (principalmente do lado esquerdo), área da garganta.
Síndrome do ombro/ /braço (dores de pescoço)	Área da cabeça, cotovelo, polegar.
Ruído, zumbido nos ouvidos	Ouvidos, área da cabeça.

DOENÇAS DO APARELHO RESPIRATÓRIO

Bronquite	Brônquios, traqueia, garganta, área do tórax, região afetada.
Asma	Área da cabeça, zona do tórax, cavidade cardíaca, garganta, nariz, coração.
Tuberculose	Área da cabeça, região pulmonar, estômago e intestinos, coração, *Tanden*.
Pleurisia	Área da cabeça, zona afetada, estômago, intestinos, *Tanden*.
Pneumonia	Cabeça, coração, região afetada, *Tanden*.
Hemoptise	Área pulmonar afetada.
Hemorragia nasal	Nariz.
Ozena	Nariz, fronte ou depressão do queixo.

DOENÇAS DO APARELHO DIGESTIVO

Várias doenças do esôfago	Esôfago, área da cavidade cardíaca, estômago, intestinos.
Doenças do estômago	(Gastrite, úlcera gástrica, cancro do estômago, dilatação do estômago, gastroptose, convulsão do estômago) – área da cabeça, área da cavidade cardíaca, estômago, intestinos.
Inflamação do intestino	(Úlcera intestinal, diarreia, obstipação) – estômago e intestinos.
Apendicite	Área afetada (lado direito do abdômen, junto ao osso da anca), área da cabeça, estômago e intestinos.
Parasitas nos intestinos	Área da cabeça, intestinos.

Hemorroidas	Ânus (área envolvente).
Edema abdominal	Área da cabeça, abdômen.
Peritonite	Área da cabeça, área afetada, *Tanden*.
Icterícia	Área da cabeça, estômago, intestinos, fígado, coração.
Colelitíase	Fígado (local onde se encontra a dor), estômago, intestinos.
Hérnia	Área afetada, parede intestinal.

DOENÇAS CARDIOVASCULARES/SISTEMA CIRCULATÓRIO

Miocardite	Área da cabeça, coração, fígado, rins, bexiga.
Endocardite	Coração.
Edema	Coração, fígado, rins, bexiga.
Arteriosclerose	Área da cabeça, coração, fígado, estômago, intestinos, *Tanden*.
Pressão arterial elevada	Área da cabeça, coração, fígado, estômago, intestinos, *Tanden*.
Angina de peito	Cabeça, coração, estômago, intestinos, área onde se localiza a dor.
Beribéri	Coração, estômago, intestinos, área das pernas.

DOENÇAS METABÓLICAS E DO SANGUE

Anemia	Trate a causa da doença, cabeça, coração, rins, estômago.
Púrpura	Cabeça, coração, rins, estômago, intestinos, manchas da pele, *Tanden*.

Escorbuto	Cabeça, área pulmonar, coração, rins, estômago, intestinos, meio corpo, *Tanden*.
Diabetes	Cabeça, coração, fígado, pâncreas, estômago, intestinos, rins, bexiga, meio corpo (massajar em sentido ascendente as vértebras).
Gordura (obesidade)	Coração, rins, estômago, intestinos, fazer técnica do meio corpo.
Gota	Coração, rins, bexiga, estômago, intestinos, *Tanden*, zona de localização da dor.
Golpe de calor	Área da cabeça, coração, região do tórax, estômago, intestinos, *Tanden*.

DOENÇAS DO APARELHO URINÁRIO

Nefrite	Rins, coração, bexiga, estômago, intestinos.
Pielite	Rins, bexiga, *Tanden*.
Cálculos renais	Rins, estômago, intestinos, bexiga, zona de localização da dor.
Uremia	Área da cabeça, olhos, estômago, intestinos, coração, rins, bexiga, *Tanden*.
Cistite	Rins, bexiga.
Cálculos da vesícula	Rins, bexiga, zona de localização da dor.
Enurese (urinar durante o sono)	Área da cabeça (coroa), bexiga, rins.
Anúria	Rins, bexiga, uretra.

DOENÇAS DERMATOLÓGICAS E CIRURGIAS

Feridas	Área afetada (se a hemorragia for grave use a técnica para estancar o sangue).

Queimadura pelo calor ou frio	Área afetada (tratar à distância, mãos afastadas, até que a dor desapareça).
Escoliose	Área afetada
Inflamação dos gânglios linfáticos	Área afetada, *Tanden*.
Fratura	Área afetada (aplicar Reiki após os ossos terem sido realinhados e imobilizados).
Falha	Área afetada.
Deslocamento	Área afetada.
Periosteíte, osteomielite, artrite, inflamação muscular	Área afetada, *Tanden*.
Reumatismo muscular	Zona da cabeça, área dorida, estômago, intestinos (melhorar os movimentos intestinais).
Vértebras, cáries	Área da cabeça, região afetada, *Tanden*.
Escoliose	Área afetada.
Dor na medula (lúpus)	Cavidade do coração, diafragma, zona da cabeça, *Tanden*, região afetada.
Inconsciência	Coração, área da cabeça. Em caso de afogamento, deixar a pessoa deitar fora a água ingerida.
Erupções cutâneas, urticária	*Tanden*, área afetada.
Alergia	Estômago, intestinos, *Tanden*, área afetada.
Calvície	Zona da cabeça, estômago, intestinos, área afetada, *Tanden*.
Doença de Hansen	Área da cabeça, estômago, intestinos, *Tanden*, região afetada, bexiga.

| Intoxicação por fungos | Área da cabeça, estômago, intestinos, *Tanden*, zona afetada. |

DOENÇAS PEDIÁTRICAS

Cólicas, choro noturno	Área da cabeça, estômago, intestinos.
Rubéola	Área da cabeça, estômago, intestinos, coração, zona da erupção cutânea.
Sarampo	O mesmo que o anterior.
Tosse convulsa	Cabeça, estômago, intestinos, coração.
Poliomielite	Área da cabeça, estômago, intestinos, área da perda de sensibilidade da coluna vertebral.
Amigdalite	Zona afetada.

DOENÇAS GINECOLÓGICAS

Doenças do útero	Área do útero.
Durante a gravidez	Útero (ao tratar-se o útero, o feto desenvolve-se com saúde e o parto será fácil).
Parto	Área do sacro, área inferior do abdômen.
Enjoos matinais	Área da cabeça, útero, estômago, intestinos, diafragma.
Seios	Seios (mas sem tocar neles).
Gravidez extrauterina	Área da cabeça, útero, zona de localização da dor.

DOENÇAS INFETOCONTAGIOSAS

| Febre tifoide | Área da cabeça, coração, estômago, intestinos, baço, *Tanden* (tenha cuidado com as doenças associadas ou secundárias e trate-as). |
| Febre paratifoide | O mesmo que o anterior. |

Disenteria	Área da cabeça, coração, estômago, intestinos, *Tanden*.
Diarreia infantil	O mesmo que o anterior.
Difteria	Área da cabeça, garganta, coração, região do tórax, estômago, intestinos, rins, *Tanden*.
Cólera	Área da cabeça, estômago, intestinos, coração, *Tanden*.
Escarlatina	Área da cabeça, boca, garganta, coração, estômago, intestinos, rins, *Tanden*, área da coloração vermelha.
Gripe	Área da cabeça, coração, pulmões, estômago, intestinos, *Tanden*, meio corpo, área dorida.
Meningite cerebrospinal epidémica	Área da cabeça, região do pescoço, olhos, coração, estômago, intestinos, rins, bexiga, medula espinal (especialmente nas vértebras cervicais), *Tanden*, área da rigidez.
Malária	Área da cabeça, coração, estômago, intestinos, fígado, baço, *Tanden*. É melhor tratar uma hora antes do momento previsto para as convulsões.
Erisipela	Região da cabeça, área do coração, estômago, intestinos, *Tanden*, zona afetada.
Tétano	Área da cabeça, zona do coração, estômago, intestinos, *Tanden*, regiões da ferida e da área dorida.

E aqui termina seu «manual» de Nível 1, um guia prático para seu despertar no Reiki. Nas páginas seguintes, proponho um plano de estudos e uma revisão deste nível. Acima de tudo pratique, pratique e volte a praticar os Cinco Princípios, interiorizando-os em sua vida.

26. Plano de estudos do Nível 1

O seguinte plano de estudos foi criado para auxiliar sua prática em casa, no cotidiano. Não é necessário que seja feito no alinhamento que é apresentado, ou seguindo rigorosamente as datas, mas é um indicador do que há para saber e praticar. Acima de tudo, o Reiki deve ser vivido, experimentado. Este simples plano de seis meses baseia-se no autotratamento e na prática das técnicas. Ao longo do tempo, todos os dias, deves praticar os Cinco Princípios para sua transformação.

	AUTOTRATAMENTO	TÉCNICAS E EXPERIÊNCIAS
Semana 1	Autotratamento Dias 1 a 7	Leia a seção «Viver com Reiki» e tente integrar o Reiki em seu dia a dia. Reflita como os Princípios e a energia podem mudar sua vida. Pratique sistematicamente o *byosen* em si.
Semana 2	Autotratamento Dias 8 a 15	
Semana 3	Autotratamento Dias 16 a 21	
Semana 4	Continue o autotratamento completo ou nas áreas onde mais necessitar. Não quer dizer que tenha de fazer diariamente, mas faça de forma sistemática, pensando na profilaxia.	Inicie a prática de *byosen* nos outros, para desenvolver mais a percepção.
Mês 2		
Mês 3		Inicie a prática de tratamento a outros, mas apenas em colegas de Reiki, familiares e amigos próximos.
Mês 4		
Mês 5		
Mês 6		Se está pensando em executar o Nível 2, então pratique os «Cinco Dias para a Transformação», que apresento neste livro.

27. Revisão do Nível 1

D epois de pelo menos seis meses de prática constante, possivelmen-te sentirá o chamado para fazer o Nível 2. Não tenha pressa em mudar de nível, no Reiki não se deve querer colecionar certificados ou níveis, não é aí que está a verdadeira transformação. Se quer seguir uma via profissional, deve ter uma atitude ainda mais responsável. Não é de um dia para o outro que se adquire experiência e saber com esta arte. Pense também em quem será atendido. Irá com uma determinada expectativa que poderá sair frustrada. A responsabilidade começa em você e ela está explícita nos Cinco Princípios. O *Okuden* é também dos níveis mais exigentes. Irá requerer trabalho no campo emocional e mental, irá pedir-lhe mudança e transformação.

Antes de passar para o Nível 2, o *Okuden*, faça uma revisão e verifique:

☐ Compreendo o que é o Reiki;

☐ Conheço a história do Reiki e conheço a importância de Mikao Usui;

☐ Aplico os Cinco Princípios no meu dia a dia;

☐ Pratico o autotratamento;

☐ Aplico localmente Reiki nas minhas áreas afetadas, para harmonizá-las;

☐ Tento compreender onde estão as causas e não apenas os efeitos;

☐ Conheço o meu corpo energético, identifico facilmente os chacras e o que representam;

☐ Sei reconhecer os diferentes tipos de sensações no *byosen*;

☐ Consigo manter a minha mente serena durante a prática;

☐ Sinto a energia fluir em mim e nos outros;

☐ Sei praticar todas as técnicas de Reiki, conforme me ensinou o meu Mestre;

☐ Compreendo toda a matéria do Nível 1.

Depois desta revisão e de uma nova leitura de seu manual, você pode fazer os «Cinco Dias para a Transformação». Este é um programa criado por mim, que poderá auxiliar não só na revisão da matéria, como também preparar seu canal energético e os vários corpos para o *Okuden*.

28. Cinco dias para a transformação

Se você tem a intenção de se preparar para o Nível 2 do Reiki, então pode praticar estes Cinco Dias para a Transformação. São um conjunto de reflexões e práticas que lhe auxiliarão a tomar consciência de si, do que pretende e de suas transformações até agora. É também uma boa forma de rever as técnicas e avaliar seus níveis energéticos.

Fale com seu Mestre, se existir alguma questão, não deixe nada por esclarecer, pois isto poderá tornar-se um obstáculo para a mente e, por conseguinte, para seu percurso.

Nestes Cinco Dias para a Transformação você percorrerá o caminho dos princípios:

> - Dia 1 — Só por hoje, sou calmo.
> - Dia 2 — Só por hoje, confio.
> - Dia 3 — Só por hoje, sou grato.
> - Dia 4 — Só por hoje, trabalho honestamente.
> - Dia 5 — Só por hoje, sou bondoso.

Aplique sempre o enraizamento, o banho seco e a chuva de Reiki, antes de começar. Coloque sua mente no momento presente e a esvazie, para que possa usufruir o máximo possível do Reiki.

DIA 1 – SÓ POR HOJE, SOU CALMO

«O sábio nunca diz tudo o que pensa, mas pensa sempre em tudo o que diz.» – Aristóteles

Este primeiro dia é dedicado à sua observação sobre a aprendizagem que você adquiriu no Nível 1. Este nível é a base para tudo, por isso, se tiver bases sólidas, então terá uma força incrível para sustentar seu crescimento, o que fará toda a diferença quando começar a tratar os outros.

REFLEXÃO
Que transformação lhe trouxe o Reiki, de forma mais significativa?

_____

_____

_____

Como aplica tudo o que aprendeu?

_____

_____

_____

APLICAÇÃO DO REIKI PARA HOJE
- Enraizamento, banho seco, chuva de Reiki;
- Cinco Princípios;
- Autotratamento.

DIA 2 – SÓ POR HOJE, CONFIO

«A nossa maior glória não reside no fato de nunca cairmos, mas em levantarmo-nos sempre depois de cada queda.» – Oliver Goldsmith

Está confiante em seu próprio trabalho, do que é capaz de fazer? Isso é muito importante para todo seu percurso futuro no Reiki. Leve a prática de Reiki com tranquilidade e alegria, e faça brilhar em seu coração esse sentimento, para que ele reverbere para os outros.

REFLEXÃO

Você tem confiança em si mesmo? Consegue confiar nos outros?

_____

_____

_____

Acha que consegue dar seu melhor e se sente reconhecido por isso, ou sente necessidade de ser reconhecido?

_____

_____

_____

APLICAÇÃO DO REIKI PARA HOJE

- Enraizamento, banho seco, chuva de Reiki;
- Cinco Princípios;
- *Joshin Kokyu Ho* — Faça esta prática durante 10 a 15 minutos, com a intenção de se purificar e aumentar a energia vital. Sinta o calor interior aumentar;
- Autotratamento.

DIA 3 – SÓ POR HOJE, SOU GRATO

«Há pensamentos que são orações. Há momentos nos quais, seja qual for a posição do corpo, a alma está de joelhos.» – Victor Hugo

Hoje vamos trabalhar a gratidão, com o Reiki. Através da reflexão e da meditação, proponho este caminho de revisão e prática para que os princípios e a energia estejam ainda mais presentes em você.

Reflexão

Que momento de maior gratidão lhe trouxe o Reiki? E qual o mais negativo que o Reiki lhe ajudou a compreender e a transformar?

_____

_____

_____

O que sente que ainda falta trabalhar em você e em que poderá lhe ajudar o Nível 2?

_____

_____

_____

Aplicação do Reiki para hoje
- Enraizamento, banho seco, chuva de Reiki;
- Cinco Princípios;
- Meditação *Gassho* — Experimente ficar durante 20 minutos com a mente limpa, apenas centrado na respiração, no fluxo da energia, ao longo da meditação *Gassho*;
- Autotratamento.

DIA 4 – SÓ POR HOJE, TRABALHO HONESTAMENTE

«Aprenda como se fosse viver para sempre. Viva como se fosse morrer amanhã.» – Mahatma Gandhi

A honestidade, no Reiki, é também sua capacidade de observação, transmitindo aquilo que sente e intui com naturalidade. A honestidade leva a compreender o que está passando com você, assim como a compreender o que a energia comunica, por exemplo, através do *byosen*.

REFLEXÃO

Consegue sentir a energia a fluir dentro de você? Como? Já sentiu um bloqueio? Como o resolveu?

_____

_____

_____

Onde sente a honestidade em você?

_____

_____

_____

APLICAÇÃO DO REIKI PARA HOJE

- Enraizamento, banho seco, chuva de Reiki;
- Cinco Princípios;
- Autotratamento;
- *Nentatsu* — Coloque a intenção do que quer atingir.

DIA 5 – SÓ POR HOJE, SOU BONDOSO

«O amor nunca faz reclamações; dá sempre. O amor tolera; jamais se irrita e nunca exerce vingança.» – Mahatma Gandhi

A bondade cresce de nosso coração na medida em que mudamos o nosso centro de atenção de nossas necessidades para as necessidades do outro. No Reiki, a energia passiva flui tão melhor quanto o nosso coração é compassivo e bondoso.

REFLEXÃO

Como você interpreta o que é o amor incondicional e o que ele representa no Reiki?

_____

_____

_____

Já sentiu amor incondicional por alguém? De que forma? E por você?

_____

_____

_____

APLICAÇÃO DO REIKI PARA HOJE
- Enraizamento, banho seco, chuva de Reiki;
- Cinco Princípios;
- Autotratamento;
- Termine com uma mão no Chacra Cardíaco e outra no Plexo Solar. Sinta preencher-se com amor incondicional e alegria interior. Sinta esse amor espalhar-se para cada célula de seu corpo.

MUITO OBRIGADO POR TRABALHAR
PARA SUA TRANSFORMAÇÃO

Muito obrigado por escolher fazer este caminho de cinco dias. Eu sei que pode ser exigente, pois também o percorri, mas ele torna-se necessário para que consiga compreender o que você alcançou até agora e se sente a diferença incrível que o Reiki traz para sua vida.

O primeiro nível do Reiki é o despertar, o início da nossa consciência sobre a energia que flui dentro de nós e que nos rodeia, é tomar as rédeas da vida e aceitar um caminho terapêutico para a nossa cura, dentro do possível, mas, acima de tudo, um caminho para a felicidade. Isso não dependerá de ninguém, apenas de você. Seu Mestre é essencial para lhe acompanhar ao longo do caminho, por isso fale constantemente com ele e partilhe o que sente e as dúvidas que surgirem. Desenvolva a prática dos Cinco Princípios e sinta a alegria da transformação que eles lhe trazem. Nada acontece de um dia para o outro, mas o crescimento sustentado é assim mesmo. A mais bela flor não germina instantaneamente. Pense nisso: o que é natural tem seu tempo. Prossiga com calma e alegria e leve o Reiki ainda mais longe.

*Só por hoje, sou grato a você, por seu trabalho, ao Reiki,
pelo bem que nos traz, e ao Mestre Usui por sua sabedoria.*

Parte III

Nível 2 do Reiki
Okuden

29. *Okuden* – Nível 2

*O*kuden 奥伝 significa «Transmissão Profunda», «Conhecimentos Interiores». *Oku* 奥 significa coração, interior, profundo; *den* 伝 significa andar ao longo de, comunicar, progredir, seguir, tradição, transmitir. Há quem considere que a conjugação destes dois *kanjis* possa significar «esotérico», pela vertente do «profundo, interior». No Nível 2 do Reiki você continuará a trabalhar toda a base do primeiro nível, adicionando mais técnicas, ferramentas para a cura, como os símbolos, e uma outra perspectiva sobre a vida e o que você pode fazer por si e pelos outros.

Este nível será também um pouco mais exigente no que toca ao trabalho interior, ou não fosse o nível dos «conhecimentos interiores» e da transformação. Quando observamos as questões da mente e do coração, vamos lidar com anos e anos de situações por resolver. Isso pode trazer-lhe um choque inicial, mas faça uso dos Cinco Princípios, lembre-se de ter calma, observe cada situação com serenidade e bondade – você é capaz de fazer essa mudança. Leia e reflita sobre o segundo poema do Imperador Meiji, o «Céu».

Azul-claro e sem nuvens
O grande céu.
Também eu gostaria
De ter um espírito assim.

O que você fará com a energia deste nível para alcançar um espírito claro, sem nuvens?

Ao longo deste capítulo sobre o *Okuden* você encontrará algumas técnicas para trabalhar todo o aspecto mental e emocional: siga-as dentro de seu ritmo e com alegria. A descrição dessas técnicas está no final do livro, no capítulo dedicado às mesmas.

Com sua aprendizagem e a prática do *Okuden* poderá obter os seguintes benefícios:

- Desenvolvimento pessoal através da elevação da consciência e tratamento das questões emocionais e mentais, presentes e passadas;
- Aumento do canal energético e capacidade de veicular a energia;
- Aperfeiçoamento da capacidade de tratar e curar, com os símbolos e técnicas;
- Conexão à energia mais simples e eficiente, através do uso dos símbolos;
- Tratamento das situações, de todos os envolvidos e da energia, além do tempo e do espaço.

UMA REFLEXÃO PARA SEU NÍVEL 2

忍一時風平浪静、退一歩海闊天空

一時の我慢で、風が穏やかになり、波が静まり、
一歩退けば、視野が広がり、海が果てしなく見え、空がひ
らける。
つまり、なにごともなく平穏である。一歩退くことによっ
て"大自然が広々としたさま：考えることや話すことが何
の束縛も受けず、無限に広がる"。

No tempo da paciência o vento torna-se calmo, as ondas tornam-se calmas. Se der um passo atrás, você terá uma vista mais alargada, verá o mar sem fim e o céu aberto. Manterá a vida mais calma. Dando um passo atrás terá a visão ampla de todas as coisas. Não existem limitações ou pressão no que pensa, imagina e fala, tudo se expandirá sem fim. Mente aberta.

Em sua prática de Reiki abra suas perspectivas, liberte-se das crenças que limitam você e permita-se descobrir novos horizontes. O Nível 2 permite isso e muito mais; para isso, é necessário dar tempo, paciência e praticar com consistência e alegria.

No livro *Reiki Ryoho no Shiori* há uma referência ao conto dos Heiki (*Heike monogatari*), a história das lutas feudais entre os clãs Taira e

Minamoto pelo controle do Japão, e esse livro inicia com a seguinte frase: «O som do mosteiro ecoa um som impermanente...»

Toyokazu Kazuwa, da Usui Reiki Ryoho Gakkai, diz no manual desta associação do Mestre Usui que o Universo inteiro e a Natureza estão em mudança a cada minuto. Então, mesmo que sonhemos o amanhã, as pessoas comuns, como nós, nunca serão capaz de alcançar o futuro. Também nunca conseguiremos voltar ao passado.

Esta reflexão é também muito importante. Você irá aprender a trabalhar com o passado e com o futuro, usando o terceiro símbolo, mas com isso não quer dizer que voltará ao passado ou saltará do presente para o futuro. Estará sempre vivendo no agora e será importante aprender o verdadeiro desapego. Lembre-se: «o som do mosteiro ecoa um som impermanente». Nada se mantém, tudo se transforma constantemente e quanto mais interior e profunda for sua prática, compreendendo os princípios e a realidade, mais estará pronto para trilhar a arte secreta de convidar a felicidade, vivendo a cada momento uma paz duradoura.

30. A filosofia de vida no Nível 2

Apesar de no segundo nível nos focarmos muito na aprendizagem dos símbolos e em sua aplicação para a autocura ou o tratamento a outros, você não deve esquecer do que é fundamental no Reiki: os seus princípios. O Mestre Usui não os criou por mero capricho ou para servirem como decoração. Estes princípios são o fundamento do Reiki e eles é que te auxiliarão a percorrer todo um caminho para a felicidade. Por isso, de manhã e à noite, com as mãos em *Gassho*, recite:

Só por hoje,
Sou calmo,
Confio,
Sou grato,
Trabalho honestamente,
Sou bondoso.

Para aperfeiçoar sua Arte Secreta de Convidar a Felicidade, precisa desenvolver a intimidade com todas as ferramentas deste nível. Necessitará de tempo para isso e uma percepção muito clara de que está em um outro patamar de desenvolvimento pessoal. Caminha para uma luz interior, que se funde com a luz que vem do Universo.

SER LUZ

Com o *Okuden* você tem uma conexão especial com a energia universal, tornasse cada vez mais num canal de Reiki, um canal de energia vital curativa. Tu também é parte dessa energia e dessa luz. Luz, em japonês, pode dizer-se *Hikari* e é representada pelo seguinte *kanji*:

Hikari, a luz, representa-se como um ser que se liga à energia universal, que a traz para a Terra e a envia de volta ao Universo. Repare no *kanji* sobreposto à pessoa. O traço central representa a cabeça, os traços esquerdo e direito, os braços e as mãos. Cada um dos traços de baixo representa uma das pernas. Um envia energia para a Terra; o outro, que tem a terminação virada para cima, representa a energia que volta a circular para o Universo. Assim somos nós, canais de Reiki. Recebemos a energia, a trazemos para a Terra e a partilhamos com o Universo.

Para este seu caminho de transformação, reflita no poema 11 do Imperador Meiji.

Se seu passado
É abastado
E sem problemas pessoais,
Suas obrigações humanas
São facilmente esquecidas.

Lembre-se de que são as dificuldades que podem lhe ajudar a compreender melhor o caminho para a felicidade, seu e o dos outros. Dê tempo ao tempo e permite-se crescer consolidado e por inteiro.

31. Os símbolos

«Use bem os símbolos. Use-os mais e mais, e se descobrirá num está-gio em que já não precisará deles. A mente humana consegue alcançar qualquer ponto do Universo imediatamente. Você precisa crescer, de maneira a não necessitar mais dos símbolos.» – Hiroshi Doi

Em todas as civilizações, desde que o ser humano começou a retratar suas experiências, temos símbolos, glifos que representam conceitos e ideias. Jung desenvolveu um profundo estudo sobre o consciente coletivo e você poderá encontrar um pouco mais de informação sobre isto no livro *O Homem e os Seus Símbolos*.

Neste nível você será introduzido ao conceito dos símbolos. Estes representam diferentes frequências, que lhe auxiliarão a trabalhar com a energia de uma forma mais direta para sua elevação da consciência, para seu autocuidado e o cuidado dos outros. Crê-se que, inicialmente, os símbolos serviam para a iluminação interior e que não eram tão usados para os tratamentos, mas hoje temos os símbolos tão presentes em tudo o que fazemos com o Reiki que sua utilização torna-se vasta e inumerável. Estes símbolos podem ser desenhados mentalmente ou então fisicamente, com sua mão dominante. Após o desenho do símbolo, ou até ao mesmo tempo que o faz, você deve entoar seu nome três vezes. Isto auxiliará a ativar a energia.

Não se esqueça de colocar sempre uma intenção no símbolo que desenhar, pois fará muita diferença.

Quando decidir usar os símbolos, se for para um fim terapêutico, medite sobre a importância de uma «verdadeira cura», ou seja, não apenas tirar as dores ou aliviar sintomas, mas fazer a cura da causa e até contribuir para o próprio crescimento espiritual, de consciência, da pessoa.

DESENHAR E ENTOAR

Desenhar ou visualizar

Os símbolos do Reiki podem ser desenhados ou visualizados. As duas aplicações devem ser praticadas. Se você só visualizar, verá que quando tentar desenhar vai sair um pouco estranho. Se só desenhar pode ser que perca algum aspecto criativo do símbolo. Quanto mais praticar e for criativo, mais a energia trabalha com você. Sempre desenhe bem o símbolo, já que é importante, pois tem um objetivo muito concreto. Se escrever mal uma palavra, será que ela mantém seu significado?

Se quiser, envie-me um e-mail e peça as folhas para desenho dos símbolos do Reiki. Quando já tiver intimidade com o símbolo poderá até deixar de desenhar, mas não se esqueça de treinar de vez em quando: é importante, pois mais tarde poderá precisar saber como desenhá-lo. Quando você desenhe com a mão, a energia do símbolo vem de seu chacra da mão. Pode até desenhar com o dedo, mas é no chacra da mão que está o símbolo e é daí que emana a energia.

Entoar o mantra *kotodama* ou *jumon*

Nos sistemas japoneses, como é o caso do ensino da Usui Reiki Ryoho Gakkai ou do Gendai Reiki de Hiroshi Doi, não se diz o nome dos símbolos: eles são sagrados, apenas se referem a eles como «símbolo 1», «símbolo 2», «símbolo 3». O nome, em japonês, é *kotodama*, palavra sagrada ou a alma da(s) palavra(s). No Budismo esotérico, também japonês, chama-se *jumon*, encantamento. O termo usado mais comum em Portugal (e não só) é mantra, que significa palavra sagrada em sânscrito, oriundo da Índia. No Reiki usam-se os mantra para ativar os símbolos. Este é um costume muito natural em várias práticas espirituais. Por exemplo, os cristãos têm o sinal da cruz e dizem «em nome do pai, do filho e do espírito santo»; os taoistas têm os seus símbolos e palavras de encantamento e por aí em diante. Portanto, um símbolo, para realmente funcionar, parte de três pressupostos: o praticante ser sintonizado; o desenho do símbolo; a entoação do mantra.

Meditar com os símbolos

Quanto mais contato tiver com os símbolos, melhor compreenderá sua energia e suas aplicações. Indico uma forma genérica para você meditar com qualquer símbolo de Reiki, podendo assim descobrir seu significado e como ele ressoa em você.

Meditação simples

1. Ligue-se ao Reiki, leve sua atenção até ao *Tanden* e pratique o *Joshin Kokyu Ho*;
2. Ao inspirar, visualize o símbolo;
3. Imagine que entra pelo Chacra da Coroa e que fica vibrando em todo seu corpo;
4. Dedique-se apenas a sentir a energia;
5. Quando terminar, agradeça.

Meditação completa

Esta meditação vai permitir-lhe perceber como o símbolo vibra em você, em diferentes partes. Aconselho que você faça esta técnica com a devida preparação e tempo. Não é necessário fazer todos os passos de uma só vez. Pode observar que a técnica implica em sentir o símbolo no topo da cabeça; à frente e atrás; em cada chacra. Você pode optar em executar apenas uma parte de cada meditação. Esta meditação é apropriada para cada símbolo, mas faça um por dia.

1. Ligue-se à energia e recite os Cinco Princípios;
2. Sinta como está;
3. Visualize seu Chacra da Coroa e imagine o símbolo com que pretende meditar por cima dele, recitando seu mantra três vezes. Sinta sua energia. Experimente agora colocar o símbolo como que tocando ligeiramente no Chacra da Coroa. Como se sente?
4. Se quiser, deixe o símbolo desvanecer-se e passa à técnica seguinte;
5. Visualize o símbolo à sua frente, bem grande, dizendo seu mantra três vezes. Sinta sua vibração. Passado algum tempo, imagina que ele se aproxima mais de você. Sinta sua vibração. Quando quiser, desfaz o símbolo em sua aura;

6. Repita o mesmo em suas costas. Se sentir alguma pressão, inspire Reiki e, ao expirar, deixe que a energia mais densa, ou o que lhe incomoda, saia de você;

7. Prepare-se para colocar o símbolo em cada chacra. Antes disso, sinta como está e tente perceber se deve ou não avançar. Se sim, siga para os passos seguintes;

8. Comece pelo Chacra da Raiz. Sinta como está o chacra, limpe--o, esvazie toda a energia e depois, ao inspirar, coloque-o com sua cor correta. Quando inspirar novamente, visualize o símbolo dentro do chacra (um pouco menor que ele) e depois diga seu mantra três vezes. Ao expirar, imagine que a energia do símbolo preenche todo o chacra. Sinta como está;

9. Faça o mesmo para cada um dos chacras, até chegar à coroa;

10. Quando terminar, sinta como está, se enraíza e, se necessário, faça o banho seco.

POTÊNCIA E LIGAÇÃO: O PRIMEIRO SÍMBOLO

O *Chokurei* é o primeiro símbolo do Reiki e serve para a ativação e potenciação da energia. Em japonês escreve-se 勅令 e representa um édito imperial, ou seja, um decreto do próprio imperador. Com o *Chokurei* você pode potencializar e intensificar a energia que aplicar. Pode, ainda, usá--lo para se ligar à energia Reiki. Para isto, basta que o desenhe na mão, diga o mantra três vezes e sinta o símbolo no chacra. É por esta razão que lhe chamam o *Chokurei* de "interruptor". Alguns sistemas de Reiki e certos mestres ensinam este símbolo logo no primeiro nível.

Cho = Conecta, liga; *Ku* = Poder, energia; *Rei* = Espírito, Universo.

Kotodama, Jumon ou mantra — ativar o símbolo

Ao desenhar ou visualizar o símbolo, diga seu mantra três vezes. Pode ser ao mesmo tempo que o desenhe ou depois de o fazer.

Chokurei, Chokurei, Chokurei.

O traço reto simboliza o Universo, o céu, o espiritual, o que está acima. O traço vertical simboliza a descida, a vinda. A espiral simboliza o movimento da energia e sua passagem pelos chacras.

COMO DESENHAR O *CHOKUREI*

Após desenhar ou visualizar o símbolo, diga seu mantra três vezes – *Chokurei, Chokurei, Chokurei.*

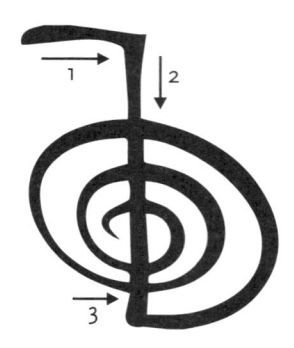

DUAS FORMAS DE DESENHAR E UTILIZAR O SÍMBOLO

O *Chokurei* é o símbolo que usamos para intensificar ou mesmo ligar à energia Reiki. Ele representa a energia que vem do Universo, pelo nosso canal central energético, alinhando e intensificando com energia os nossos chacras. A representação habitual deste símbolo é a figura da esquerda, que inicia o traço horizontal da esquerda para a direita e leva a fazer a espiral em sentido anti-horário (*Chokurei* 1).

Crê-se que na década de 1980 surgiu o *Chokurei* com outra orientação, iniciando o traço horizontal da direita para a esquerda e fazendo a espiral no sentido horário (*Chokurei* 2). Do símbolo representado à esquerda disseram que serve para dispersar e retirar, do símbolo representado à direita disseram que serve para aumentar e intensificar. Novamente a grande confusão no Reiki e uma tentativa de ver quem faz mais ou melhor.

O símbolo original é o que está representado à esquerda, que inicia o traço horizontal à sua esquerda e segue para a direita. Este é o *Chokurei*, o símbolo para ligar à energia Reiki e para intensificar essa energia. Posso dizer isto porque vi o símbolo que foi transmitido a Dave King por Tatsumi, aluno de Hayashi. Claro que o símbolo irá atuar conforme for sua intenção. Por exemplo, eu posso sentir que devo usar o símbolo da direita (*Chokurei* 2) num receptor que tenha um chacra que roda muito lentamente e esta sofrendo de algo como uma «depressão». No entanto, ao aplicar-se o símbolo não se tem o sentido de intensificar a energia, mas de harmonizar com suavidade o chacra, fazendo-o voltar a trabalhar normalmente.

No Reiki não usamos cor mas, se quiser, pode visualizar o símbolo com alguma cor brilhante, como por exemplo dourado, violeta, branco etc., o que sentir mais adequado.

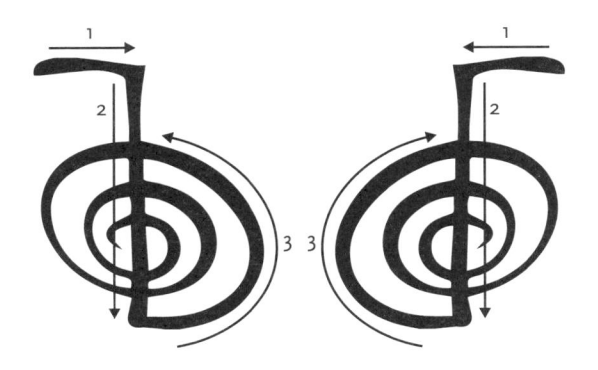

APLICAÇÕES PRÁTICAS DO *CHOKUREI*

Enraizamento

Visualize o símbolo na planta dos pés e imagina que ele te agarra à Terra, que leva suas raízes ficarem mais presas à Terra. Pode fazer isso em outra pessoa também.

Você pode enraizar seu carro desenhando um grande *Chokurei* debaixo dele, criando uma raiz muito forte até o centro da Terra. Imagina a energia vermelha vir da Terra até prender no carro. Desenhe também um *Chokurei* em cada lado do carro – à frente, atrás, à direita, à esquerda, em cima e em baixo. Isso irá aumentar a proteção dele.

POTENCIAR E LIMPAR

Use o *Chokurei* para potencializar e fortalecer todos seus corpos; para isso faça uma técnica que se chama «empilhamento». Desenhe o símbolo descendo pelo Chacra da Coroa até os pés, empilhando símbolos dos pés até à cabeça, até todo o corpo estar cheio de *Chokurei*.

Antes de sentar numa cadeira, pode desenhar ou visualizar o *Chokurei* no lugar, como se ele limpasse esse espaço.

POTENCIAR E LIMPAR ALIMENTOS E MEDICAMENTOS

Use-o nos alimentos e na água, pois aumenta a qualidade energética do alimento; para isso, basta apenas desenhar ou visualizar o símbolo, dizendo seu mantra três vezes.

Aplique o *Chokurei* em medicamentos, pedindo à energia para ajudar a reduzir os efeitos secundários e a potenciar o processo de cura.

PENSAMENTOS NEGATIVOS

Pode conjugar o *Chokurei* com o *Nentatsu*. Desenhe o símbolo com a intenção de mudar o padrão de energia de um pensamento e hábito em você. Depois, efetue a técnica *Nentatsu*.

TRATAMENTO COM *CHOKUREI*

Pode usar o primeiro símbolo como forma de potencializar a energia do tratamento, trazendo mais Reiki para as posições em que o usar. Coloque o símbolo na palma da mão antes de iniciar um autotratamento ou tratamento a alguém e depois reforça em cada posição, se assim o sentir. Este reforço pode ser feito através da visualização e quantas vezes quiser.

POTENCIAR OS CHACRAS

Pode potencializar a energia dos chacras ao colocar um *Chokurei* em cada um, começando do Chacra da Raiz para o da Coroa, por exemplo. Se quiser, visualize também a cor de cada chacra, que assim ajudará a que ele esteja na frequência correta.

PROTEÇÃO

Pode fazer as seguintes técnicas para proteger e potenciar sua aura e os chacras. Técnica simples:

- Ligue-se à energia e sinta-a fluir para você;
- Desenhe o *Chokurei* numa mão e deixa-o intensificar a energia;
- Visualize um *Chokurei* à frente, atrás, à direita, à esquerda, em cima, em baixo, em sua aura;
- Sinta como toda sua aura está protegida com o *Chokurei* e agradeça;
- Se se sentir demasiadamente «sufocado», ou com uma sensação de claustrofobia, então visualize os símbolos um pouco mais afastados de si;
- Técnica aplicada aos chacras;
- Ligue-se ao Reiki;
- Desenhe o *Chokurei* numa mão, para intensificar a energia;
- Visualize um *Chokurei* à frente de cada um dos chacras, começando pelo da Raiz para o da Coroa;
- Termine com um grande *Chokurei* à sua frente;
- Agradeça.

HARMONIA E PURIFICAÇÃO: O SEGUNDO SÍMBOLO

Seiheki 性癖 representa os atributos emocionais e intelectuais que formam uma pessoa e pode ser traduzido diretamente como Calma Espiritual. Lembre-se do conceito japonês de *kokoro* – mente e coração estão unidos e não dissociados como no Ocidente. O *Seiheki* surge como um símbolo que trabalha os aspectos mentais e emocionais, promovendo a harmonia e a purificação. Outras traduções deste símbolo são: «Chave do Universo», «Homem e Deus fazem-se uno». Não sabemos de onde vêm, mas possivelmente são originárias do sistema do Reiki essencial mas, quando pensar no *Seiheki*, pense em harmonia – estará harmonizando a pessoa ou a situação com Reiki.

A origem do símbolo advém de uma palavra-semente (*bija*) que representa um determinado aspecto de Buda; neste caso, essa palavra-semente é *Hrih*, que em japonês é traduzido para *Kiriku*. Representa Senju Kanzeon Bosatsu, o Buda da compaixão, mais conhecido entre nós como Kuan Yin, o *bodisatva* (ser elevado) da compaixão e o Buda Amida, que representa o Buda da luz infinita e da vida. Este Buda representa a paz da mente (e coração), o que faz algum sentido na representação deste símbolo. Os budistas recitam o mantra de Amida para alcançarem a paz de espírito – Namu Amida Butsu.

Este segundo símbolo do Reiki atua no corpo emocional e no subconsciente, além de equilibrar nossos dois hemisférios, racional/lógico e criativo. Com estas propriedades, o *Seiheki* também ajuda a mudar os maus hábitos, os vícios e as compulsões, além de ajudar na limpeza (de espaços, das pessoas) e na comunicação entre duas pessoas ou entre uma pessoa e a energia.

Como o *Chokurei*, também o *Seiheki* tem um *kotodama*. No Japão é chamado símbolo 2 e sua palavra sagrada, *Seiheki*, é apenas proferida na utilização prática do símbolo. Para ativar o símbolo, deve dizer três vezes seu mantra: *Seiheki, Seiheki, Seiheki*.

Utilização do *Seiheki*
De uma forma muito sistematizada, o *Seiheki* pode ser usado para:
1. Elevar a consciência;
2. Harmonizar os planos mental, emocional e espiritual;
3. Desbloquear emoções e harmonizar o emocional;
4. Ceder ao inconsciente;
5. Comunicar à distância;
6. Limpar espaços e energia.

MITOS SOBRE O *SEIHEKI*

Dizia-se que o *Seiheki* não podia ser usado sozinho, que era muito forte. O melhor conselho, se houver este tipo de consideração, é experimentar. Não coloque intenções negativas ou medos em sua prática. Com respeito, nada é prejudicial. No entanto, se sentir que a energia precisa de outros símbolos para se conjugar, pode usar o *Chokurei*, pois é como se unisse a Terra (*Chokurei*) e o Céu (*Seiheki*), harmoniosamente.

COMO DESENHAR O *SEIHEKI*

Após desenhar o símbolo, repita seu mantra três vezes: *Seiheki, Seiheki, Seiheki*.

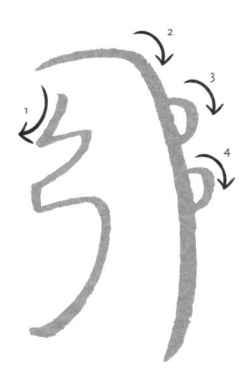

UTILIZAÇÃO DO *SEIHEKI*

MEDOS E TRAUMAS

Use também o *Seiheki* em seu autotratamento, para situações em que tenha um sentido de medo ou traumas. Pode usar até afirmações como «Que o *Seiheki* me traga harmonia a este medo... trauma..., para meu bem supremo e com serenidade».

PURIFICAÇÃO

1. Ligue-se à energia;
2. Desenhe o *Seiheki* numa mão, dizendo seu mantra três vezes;
3. Desenhe ou o visualize na Terceira Visão, juntamente com o *Chokurei*;

4. Depois aplique a técnica *Hesso Chiryo* ou então o *Gedoku Chiryo Ho*;
5. Agradeça.

EMPILHAMENTO PARA PURIFICAÇÃO

Assim como fez com o *Chokurei*, também pode usar um empilhamento de *Seiheki*, para sua purificação.

1. Ligue-se ao Reiki;
2. Desenhe o *Seiheki* numa mão, com a intenção de purificar-se, com serenidade;
3. Vai visualizando *Seiheki* sendo empilhado dentro de seu corpo, dizendo seu mantra três vezes, em cada um;
4. Verifique como se sente e, se necessário, faça o enraizamento;
5. Agradeça.

LIMPAR E PURIFICAR ESPAÇOS

Pode limpar os cômodos de sua casa ou de qualquer espaço com os símbolos do segundo nível de Reiki. Se estiver em sua casa, ou em seu espaço, use esta técnica:

1. Ligue-se à energia;
2. Enraíze-se;
3. Desenhe o *Seiheki* e o *Chokurei* na mão, dizendo seus mantras três vezes;
4. Coloque-se mais ou menos no centro da sala;
5. Desenhe o *Seiheki* em todos os cantos da sala, nas portas e nas janelas, com a intenção de purificar e harmonizar;
6. No centro da sala desenhe um grande *Chokurei*, com a intenção de levar toda a energia negativa para a Terra e purificar o espaço;
7. Agradeça.

Há quem ensine a fazer todos os passos apenas com o *Chokurei*, o que também está correto. Caso o espaço esteja com muita energia densa, ou então se estiver em um espaço que não é seu, repita os mesmos passos, mas ao invés de usar uma mão para empurrar o símbolo, use um pauzinho de incenso aceso.

Limpeza da aura

Pode limpar sua aura ou a de outra pessoa usando o *Seiheki*. Vou dar-lhe um exemplo para a limpeza de outra pessoa:

1) Ligue-se à energia, desenhe o *Seiheki* e sinta o símbolo vibrando nas mãos;

2) Comece por um dos lados do corpo e varra a aura da pessoa, desde o topo da cabeça até aos pés, a uns 20/50 cm do corpo dela, como sentir melhor. Coloque a intenção do símbolo limpando a aura;

3) Continue a sentir o símbolo e passe para as costas, fazendo o mesmo;

4) Passe para o outro lado da pessoa e deixe a energia limpar sua aura desse lado;

5) Termine na parte da frente, varrendo sua aura e no final agradeça;

6) Pergunte à pessoa como se sente.

O MENTAL E A DISTÂNCIA – O TERCEIRO SÍMBOLO

Honshazeshonen é o terceiro símbolo de Reiki, aprendido no *Okuden* de nível 2. Tipicamente, considerava-se este símbolo como o símbolo da distância, mas seu uso vai muito além disso. Não sabemos porque o Mestre Usui escolheu uma combinação de *Kanji* para criar o *Hon Sha Ze Sho Nen* 本者是正念 como símbolo para a distância e tratamento mental. No entanto, ao contrário da caligrafia ocidental, a chinesa/japonesa é uma escrita inspirada pelo Céu, pelos *Kami*, logo é sagrada. Quando vemos um mestre calígrafo em sua arte, ele eleva o pincel primeiro ao Céu, como que a trazer a energia de um *Kami* para seu trabalho. Também ele deve estar cheio de *ki* e em equilíbrio, pois a energia irá refletir-se em sua arte... uma lição interessante para um praticante de Reiki. Este símbolo é também a representação da mente vazia.

Significado de Hon Sha Ze Sho Nen

Ao longo do tempo, fomos tendo várias interpretações deste conjunto de *kanji*, desde «sem passado, sem presente, sem futuro» até uma interpretação mais correta e contemporânea que diz «Pensamento correto é a essência do ser», ou ainda «Esta (*Hon*) pessoa (*Sha*) justamente (*Ze*) corrige/ajusta (*Sho*) pensamentos/sentimentos (*Nen*)».

LEITURA DOS *KANJI*

No Japão, os *kanji* têm duas formas de pronunciação. «*On yomi*», leitura chinesa, e «*kun yomi*», em leitura japonesa. Por exemplo, «Este» tem o *kanji* 東, que em *on yomi* se lê *tō* mas em japonês *kun yomi* lê-se *higashi*.

Significado	*kun yomi*	*on yomi*	*kanji*
Raiz, origem, essência, base, verdadeiro, real, livro	*moto, mato*	Hon	本
Alguém, pessoa	*Mono*	*Sha*	者
Isto, justamente, próprio	*kore*	*shi, Ze*	是
Correto, justo, certo, exato	*Tada.shii, tada.su, masa, oo, kuni, ma, tadashi masashi*	*Sei, Shô*	正
Atenção plena, desejo, sentido, ideia, pensamento, sentimento, desejo, atenção		Nen	念

A APLICAÇÃO DO HONSHAZESHONEN

Como é chamado nas correntes mais tradicionais japonesas, o terceiro símbolo serve para iniciarmos o envio do Reiki à distância mas, observando a sua tradução, percebemos que ele contém muito mais – atitude correta, mudança de pensamento, atenção plena, conexão, unidade. Melhor do que qualquer descrição é a prática do símbolo. Dedique-o na transformação de sua personalidade, no desenvolvimento da cura mental e em sua prática terapêutica à distância. Segundo Hiroshi Doi, este é um dos mais poderosos símbolos do Reiki e, se meditar com ele, irá perceber o porquê.

COMO DESENHAR O *HONSHAZESHONEN*

TRATAMENTOS COM O *HONSHAZESHONEN*

DORES NAS COSTAS

1. Ligue-se ao Reiki;
2. Visualize o símbolo em suas costas (ou desenha-o nas costas de outra pessoa), com a intenção de ajudar a aliviar as dores nas costas;
3. Imagine a energia dessa dor se dissipando e o terceiro símbolo harmonizando a pessoa, na causa de suas dores;
4. Agradeça.

PARA DORMIR

Coloque a intenção no símbolo, para que possa dormir bem.

1. Ligue-se ao Reiki;
2. Desenhe o *Honshazeshonen* em sua mão;

3. Desenhe o símbolo, bem grande, em seu colchão, com a intenção que já definiu;
4. Visualize e espalhe a energia do símbolo na cama, como se criasse um colchão de energia (verde, por exemplo), com mais ou menos 10 cm de altura;
5. Experimente deitar-se e sentir essa energia tranquilizadora para seu sono;
6. Agradeça.

TRATAMENTO À DISTÂNCIA

O terceiro símbolo é essencial para o tratamento à distância. Estes tratamentos podem ser feitos para si, para os outros ou para as situações. No capítulo sobre técnicas de Reiki, no final deste livro, você encontrará descrições muito pormenorizadas sobre como fazê-lo.

Coloque sempre a intenção em seu tratamento, que seja para o bem supremo e com serenidade. Peça autorização aos outros, caso não o consiga fazer pessoalmente, e peça permissão a seu Eu Superior.

Para iniciar um tratamento de Reiki à distância, ligue-se à energia e visualize ou desenhe os três símbolos na seguinte ordem:

1) *Honshazeshonen.*
2) *Seiheki.*
3) *Chokurei.*

Deixe o Reiki fluir para a situação que está tratando; se quiser, visualize também os símbolos, caso seja necessário. Quando quiser terminar, volte a desenhar os símbolos na seguinte ordem:

1) *Honshazeshonen.*
2) *Seiheki.*
3) *Chokurei.*

SÍNTESE DOS SÍMBOLOS

PRIMEIRO SÍMBOLO — *CHOKUREI*
- Ligação ao Reiki;
- Intensificador da energia;
- Enraizamento;
- Protege a aura.

SEGUNDO SÍMBOLO — *SEIHEKI*
- Purificação;
- Harmonização;
- Usado para as questões emocionais.

TERCEIRO SÍMBOLO — *HONSHAZESHONEN*
- Estabelece a ponte, é um portal;
- Deve ser sempre usado para tratamentos à distância;
- Trata os processos mentais, transforma as atitudes;
- Trata o passado.

32. Tratamentos de Reiki

AUTOTRATAMENTO DE NÍVEL 2

O autotratamento implica sempre seguirmos os Três Pilares do Reiki:

> *Gassho, Reiji-Ho, Chiryo* — ligação à fonte; intenção, avaliação e agradecimento; tratamento.

APLICAÇÃO DE SÍMBOLOS NO AUTOTRATAMENTO DE REIKI

AUTOTRATAMENTO SIMPLES

A energia dos símbolos é desenhada no início do autotratamento e flui sempre que necessária.

- *Gassho.*
- Desenhar os três símbolos, do terceiro para o primeiro.
- *Reiji-Ho.*
- *Chiryo* – autotratamento, todas as posições.

AUTOTRATAMENTO SIMPLES:
UM SÍMBOLO POR AUTOTRATAMENTO DE REIKI

Vamos apenas escolher um símbolo por dia. Esta é uma experiência útil para as pessoas que o Nível 2 possa estar intenso.

No primeiro dia, o primeiro símbolo; no segundo dia, o segundo símbolo; no terceiro dia, o terceiro símbolo.

Se preferir, pode fazer antes séries de dois, três ou cinco dias para cada símbolo. Também irá lhe ajudar a compreender melhor o efeito de cada símbolo em cada posição ou autotratamento. Nesta experiência, você pode desenhar o símbolo só uma vez, no início, ou desenhar no início e depois repeti-lo em cada posição.

- *Gassho.*
- Desenhar o símbolo que vai ser trabalhado nesse dia.
- *Reiji-Ho.*
- *Chiryo* – autotratamento, todas as posições.
- (Opcional) visualizar o símbolo em cada posição.

Autotratamento centrado em cada posição

A energia dos símbolos é desenhada no início do autotratamento e em cada posição, mentalizando e dizendo o mantra três vezes.

- *Gassho.*
- Desenhar os três símbolos, do terceiro para o primeiro.
- *Reiji-Ho.*
- *Chiryo* – autotratamento. Em cada posição, visualize os três símbolos, do terceiro para o primeiro, dizendo seu mantra. Pode imaginar como se estivesse desenhando na palma de sua mão e, depois, na região onde está fazendo o tratamento – simplifica.

Com o Nível 2 do Reiki, o *Okuden*, trabalhamos a transformação emocional e mental. É um processo de elevação da consciência e de transformação de nossa energia pessoal. É o nível mais exigente, pela quantidade de ferramentas e possibilidades de trabalho que nos proporciona. Deve ser encarado com seriedade e respeito, aplicado com discernimento e muito amor incondicional.

POSIÇÕES DE AUTOTRATAMENTO DE NÍVEL 2

TRATAMENTO EM OUTRAS PESSOAS COM O NÍVEL 2

Antes do tratamento a outras pessoas, você pode colocar os símbolos do Nível 2 nas palmas das mãos para os ativar. Desenhe do último para o primeiro e sempre diga o mantra (*kotodama*) para ativá-los. Desenhe o símbolo, ou os símbolos, sempre que achar necessário. A prática do Reiki não é mecânica, você deve perceber o que a energia lhe pede.

Se no Nível 1 você já começou a praticar Reiki em seus familiares e/ /ou amigos mais próximos, então é muito natural que comece a sentir vontade de cuidar de outras pessoas que não são tão próximas.

Será que com o Nível 2 você já será um terapeuta de Reiki?

O *Okuden* trará um profundo desenvolvimento pessoal, isto assumindo que você se compromete com a prática e a desenvolve ao longo do tempo. Se sua prática constante de um ano, a outras pessoas, lhe dá experiência necessária para que tenha uma aproximação profissional ao Reiki, talvez sim. Dependerá muito de você, acredite. Precisa, acima de tudo, se responsabilizar e não pensar no Reiki apenas como um meio para atingir um fim. Esta é uma prática energética e o que fazemos com a energia poderá sempre trazer um retorno imprevisto. Por experiência própria, somente após o Nível 3 é que iniciei um período de dois anos de consultas, gratuitamente, mas com a mesma qualidade profissional que teriam se fossem pagas. Essa experiência trouxe-me muitas perspectivas e fico contente comigo mesmo por ter tido a lucidez de saber esperar e praticar muito. É sempre uma opção pessoal, mas nunca se esqueça da responsabilidade no atendimento a outras pessoas e do fato de estar representando o Reiki. Quem se consultar com você não saberá se terminou o Nível 2 no dia anterior ou há um ano.

Seguindo a perspectiva do Mestre Usui e Hayashi, considero que a partir do Nível 2, com bastante experiência, o praticante pode tornar--se terapeuta. Vamos lembrar que antigamente a prática era bastante mais rigorosa do que é hoje. A passagem para o Nível 3 era reservada para poucos.

O PROTOCOLO DE APLICAÇÃO

Todos sabem que a prática do Reiki é simples, mas isso não faz da terapia algo simplista ou comum. A aplicação do Reiki nos outros requer de nós um determinado protocolo, que pode variar bastante de praticante para praticante mas que, no fundo, todos executam de alguma forma. Uns formalmente, outros informalmente. Uma sessão de Reiki envolve todo um processo terapêutico que se inicia mesmo antes do cliente estar presente. Para que o Reiki seja cada vez mais reconhecido como terapia, é também necessário que os terapeutas tenham uma postura isenta, rigorosa e concorde com os princípios de nossa prática. Ao realizar uma sessão de Reiki necessitamos ter uma perspectiva bem mais ampla do que o «simples» momento de colocar as mãos no receptor. Tudo começa com a própria preparação do espaço e do terapeuta, entre cada sessão.

PREPARAÇÃO DO ESPAÇO

Antes do início de uma sessão de Reiki, você deve verificar as condições de seu espaço:

- Limpeza física;
- Limpeza energética;
- Aspecto;
- Conforto e acolhimento.

Estes pontos ajudam a criar um espaço próprio para a terapia que será realizada. Não devemos esquecer que o Reiki, enquanto terapia, tem uma vertente holística e é baseada nos conceitos de energia; como tal, tudo deve ter um cuidado redobrado para que a pessoa encontre um local limpo e harmonioso para seu tratamento.

PREPARAÇÃO DO TERAPEUTA

Antes da primeira sessão e entre cada sessão de Reiki, deve preparar-se cuidadosamente; para isso, necessita de tempo e pode verificar as seguintes sugestões:

- Sinta como está e, se não se achar em condições para realizar uma consulta, desmarque. Eticamente é obrigatório este respeito com você e com os outros;
- Hidrate-se;
- Efetue sua limpeza física;
- Execute a limpeza energética (por exemplo, enraizamento, banho seco, chuva de Reiki);
- Sinta como está e, acima de tudo, verifique se adota uma atitude objetiva, desapegada, com mente limpa e coração predisposto.

A entrevista

Nesta fase de todo o encontro terapêutico você captará as informações relevantes sobre a pessoa. A ficha de paciente é importante, pois ajuda a manter um histórico da pessoa e, principalmente, a compreender o motivo da procura do Reiki e quais os objetivos a atingir, que poderão ser validados no final da sessão.

A sessão

Antes de iniciar a aplicação de Reiki, cumpra os seguintes pontos:

- Explique à pessoa o que poderá acontecer na sessão de Reiki;
- Explique e exemplifique onde irá lhe tocar ou mesmo colocar as mãos, sem toque, pois dará mais confiança e tranquilidade. Indique também que poderá fazer outras posições, conforme sinta a energia, mas nunca tocará em partes íntimas;
- Não é necessário retirar a roupa (totalmente fora de questão); eventualmente, poderá retirar um cinto ou alguns acessórios que apertem o corpo. Coloque tudo num local onde a pessoa não se esqueça deles;
- Peça para a pessoa auxiliar neste processo terapêutico, libertando-se de seus pesos, permitindo que algo de bom entre nela (na verdade, é auxiliar em seu próprio processo de transformação);
- Alguns terapeutas realizam a sessão ao longo de várias posições na frente e de costas, seguindo um protocolo de posições-base indicadas pelos primeiros mestres deste método de cura natural – Usui, Hayashi, Takata. No entanto, tais posições poderão não ser as mais eficientes ou as que realmente servirão para o tratamento. Seguir estas posições-base indica o tratamento da cabeça, principais centros energéticos, articulações e órgãos vitais. O Reiki não é uma medicina, por isso nosso enfoque nunca é uma questão médica, mas sim energética.

Numa sessão de Reiki usa-se unicamente uma maca como material de suporte e eventualmente almofadas, ou cobertores, para auxiliar no conforto da pessoa. Alguns terapeutas optam por usar acessórios como cristais ou pêndulos, mas estes não fazem parte do método de cura natural Reiki, são complementos para um processo terapêutico. A pessoa deve ser esclarecida sobre o uso destes acessórios.

O tempo de uma sessão é muito variável. Desde 20 minutos até 1h30, dependendo de todo o processo, de como a pessoa está e do próprio protocolo intrínseco do terapeuta.

O FECHAMENTO DA SESSÃO

O fechamento da sessão é completado com uma conversa, onde é verificado o cumprimento dos objetivos da sessão e a forma geral que a pessoa está. Podem ser usadas escalas de avaliação, realizadas logo na entrevista com o valor inicial e no fecho com o valor final. É sempre sábio sugerir a hidratação, pois a passagem de energia desidrata um pouco; tal pode constatar-se visivelmente pelos lábios secos e, em alguns casos, na pele. O mesmo é sugerido ao terapeuta. Os conselhos que você possa dar serão fruto de sua experiência e poderão auxiliar no percurso terapêutico da pessoa. Atenção a situações como «promessas de cura», que são totalmente proibidas. Pense sempre neste aspecto e o cultive com a pessoa. Tem que haver uma responsabilização em seu próprio processo de cura. O Reiki não é apenas para alívio da dor, pode auxiliar no processo terapêutico que leva à harmonização de todo o sistema pessoal de saúde.

A marcação de sessões posteriores poderá ficar ao critério da pessoa e da sugestão que o terapeuta sentir de todo o processo. No Reiki não existe tal coisa como marcar cinco, dez, vinte ou cem sessões, que levarão a um determinado resultado. As sessões poderão ser ou não cobradas pelo terapeuta, mas isto deve ser combinado no início da sessão.

APLICAR O REIKI NOS OUTROS

O tratamento do Reiki a outras pessoas, no segundo nível, pode seguir um método diferente daquele que é usado no primeiro. Desde logo, Você tem mais ferramentas a seu dispor – os Cinco Princípios; depois, outras técnicas podem ajudar a resolver algumas questões, doenças e/ou desarmonias. É importante que tenha sempre em mente alguns pressupostos, além da ética que já aprendeu no Nível 1:

- O Reiki, enquanto terapia, é integrativo e complementar, mas não substitui qualquer medicina ou terapia;

- Antes de querer conhecer os outros, precisa se conhecer. Verá que faz sentido;
- Compreenda o amor incondicional, a doação, o bem supremo e a serenidade num tratamento;
- Não crie qualquer situação de dependência, promova o bem-estar da pessoa e a sua independência;
- Leve a harmonia a todos. Se pensa em cobrar, lembre-se de doar; se pensa só em doar, lembre-se do que quer em troca, para que não se descompense;
- Trate-se.

GUIA VISUAL PARA O TRATAMENTO A OUTROS

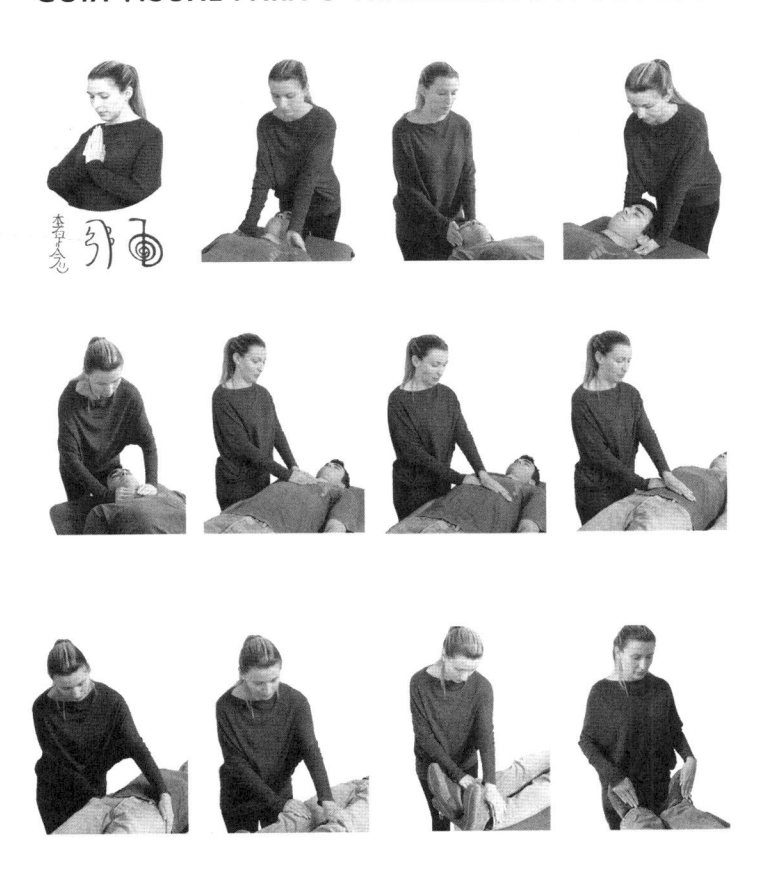

Quando terminar a parte da frente, poderá passar para as costas (veja o guia de Nível 1), se assim sentir, e depois faça o alinhamento dos chacras. Não se esqueça de sempre efetuar sua limpeza no final.

Fazer um tratamento de Reiki em outras pessoas com o segundo nível é trabalhar nas dimensões emocionais e mentais da pessoa, além de também poder sentir mais sobre as situações do passado que possam estar espelhadas na aura da pessoa. Sobre este tema, não há de mais, nem de metafísico ou de extraordinário. Pense em sua aura como um acumulador de experiências, pensamentos e emoções. Se está atento à aura, ela pode comunicar essas situações, que podem ser importantes para o tratamento. Se isto acontecer, deixe a energia fluir. O tratamento de Nível 2 a outras pessoas pode ser feito da seguinte forma:

1. Antes de tudo, limpe seu espaço e prepare-se, fazendo autotratamento, enraizamento, banho seco e chuva de Reiki;
2. Sinta como está;
3. Fale com seu receptor, preenchendo a ficha de paciente (mesmo que seja um amigo seu). Coloque os objetivos da sessão e tente perceber se a pessoa tem dores. Se tiver, aponte o valor numa escala de dor;
4. Diga à pessoa onde irá colocar as mãos e verifique se está confortável; combine de que forma lhe indicará para ela se voltar de barriga para baixo, caso queira tratar as costas;
5. Enraíze-se e ligue-se à energia. Desenhe os símbolos e coloque a intenção para o tratamento;
6. Se quiser, limpe sua aura, passando as mãos por cima do corpo, da cabeça aos pés;
7. Inicie o tratamento, por exemplo, pelos ombros, deixando fluir Reiki para todo o corpo;
8. Depois passe para as posições da cabeça e siga por todas as outras;
9. Se necessário, faça nas costas;
10. Sempre que sentir ser importante coloque símbolos, com intenção;
11. No final, faça a harmonização dos chacras;
12. Agradeça;

13. Sinta como está;
14. Indique à pessoa que vá despertando, mas que fique deitada enquanto vai buscar água. Aproveite para fazer seu banho seco;
15. Fale com o receptor sobre o que sentiu e como está; avalie novamente a escala de dor.

Depois, não se esqueça de verificar como está e, se for necessário, faça o autotratamento. Desapegue-se da pessoa e seja sempre objetivo.

Exemplo de um tratamento de Reiki

Partilho com você mais dois tipos de tratamento que são diferentes dos que costumo aplicar, mas que lhe poderão ajudar a ter outras perspectivas sobre a prática e até ajudar-lhe a criar suas próprias técnicas. Observe como as técnicas de limpeza são diferentes, assim como a aplicação dos símbolos.

1. Limpe o espaço, colocando cones de luz com os três símbolos em cada canto do espaço e um ao centro;
2. Remova a energia mais densa que se encontra na aura da pessoa, começando na cabeça e indo até os pés, rapidamente. Se necessário, passe três vezes;
3. Desenhe em suas mãos os três símbolos e depois os desenhe sobre a pessoa;
4. Se quiser, aplique os símbolos da seguinte forma em cada parte do corpo:
   - **Cabeça e garganta** – *Honshazeshonen, Seiheki* e *Chokurei*;
   - **Cardíaco e Plexo Solar** – aplique o *Seiheki* e o *Chokurei*;
   - **Esplênico e Raiz** – *Chokurei*.
5. Ao passar para as costas, volte a fazer a limpeza da aura da pessoa;
6. Aplique apenas o *Chokurei* na primeira passagem, pois é uma zona onde pode haver muita tensão energética;
7. Aplique Reiki em cada uma das posições das costas (iguais às da frente);
8. Quando terminar, faça a harmonização dos chacras;
9. Agradeça;
10. Sinta como está.

Segundo exemplo:

1. Faça a limpeza do espaço com o *Chokurei* em cada canto, paredes, teto e no chão, e depois faça um grande no centro da sala;
2. Faça uma meditação durante algum tempo, para sentir como está e trazer paz à mente;
3. Enraíze-se;
4. Peça à pessoa que deixe a energia fluir dentro dela e, se quiser, que se concentre na questão que quer resolver;
5. Desenhe um grande *Chokurei* em cima do corpo, preenchendo os sete chacras e dizendo seu mantra três vezes;
6. Inicie o tratamento colocando um *Chokurei* no Chacra Cardíaco, repita seu mantra e deixe lá as mãos durante algum tempo (atenção, não tocar no peito de senhoras);
7. Coloque os três símbolos no Chacra da Coroa, dizendo seus mantras;
8. Faça todas as posições e, se quiser, repita o *Chokurei* em cada chacra;
9. Termine com a harmonização dos chacras e depois coloque o *Chokurei* no Chacra Cardíaco, que é o último;
10. Agradeça;
11. Fale com a pessoa.

No final de qualquer tratamento sinta como está, verifique se precisas de fazer enraizamento, banho seco, chuva de Reiki ou *Joshin Kokyu Ho*. Poderá até ter de fazer autotratamento. Não se esqueça de limpar o espaço antes da próxima sessão.

O USO DOS SÍMBOLOS
NUM TRATAMENTO DE NÍVEL 2

Indico-lhe mais algumas técnicas que pode usar para fazer um tratamento com os símbolos. Por favor, não encare isto como algo absolutamente infalível ou como sendo a técnica certa. São apenas exemplos, experimente fazer. Se for colocar símbolos nos chacras, tente sempre colocá-los menores do que o próprio chacra, pois isso irá ajudar a não haver uma reação mais intensa à energia.

SEIHEKI PARA A HARMONIA

1. Coloque a mão não dominante sobre a cabeça do receptor e com a mão dominante desenhe o *Chokurei*, repetindo seu mantra três vezes;
2. Comece o tratamento na posição da cabeça;
3. Espere até sentir fluir a conexão com o Reiki;
4. Coloque as mãos na segunda posição da cabeça;
5. Coloque a mão não dominante na nuca e a outra na testa da pessoa;
6. Retire a mão dominante da testa e desenhe o *Sei He Ki* no Chacra da Coroa;
7. Desenhe o *Chokurei* uma vez, repetindo seu mantra três vezes, também no mesmo chacra;
8. Volte a colocar a mão na testa;
9. Peça para o *Seiheki* trazer harmonia para a pessoa e, se quiser, use afirmações positivas para a melhoria de seu comportamento. É ideal combinar estas afirmações com a pessoa.

HONSHAZESHONEN PARA A MENTE LIMPA

1. Coloque as mãos sobre o Chacra da Coroa;
2. Visualize o *Honshazeshonen* e depois o *Seiheki*, repetindo os mantras;
3. Coloque a intenção para a mente limpa e depois repita essa intenção três vezes;
4. Visualize agora o *Chokurei* e repita seu mantra três vezes;
5. Agora pode começar o tratamento.

CHOKUREI PARA POTENCIAR

1. Desenhe o *Chokurei* em sua mão e deixa-o ficar bem grande;
2. Em cada posição de tratamento, desenhe e visualize o símbolo nessa posição, bem grande, potencializando a energia do local.

A TROCA DE ENERGIA
ENTRE TERAPEUTA E PACIENTE

Uma das grandes vantagens do Reiki é ser unidirecional. Ele entra pelo Chacra da Coroa e sai pelas mãos. É uma energia universal e passiva. Passiva no sentido que o receptor apenas a recebe se quiser. Na maior parte das sessões de Reiki o terapeuta não sente em si os efeitos do trabalho energético, mas em algumas ocasiões isso pode acontecer.

Há praticantes e terapeutas de Reiki que geralmente não têm sensações sobre a energia da outra pessoa e há outros que são mais sensíveis e hipersensíveis a essas situações, o que poderá ser mais complicado para gerir seu bem-estar. Sentir a energia da pessoa é comum a todos, podem é estar mais ou menos atentos. A nossa aura interage com a de todas as outras pessoas, faz parte, pois é o nosso veículo de comunicação energético. Não só interage com as pessoas como também com a energia dos objetos. Se se sentir mal num centro comercial, aí está uma razão do excesso de «comunicação» da aura.

Numa sessão de Reiki você pode sentir o problema que a pessoa tiver. Isso não é errado (de todo), apenas deve ter atenção em reconhecer que essas sensações não são suas, mas da pessoa e, como tal, você deve desapegar-se delas, senão o problema pode manifestar-se em seus corpos físico, mental ou emocional.

A troca de energia pode ocorrer devido a uma série de razões:

- A energia da pessoa comunica com a nossa para que possamos ajudá-la;
- Podemos estar com a nossa aura mais débil;
- Podemos estar mais sensíveis às sensações.

Cuidados do terapeuta na troca de energia

Acima de tudo, o praticante de Reiki ou terapeuta deve manter-se firme nos Cinco Princípios e compreender à luz desses ensinamentos o que lhe poderá querer dizer esta troca de energia. Por isso, o terapeuta pode:

- **Só por hoje** – Manter-se no aqui e agora, enraizado e centrado, para que não vá atrás das sensações e perca a noção de si mesmo e da ligação à energia;
- **Sou calmo** – Serenidade perante a situação, não perder o controle nem a ligação à energia;
- **Confio** – Acreditar em suas capacidades e no Reiki;

- **Sou grato** – Agradecer por esta oportunidade de compreender seus limites e saber escutar as necessidades dos outros;
- **Trabalho honestamente** – Observar com verdade as próprias condições energéticas e reconhecer o que é seu e o que é do outro;
- **Sou bondoso** – Reiki é amor incondicional, sem medo; trabalhar com compaixão.

Como se limpar e se proteger da troca de energia

Como praticante de Reiki, deve ter sempre em atenção o seguinte:
- Manter a constante ligação à energia Reiki;
- Enraizamento;
- Desapego das sensações – objetividade.

Manter a constante ligação ao Reiki permite que a energia continue fluindo para a pessoa e lhe preencha, ajudando você num processo de proteção. O enraizamento ajuda a ficar centrado e a descarregar a energia excedente para a terra. O desapego é necessário para que essas sensações não lhe «invadam». Por vezes, uma simples frase como «já compreendi, irei tratar», é suficiente.

Casos de risco

Se a energia subir por seus braços, deve parar imediatamente. Apenas o Reiki deve fluir pelo canal e é de cima para baixo, não deve entrar energia da pessoa para dentro de seu canal. Se isto acontecer pare, sacuda os braços, ou o braço e a mão, e volte a se ligar à energia.

Limpeza

Para se limpar, pratique o enraizamento, o banho seco e a chuva de Reiki. Se achar necessário, faça o *Joshin Kokyu Ho*, pois irá revitalizar sua energia. Execute depois o autotratamento. Em caso de os sintomas dessa troca energética persistirem, você deve procurar o auxílio de outro terapeuta de Reiki, para uma limpeza mais profunda, ou seu próprio Mestre. A prática do Reiki é segura, a troca de energia é normal e ocorre com todas as pessoas, mesmo não praticantes. A diferença está na ação terapêutica que está sendo realizada.

A CRISE DE CURA NO PROCESSO TERAPÊUTICO

Você já observou que no Nível 1 pode haver aquilo a que se chama crise de cura, ou *koten hanno*. Faz parte de nosso equilíbrio natural, para que o corpo retome a harmonia após algum processo de transformação. Esta crise de cura tanto pode acontecer a um praticante, após a sintonização ou após autotratamento, como a um receptor da energia Reiki, após uma terapia. Com o Nível 2, você irá se aproximar mais do processo terapêutico com outras pessoas e, com isto, terá de compreender mais as reações do corpo e de que forma ele trabalha para seu equilíbrio, com o auxílio do Reiki.

Não se esqueça de que é mesmo muito importante trabalhar a cabeça, pois muitas doenças são psicossomáticas; era por isso que o Mestre Usui insistia tanto nas suas cinco posições: auxilia sempre no processo de transformação mental e emocional. A mente positiva ajuda no processo terapêutico, no retorno da saúde e na capacitação que a terapia traz à vitalidade pessoal. Encare as reações do corpo como naturais, para que encontre o equilíbrio e não deixe de procurar ajuda médica e especializada.

> Encare todo o processo também como um processo de crescimento pessoal. Aceite e comprometa-se com sua cura e o desenvolvimento na elevação da consciência.

33. As transformações no Nível 2

«Somos moldados pelos nossos pensamentos, nos tornamos naquilo que pensamos. Quando a mente é pura, a alegria segue como uma sombra que nunca sai.» – Buda

O Nível 2 é mesmo o momento da transformação. Você trabalhará com as energias emocional e mental, revisitará o passado e trabalhará para o futuro, no momento presente. Será muito trabalho honesto e muita prática. A transformação poderá ocorrer de forma mais simples ou mais complexa, trazendo a «crise de cura» de uma maneira mais visível, ou talvez não. Acima de tudo, dependerá muito da forma como você mesmo encarar a mudança, sua aceitação, comprometendo-se com seu processo terapêutico e, acima de tudo, desapegando-se dos velhos hábitos.

Alguma vez já se sentiu tão pesado interiormente, como se fosse um bloco de cimento, ou como se tivesse um manto de escuridão que impediu você de estar bem?

O mal-estar físico, a confusão de intermináveis pensamentos e a incapacidade de lidar com emoções, em determinados momentos da vida, podem levar ao sentimento de um peso gigantesco, uma escuridão infindável e um bloqueio interior agonizante e deprimente. Muitas das questões veem da mente e é por isso que cada vez mais devemos trabalhar nossa capacidade de observação, em conjunto com os princípios do Reiki. O Mestre Mikao Usui dizia que «hoje em dia as pessoas precisam melhorar e reconstruir a vida interior e exterior... A razão do lançamento do meu método para o público é para ajudar pessoas com doenças no corpo e na mente». Precisamos mesmo de melhorar e reconstruir interior e exteriormente a vida. E como?

ESVAZIAR O PESO PARA CONVIDAR A FELICIDADE

Se você quer convidar a felicidade, tem que criar um espaço para ela. Se estiver preenchido pela dor, a confusão, quer ao nível da mente quer ao nível do coração, então não conseguirá convidar a felicidade, apenas estará criando um sentimento de remar contra a maré, infrutífero. O esvaziamento interior pode ser feito de duas formas: através da reflexão dos princípios, que nos ajudam a mudar a consciência, e do autotratamento. No caso desse peso, esse bloqueio interior, estar além da capacidade de você lidar com ele, procure a ajuda de outro praticante.

Os Cinco Princípios para convidar a felicidade

A prática dos Cinco Princípios é importante para o autoconhecimento. À luz de cada princípio, porque sente esse peso, esse bloqueio?

- **Só por hoje** – consigo estar comigo mesmo neste momento? Porque não?
- **Sou calmo** – o que me faz perder a calma e porquê?
- **Confio** – o que me falta para confiar em mim mesmo e nas lições que tenho que aprender?
- **Sou grato** – consigo agradecer por este momento de aprendizagem?
- **Trabalho honestamente** – sou totalmente verdadeiro comigo sobre estas questões e pesos?
- **Sou bondoso** – sei lidar com a bondade e a compaixão comigo mesmo?

O tratamento para esvaziar o peso

Proponho-lhe que pratique o *Gedoku Chiryo Ho* para lhe ajudar a aliviar esse peso ou escuridão interior. A técnica irá ajudar a desintoxicar a energia (pelos rins), os pensamentos (pelo intestino) e as emoções (pelo Chacra Esplênico), ajudando a clarificar os objetivos. O Chacra Esplênico é também o portador do sentido de liberdade. Limpando-o poderá sentir-se mais leve e com melhor capacidade de decisão e de orientação.

Depois deste tratamento, que pode ser de, pelo menos, 30 minutos, efetue o autotratamento e, ainda, poderá terminar com o *Nentatsu*, para lhe ajudar a atingir pensamentos positivos.

UMA REVISÃO DO KARMA

Há um conceito muito interessante na filosofia oriental que se prende com o karma. O resultado de nossas ações gera karma, o que quer dizer que as boas ações geram bom karma, e as más ações, mau karma. De alguma forma equilibram-se, mas não podemos dizer que uma resolve a outra. A mudança da nossa consciência é importante, a geração de virtudes é importante, mas devemos sempre resolver o mau karma que geramos auxiliando com desapego aqueles que foram prejudicados por ele. Com a prática do Reiki podemos enviar energia para as situações; não as resolve, mas pode ajudar muito. Para o karma, podemos também experimentar a seguinte técnica:

1. Desenhe o *Honshazeshonen* e repita seu mantra três vezes;
2. Visualize a situação que gerou karma;
3. Desenhe o *Seiheki* e repita seu mantra três vezes;
4. Desenhe o *Chokurei* e repita seu mantra três vezes;
5. Faça um pedido sincero de desculpas pela situação;
6. Envie Reiki para a situação;
7. Depois, quando terminar, faça o banho seco e chuva de Reiki.

> Se você tiver sonhos mais intensos, ou memórias desse tempo, é normal, faz parte do processo de cura. Envie Reiki para tudo o que surgir, para ajudar a limpar. A sinceridade e os Cinco Princípios são essenciais. Lembre-se de que em você está sempre a oportunidade de mudar as coisas no segundo presente.

34. Plano de estudos

Este é um simples plano de estudo, para lhe orientar ao longo do tempo sobre as práticas que pode executar.

	AUTOTRATAMENTO	TÉCNICAS E EXPERIÊNCIAS
Semana 1	Autotratamento Dias 1 a 7. Utilize todos os símbolos nas mãos.	
Semana 2	Autotratamento Dias 8 a 15. Experimente fazer a repetição do *Chokurei* em todas as posições. Depois, noutro dia o *Seiheki* e depois o *Honshazeshonen*. Observe as diferenças.	Ao longo destes dois meses, aplique-se no desenvolvimento das técnicas, em si e em seus colegas, antes de aplicar terapeuticamente em alguém.
Semana 3	Autotratamento Dias 16 a 21. Coloque todos os símbolos em todas as posições.	
Semana 4		
Mês 2		
Mês 3	Continue o autotratamento completo ou nas áreas onde mais necessitar. Não quer dizer que tenha que fazer diariamente, mas faça de forma sistemática pensando na profilaxia.	Inicie a prática do tratamento a outras pessoas. Registre sempre sua prática e não se esqueça de observar a ética.
Mês 4		
Mês 5		
Mês 6		Se está pensando em executar o Nível 3, então pratique as indicações que partilho no final deste capítulo.

35. Técnicas de Reiki

No Nível 2 do Reiki você tem outras técnicas que auxiliam a tratar mais dos outros, assim como te dão uma base para seu próprio crescimento terapêutico e de elevação da consciência. No tempo do Mestre Usui dividia-se o *Okuden* em dois níveis distintos; por isso, coloco aqui as técnicas separadas, apesar de hoje em dia elas estarem todas unificadas num só nível. As técnicas que envolvem a manipulação do corpo nem sempre são ensinadas, porque poderão combinar o Reiki com uma prática de massagem e isto ainda não está bem claro na mente e no coração dos praticantes.

OKUDEN ZENKI
- *Gedoku Chiryo Ho* – Técnica de purificação, desintoxicação;
- *Gyoshi Ho* – Para reduzir a febre/altas temperaturas;
- *Gyoshi Ho* – Tratamento com os olhos;
- *Hatsurei Ho* – Gerar a energia espiritual;
- *Hesso Chiryo Ho* – Tratamento do umbigo;
- *Koki Ho* – Tratamento com a respiração;
- *Nadete Chiryo Ho* – Tocar suavemente;
- *Oshite Chiryo Ho* – Pressionar com os dedos;
- *Tanden Chiryo Ho/Hara Chiryo Ho* – Desintoxicação do *hara*;
- *Uchite Chiryo Ho* – Percussão.

OKUDEN KOUKI
- *Byosen Reikan Ho* – Sensação dos desequilíbrios;
- *Enkaku Chiryo Ho* – Tratamento à distância;
- *Jakikiri Joka Ho* – Limpeza da energia negativa;
- *Ketsueki Kokan Ho* (ou *Ketsueki Joka Ho*) – Finalização do tratamento;
  - *Hanshin Koketsu Ho* (*Hanshin Chiryo*) – Limpeza de meio corpo;

- *Zanchin Koketsu Ho* – Limpeza de corpo inteiro;
- *Reiji-Ho* – Intuição;
- *Seiheki Chiryo Ho* – Tratamento dos hábitos (o mesmo que o *Nentatsu* mas com símbolos);
- *Shanshin Choryo Ho* – Tratamento à distância usando uma fotografia.

No final do livro há um capítulo totalmente dedicado às técnicas, onde poderá ler mais sobre elas.

36. Revisão do Nível 2

Agora que chegou ao final de sua transformação, faça uma revisão da aprendizagem antes de se propor ao Nível 3, o *Shinpiden*. É importante que mantenha uma perspectiva muito honesta sobre sua prática, pois irá influenciar bastante seu futuro. De pouco serve dizer que se é Mestre quando interiormente se está muito longe dessa realidade. Quando se assume uma postura simples e real sobre o Reiki e sua prática, sem dúvida alguma estará apto para tudo. Tome em atenção os seguintes pontos:

☐ Tenho uma perspetiva muito clara do que é o segundo nível e do que representou para mim?

☐ Trabalhei todos os símbolos, individualmente e em conjugação uns com os outros?

☐ Apliquei cada um dos símbolos no meu autotratamento?

☐ Compreendo o que cada símbolo me traz de desafio e aplico-o para tratar essas questões?

☐ Uso os símbolos no meu cotidiano?

☐ Sei usar os símbolos num tratamento de Reiki aos outros?

☐ Faço tratamentos de Reiki à distância?

☐ Sei enviar o Reiki para as minhas situações do passado, presente e futuro?

☐ Aplico as técnicas do Reiki que aprendi?

☐ Continuo a praticar os Cinco Princípios do Reiki e trago a transformação para a minha vida?

☐ Compreendo o sentir da energia nos outros?

☐ Estou à vontade com a prática do Reiki nos outros?

☐ Tenho consciência do caminho que quero seguir com o Reiki?

☐ Sei que tenho que estar equilibrado antes de tratar os outros?

☐ Compreendo o que tenho de fazer num atendimento?

☐ Sou ético na minha prática e aplico apenas Reiki?

☐ Sei potencializar minha energia?

☐ Sei harmonizar-me?

☐ Sei corrigir meus pensamentos?

☐ Sei limpar minha casa e os espaços aonde vou?

37. Dez dias de transformação

«Se não pode curar-se a si mesmo, então como pode curar os outros?» – Mikao Usui

O *Okuden*, a transformação, traz-nos desafios profundos: encontrar nossas questões nos campos emocional e mental, trabalhá-las além do tempo e do espaço, solidificar nossos passos no caminho para a felicidade. Este pequeno guia tem como objetivo ajudar-lhe ao longo de 10 dias para você fazer um trabalho preparatório para o terceiro nível. Irá ajudar-lhe a harmonizar os vários corpos e a fazer uma revisão de seu Nível 2, assim como encontrar questões a serem resolvidas ainda.

Já sabe: seja bondoso consigo mesmo e aplique o Reiki com sabedoria; e lembre-se: você quer um caminho de cura ou prefere continuar como está?

Se encontrar situações a serem resolvidas, deixe a energia fluir. Alegre-se porque encontrou o que tantos não conseguem e poderá tratar ao longo do tempo. Não espere curar situações de um momento para o outro.

Divirta-se e pratique o Reiki.

AS PRÁTICAS CONSTANTES
AO LONGO DOS 10 DIAS

Ao longo destes dez dias será necessária disciplina. Reserve pelo menos uma hora para os exercícios. Lembre-se sempre de que está no caminho de Mestre de Reiki, que a prática será fundamental para seu desenvolvimento interior e para todos aqueles a quem vier a ensinar, no futuro. Recorde o bambu, que demora anos até estar pronto e cuja utilidade depois é vasta. É aconselhável que tenha um caderno onde registre cada dia e as situações que quiser resolver.

Supondo que você fará este programa todas as manhãs, deverá executar as práticas antes de começar a reflexão indicada para o dia. Isto permitirá que esteja preparado para o trabalho ao qual se predispôs.

- Cinco Princípios;
- *Hatsurei Ho*;
- *Hesso Chiryo*.

ADVERTÊNCIAS

Ter constante atenção ao enraizamento, deixar sempre a energia escoar para a terra. No caso de sentir algo que incomoda, inspira Reiki e, ao expirar pela boca, coloque para fora, com força, o que estiver incomodando.

DIA 1 – AUTOCONSCIÊNCIA

Este primeiro dia é uma revisão da consciência e de como você está. Observe-se e realize este ato consciente consigo mesmo – irá lhe ajudar a encontrar as respostas que tantas vezes procurou e, acima de tudo, irá lhe ajudar na prática do Reiki.

Quem sou eu?	
Como sou eu?	
O que é o Reiki para mim?	
Quando aplico o Reiki nos outros, sinto que é amor incondicional?	
Como foi o Nível 2 para mim?	
No que tive mais dúvidas?	
Consegui resolvê-las?	
O que devo trabalhar ainda mais em mim e como pode o Reiki ajudar?	

TÉCNICAS A APLICAR
Cinco Princípios;
Banho seco;
Chuva de Reiki;
Autotratamento completo.

DIA 2 – LIGAÇÃO À ENERGIA

«A vida é crescimento. Se pararmos de crescer, técnica e espiritualmente, estaremos mortos.» – Morihei Ueshiba

Hoje você irá praticar a ligação à energia com o *Chokurei*. Lembra-se que é o símbolo que nos liga ao Reiki? Pode desenhá-lo sempre que quiseres ligar-se diretamente à energia, além de que pode ajudar-lhe a ter uma percepção do caminho que o Reiki percorre em você. Experimente fazer o seguinte exercício:

- Desenhe o *Chokurei* na palma de uma mão;
- Sinta o símbolo crescer e ganhar dimensão entre as palmas;
- Visualize o símbolo chamando a energia Reiki, fazendo-a entrar pelo Chacra da Coroa, fluindo por sua mente, pelo coração, até chegar às mãos.

Como você sente a ligação?

TÉCNICAS A APLICAR
Após esta experiência com o *Chokurei*, faça o autotratamento.

DIA 3 – POTENCIALIZAR A ENERGIA

«Após um milhão de anos brilhando, o Sol não diz à Terra – você me deve. Imaginem um amor como este.» – Hafiz

Seu trabalho de hoje será conseguir sentir Reiki com muita, muita energia.

Comece sempre com o banho seco e a chuva de Reiki. Recite os Cinco Princípios com as mãos em *Gassho*.

Desenhe o *Chokurei* numa mão e coloque a outra palma perto, em concha. Visualize o símbolo crescendo (pode até imaginar a cor vermelha) e ficando muito intenso nas mãos. Visualize que você desenha mais um *Chokurei*, igualmente intenso. Desenhe mais outro: ao todo terá três *Chokurei* nas mãos.

Quando sentires esse calor muito intenso, quase insuportável, então coloque as mãos numa zona de seu corpo que precise de energia.

TÉCNICAS A APLICAR
Após esta prática, faça o autotratamento.
Em cada posição visualize um *Chokurei* muito intenso,
potencializando a energia de suas mãos e aumentando
a cura nessa região.

DIA 4 – A CURA FÍSICA

«O homem superior atribui a culpa a si próprio; o homem comum aos outros.» – Confúcio

Seu trabalho para hoje é a continuação da aplicação do *Chokurei*, para sua cura física.

Antes de iniciar as técnicas, experimente fazer o seguinte exercício:

- Visualize o *Chokurei* por cima do Chacra da Coroa;
- Faça-o descer até a palma da mão direita, por seu canal energético (sinta o percurso);
- Visualize novamente o *Chokurei* por cima do Chacra da Coroa;
- Faça-o descer até a palma da mão esquerda;
- Novamente por cima do Chacra da Coroa;
- Faça-o descer até o pé direito (sinta o percurso);

- Novamente por cima do Chacra da Coroa;
- Faça-o descer até o pé esquerdo.

TÉCNICAS A APLICAR

Antes do autotratamento, faça o *byosen* em si mesmo. Sinta quais são as partes de seu corpo que precisam de energia. Durante o autotratamento, adicione *Chokurei*, quanto sentir necessário, nas posições onde mais precisar.

DIA 5 – HARMONIZAR

«*Manter uma relação com um Mestre não serve de ajuda na via, se não praticarmos.*» – *Dalai Lama*

10 – A Onda
Num momento tempestuosa
No outro calma.
A onda do oceano
É na verdade
Tal qual a existência humana
– Imperador Meiji

Reflita neste poema do Imperador Meiji. O que lhe diz, como se sente com esta reflexão, como se sente como ser humano e o que quer atingir?

De que forma acha que pode harmonizar-se ou o que lhe falta, que depende de você, para estar em harmonia?

1. Faça o banho seco e a chuva de Reiki;
2. Recite os Cinco Princípios;
3. Ligue-se à energia;
4. Desenhe um *Seiheki* numa palma das mãos e sinta sua energia;
5. Aplique essa energia que tem entre as mãos em seu Plexo Solar, com a intenção de lhe trazer harmonia. Como se sente?

> **TÉCNICAS A APLICAR**
> Faça o autotratamento, só com o *Seiheki*, com a intenção de lhe trazer harmonia.

DIA 6 – A CURA EMOCIONAL

«Se tem um problema que não pode ser resolvido, porquê preocupar-se?
Se tem um problema que pode ser resolvido, porquê preocupar-se?»
– *Shantideva*

Você está reconhecendo do que seu corpo precisa e a harmonia necessária para que esteja bem e feliz. Hoje trabalhará sua cura emocional. No Reiki, aplicamos essa cura com o *Seiheki*.

Experimente primeiro fazer o seguinte:
1. Banho seco;
2. Chuva de Reiki;
3. *Gassho* e Cinco Princípios;
4. Meditação com o *Seiheki*.

A meditação com o *Seiheki* é muito simples:
- Feche os olhos, limpe a mente;
- Desenhe um *Seiheki* à sua frente e sinta sua vibração;
- Aproxime o símbolo mais de você e sinta;
- Quando quiser terminar, deixe o símbolo «explodir» em milhares de estrelas que iluminam você.

> **TÉCNICAS A APLICAR**
> No autotratamento, faça o *Seiheki* e o *Chokurei* para cada posição, com a intenção de se harmonizar emocionalmente, com serenidade.

DIA 7 – A MUDANÇA DA CONSCIÊNCIA

«Somos o que pensamos. Tudo o que somos surge com nossos pensamentos. Com os nossos pensamentos, fazemos o nosso mundo.»
– Buda

Que percepção tem de si mesmo? Quem você é?
Reconhece sua consciência?

Hoje faça o seguinte exercício:
1. Banho seco;
2. Chuva de Reiki;
3. Feche os olhos e esvazie a mente;
4. Visualize um *Honshazeshonen* bem grande à sua frente, diga seu mantra três vezes e, se puder, o imagine dourado, brilhante, como um Sol;
5. Lance uma pergunta ao símbolo: «Quem sou eu?»;
6. Sinta sua vibração e o que ele lhe diz.

TÉCNICAS A APLICAR
Faça o autotratamento só com o *Honshazeshonen*
e repira o símbolo em cada posição.

DIA 8 – A CURA MENTAL

«De todas as vezes que você não segue sua orientação interior sente uma perda de energia, de morte espiritual.» – Shakti Gawain

O Mestre Usui falava muito da cura da mente e do corpo. Suas cinco posições iniciais de tratamento incidiam mais sobre a cabeça. Isso tem muito a ver com a realidade dos nossos pensamentos, que nos trazem desequilíbrio e, consequentemente, doença.

A nossa cura mental é importante e isso é possível com o Reiki e com sua disponibilidade para tal. Ela abranda os pensamentos, torna-os mais positivos e construtivos.

Não desista de si mesmo, transforme-se. É isso o que lhe pede o Nível 2. Reflita no seguinte poema:

125 – O Espelho
Devo polir o meu eu
Mais e mais
Para usar o claro
E brilhante coração dos outros
Como um espelho
– Imperador Meiji

Hoje, experimente praticar meditação. Esvazie apenas a mente e concentre-se na respiração.

Antes, pratique o banho seco e a chuva de Reiki, como sempre.

TÉCNICAS A APLICAR
Autotratamento com *Honshazeshonen* e depois
faça o *Nentatsu*; coloque a virtude que quer atingir.

DIA 9 – CURAR SEM TEMPO NEM ESPAÇO

«Buscar apenas o sucesso, sem se aperfeiçoar, é o caminho direto
para o fracasso.» – Kentetsu Takamori

Neste nono dia, trabalhará sua cura para lá do tempo presente.

- Procure uma situação de quando era muito pequeno e estava chorando e trate-se com o Reiki.
- Procure uma situação neste passado mais próximo, que esteja incomodando, e a trate.

- Envie Reiki para uma situação sua no futuro. Estas três práticas fazem parte do *Enkaku Chiryo*, o envio de Reiki à distância.

TÉCNICAS A APLICAR
Autotratamento com *Honshazeshonen*;
Hesso Chiryo, para desintoxicar;
Nentatsu.

DIA 10 – PREPARAR O CAMINHO

*«Estude os ensinamentos do pinheiro, do bambu
e da flor de cerejeira.»* – Morihei Ueshiba

Hoje, faça novamente uma revisão destes 10 dias e do tempo que passou trabalhando no Nível 2. Prepare-se para um caminho que lhe trará uma outra consciência – o *Shinpiden*, o Nível 3.

Após estes dias de trabalho, tenho outra percepção de mim?

Transformei-me com este trabalho?

Reconheci coisas que precisam ser tratadas?

Aceito o desafio de ser Mestre de mim mesmo?

Aceito o compromisso de não me achar superior a alguém por ter o Nível 3 e por alguém me chamar Mestre?

TÉCNICAS A APLICAR
Autotratamento;
Nentatsu — coloque a virtude que quer alcançar.

CONSIDERAÇÕES FINAIS

«Não há iluminação fora da vida diária.» – Thich Nhat Hahn

Fico grato por você estar dando mais este passo, consciente, em seu percurso de vida. O Reiki é algo extraordinário e manifesta-se através de você, não acontece por si mesmo. Compreendendo isto, valorize-se mais, perceba que vale a pena fazer seu trabalho interior.

Com o Nível 3 chegamos à realização. Perceberá o que isso quer dizer, pois é um tempo de encontro profundo.

Que esta preparação lhe traga dias felizes e cada vez mais realização.

Só por hoje, sou grato.

Parte IV

Nível 3 do Reiki
Shinpiden

38. *Shinpiden* – Nível 3

«Quanto mais a flor de glicínia se curva, mais as pessoas
olham para cima para admirar a sua beleza.
Quanto mais humilde for a pessoa, mais respeito ela cativa.
Porém, curvar-se com humildade, só para obter respeito,
é desprezível.» – Kenketsu Takamori

*S*hinpiden é a «Transmissão dos Mistérios» e, em japonês, representa-se por 神秘伝. *Shin* 神 significa alma, Deus, divindade, divino, mente; *Pi* 秘 significa esconder, segredo, mistério, secreto; *Den* 伝 significa andar ao longo de, comunicar, lenda, progredir, relatório, seguir, tradição, transmitir. Este é o nível do caminho secreto. O *Shinpiden* é um caminho interior, um encontro consigo mesmo em sua evolução e no crescimento de seu ser, de seu canal energético e da capacidade de fazer fluir o Reiki. *Shinpiden* é «mistério» e «realização», pois é voltado para sua construção interior e ao despertar de seu pleno potencial. Muitos consideram ser este o nível de Mestre e isso quer dizer que é o momento do seu trabalho interior, como Mestre de si mesmo. É isso que verdadeiramente importa, sua capacidade de crescer consigo mesmo e em Reiki.

Como irá trabalhar o campo espiritual, partilho com você o tema «Ser Um Grande Curador Espiritual», do manual da Usui Reiki Ryoho Gakai, escrito pelo Mestre Toyokazu Kazuwa.

Para se tornar um grande curador espiritual, nada mais pode fazer do que continuar a praticar e a melhorar-se. Há muitas formas para se melhorar, mas, na nossa associação, usamos os poemas do Imperador Meiji para purificar a mente e firmamo-nos nos Cinco Princípios todos os dias, para praticar a plena atenção e treinar a mente. Eu devo dizer que não é fácil praticar os Cinco Princípios. Nós nos zangamos, nos preocupamos, nos queixamos, desleixamos e debatemos com os outros por coisas sem valor. Não é fácil mudar esta atitude nem os pensamentos que continuam a formar-se.

Alguns podem perguntar: «Podemos não ter energia espiritual até alcançarmos perfeitamente os Cinco Princípios?» Desde que continue a tentar e trabalhar arduamente, pode tornar-se num grande curador espiritual, capaz de enviar energia espiritual. Cada um tem uma mentalidade diferente, no entanto, nossos membros, que aprenderam o nosso método, foram capazes de veicular a energia espiritual. Se você não se mantiver nos Cinco Princípios, ou se parar de trabalhar arduamente, mesmo que tenha a energia espiritual, poderá perdê-la. Por isso, tenha cuidado!

Acorde de manhã, sente-se direito, coloque as mãos em frente do peito e diga em voz alta os Cinco Princípios. Também à noite, não importa quão cansado esteja, sente-se na cama e diga alto os Cinco Princípios. Quando se tornar um hábito, então sentirá que não irá parar de o fazer. Sua ação em cada dia é importante.

Esta interpretação da prática do Reiki pelo Mestre Kazuma mostra a importância que é realmente dada à filosofia de vida, à transformação da mente e à prática constante e árdua. Reflita sobre isto, pense o que realmente faz com o Reiki, como o pratica e de que forma quer que isto se manifeste em sua vida.

O QUE FAZER COM O TERCEIRO NÍVEL?

Neste nível de exigência espiritual é obrigatório que tome conhecimento do Universo espiritual que é a vida, que tenha consciência de si e dos outros enquanto seres em crescimento, que têm a mesma origem e o mesmo fim, que nenhum é mais do que o outro. Todos somos iguais e dependemos uns dos outros. De pouco adianta seu exclusivo crescimento, que deve ser partilhado com todos.

Com este nível você deve:

1. Procurar olhar para seus problemas pessoais à luz do conhecimento que adquiriu;
2. Não tenha medo de seu lado sombrio e abraça-o; preencha-se com amor incondicional;
3. Viva plenamente;
4. Pratique os Cinco Princípios do Reiki;
5. Pratique os Três Pilares do Reiki;

6. Pratique os métodos tradicionais;
7. Estude Reiki, viva Reiki, partilhe Reiki.

Neste nível você irá trabalhar com o *Daikomyo*, a grande luz brilhante, que vai trazendo uma dimensão espiritual à sua vivência com o Reiki. Espiritual não tem a ver com espiritualismo, mas com sua essência e a conexão da mesma com o Reiki, com o Universo. Nada acontece por acaso: se está no *Shinpiden* é porque aqui deve estar. Com essa honra vem também o comprometimento – ser um Mestre, ser um reikiano, ser bondoso, perseverante, pacífico e amável; cumprir os Cinco Princípios que nos regem, respeitar os Três Pilares do Reiki – *Gassho, Chiryo, Reiji-Ho*.

Tenha paz e complete seu caminho, tranquilamente, em Reiki.

MATÉRIAS PARA REVISÃO

No Nível 3 você deve continuar a rever e a praticar o que aprendeu nos níveis 1 e 2. Não pense que agora as coisas irão mudar de um momento para o outro, ou que agora você já é um Mestre e nada mais será preciso fazer e tudo acontecerá por si mesmo. O Reiki requer uma vivência muito para lá disso e as diferenças são notadas diariamente com a prática.

Releia os manuais dos níveis 1 e 2: irá encontrar coisas que parecerão que não as leu. É normal, quer dizer que você tem outra consciência. Reflita também sobre os seguintes tópicos:

- Os Cinco Princípios e os poemas do Imperador Meiji;
- O corpo energético e os chacras;
- O autotratamento;
- As técnicas de Reiki;
- O guia de cura Usui.

39. A filosofia de vida no *Shinpiden*

*«Unidade através da harmonia e do equilíbrio» – lema da escola
de Mikao Usui em Harajuku, Tóquio*

No *Shinpiden*, se você quiser alcançar a realização, ainda precisará de trabalhar mais os princípios. A energia vai transformar-se, mas depois precisa da consolidação de sua consciência. Pratique, você verá a diferença.

*Só por Hoje,
Sou Calmo,
Confio,
Sou Grato,
Trabalho Honestamente,
Sou Bondoso.*

Observe estes princípios segundo sua essência. Sinta verdadeiramente quem você é e reflita sobre eles. De que forma consegue exteriorizar quem você realmente é, à luz dos princípios.

UMA REFLEXÃO PARA SEU NÍVEL 3

*«Acalme o espírito e regresse à fonte. Limpe o corpo e o espírito ao
remover toda a maldade, egoísmo e desejo.» – Morihei Ueshiba*

Para este nível, quero partilhar com você uma reflexão taoísta e budista sobre os elementos e de que forma estes podem ter uma influência em você.

火 *Ka*, fogo; 空 *Kara*, ar; 水 *Mizu/Sui*, água; 土 *Tsuchi*, Terra; 空 *Kara*, o vazio, 天 *Ten* 空 *Kū*, Céu ou Natureza.

A Terra simboliza sua visão-base da vida; a água lhe traz fluidez e purificação; o fogo representa a energia e sua capacidade de mudar; o vento representa o fluxo, a ida da energia; o vazio representa o lugar de onde se vem e para onde tudo vai. No Budismo encontramos, no Sutra do Coração, o paradigma «Vazio é forma, forma é vazio», que representa a não dualidade. A ausência significa a capacidade de desapego, o vazio representa a capacidade de ver as coisas como elas são. Segundo Miyamoto Musashi, ao conhecer o que existe sabe o que não existe. É a consciência da dualidade, distinguindo o que é a realidade da ilusão.

Observando o Reiki e seus símbolos, eles têm uma determinada correspondência com os elementos, com os corpos sutis. Os símbolos do Reiki também representam frequências de nossa consciência. Na imagem abaixo está a representação de uma *stupa*, um relicário cuja estrutura designa os cinco elementos – terra, água, vento, fogo e vazio/éter.

Veja como é possível representar os símbolos com estes conceitos.

	VAZIO/ /ÉTER	O Absoluto	A nova consciência	Iluminação	Reiki
	VENTO/AR	Nirvana	Os cinco sentidos	Corpo espiritual	*Daikomyo*
	FOGO	Iluminação	Mente	Corpo mental	*Honshazeshonen*
	ÁGUA	Prática	Sensações	Corpo emocional	*Seiheki*
	TERRA	Despertar	A consciência «armazenada»	Físico/ /etérico	*Chokurei*

40. *Daikomyo* – O símbolo de Mestre

No *Shinpiden* você aprenderá a trabalhar com mais um símbolo, que representa a profunda ligação com a energia, com a Fonte e com sua própria essência. A esse símbolo deu-se o nome de *Daikomyo* e é um *kanji*, como o *Honshazeshonen. Komoyo* representa a natureza iluminada de alguém ou irradiação de um Buda. *Dai* representa grande; então, este símbolo pode significar a Grande Natureza Iluminada. *Daikomyo* pode também representar a Grande Luz Brilhante. Uma das primeiras referências a este atributo encontra-se no mantra das nove sílabas – *Shiken Haramitsu Daikomyo* –, que significa a sabedoria dos quatro corações (ou quatro perspectivas) que nos guiam até à iluminação.

A Mestra Takata citava o *Daikomyo* como «Louvada seja a Grande Luz Universal de Sabedoria Transcendental», uma representação curiosa para o símbolo. No Budismo, podemos encontrar referência ao *Daikomyo* com o Buda Dainichi Nyorai, que representa a Iluminação Universal e que é um dos principais budas.

Poderá usar o *Daikomyo* para várias situações, tais como:

1. Busca de iluminação;
2. Envio de luz espiritual;
3. Proteção;
4. Clareza da mente e do espírito;
5. Meditação ao caminho interior, a procura do nosso próprio Eu;
6. Orientação.

Sendo o *Daikomyo* um símbolo da luz, por oposição podem aparecer as trevas. Repare que isto pode acontecer sempre que tentamos elevar nossa vibração e, a melhor maneira de lidar com essas questões, é relaxar, não ter medo e saber que o «mal», o que nos assusta, é apenas uma ilusão para impedir nosso caminho. Nossas próprias trevas surgem para que possamos resolvê-las e não para nos atormentar. Não quero que pense que terá de tomar uma atitude budista, mas há uma sabedoria muito interessante nesta frase: «Não há luta entre o bem e o mal, mas sim entre a sabedoria e a ignorância.» É a Grande Luz Brilhante que o *Daikomyo* representa e essa é a luz que nos pode trazer sabedoria.

大	**Dai** Divindade; Sabedoria; Luz radiante de um Iluminado.
光	**Koo** Brilho ou luz do Sol.
日月	**Myo** Sol (à esquerda) e Lua (à direita). Eterna luz/Brilhante.

COMO DESENHAR O *DAIKOMYO*

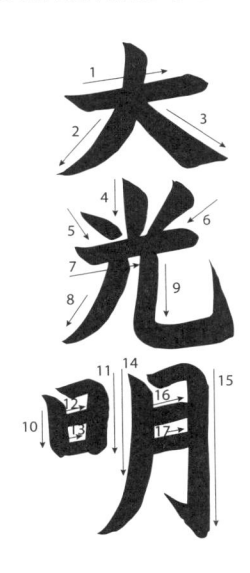

UTILIZAÇÃO DO *DAIKOMYO*

Quero partilhar contigo alguns exemplos do que poderá fazer com o *Daikomyo*. Não se esqueça de seguir as indicações de seu Mestre, essas sim, são importantes. Na minha perspectiva, o *Daikomyo* tem sempre a ver com uma Grande Luz Brilhante e tudo gira à volta desse conceito.

Iluminação diária

Pode praticar esta técnica todos os dias.

1. Ligue-se ao Reiki;
2. Desenhe o *Daikomyo* numa mão, dizendo o mantra três vezes;
3. Leve as mãos em *Gassho* para a Terceira Visão e sinta sua ligação com o quarto símbolo;
4. Deixe-se estar assim durante algum tempo e peça sua iluminação;
5. Quando terminar, agradeça.

Iluminação celular

Esta técnica serve para iluminar seu corpo físico. Poderá também fazê-la em outras pessoas. Neste caso, partilho a técnica usada para fazer com um colega de curso:

1. Ligue-se à energia e desenhe o *Daikomyo*;
2. Peça permissão a seu colega para que, com o *Daikomyo*, sinta sua energia e onde estão suas questões físicas;
3. Vai passando com uma mão ou com as duas, sempre à mesma distância, ao longo dos chacras;
4. Partilhe com seu colega o que sentiu e pergunte o que ele sentiu;
5. Pergunte-lhe também onde ele quer que o trate com o *Daikomyo*, para uma questão física que tenha;
6. Faça esse tratamento na zona afetada;
7. Passado algum tempo, visualize o *Daikomyo* a preencha cada célula de seu receptor;
8. Visualize-o muito brilhante, como se estivesse preenchido com muitos sóis brilhantes;
9. Quando terminar, agradeça e verifique a necessidade de enraizamento.

Limpeza espiritual

Você pode usar o *Daikomyo* para a remoção de energias mais densas. Tem algum cuidado com essa aplicação, pois toda a ação tem uma reação, por isso faça-o sempre com amor incondicional.

1. Observe a zona a ser tratada;
2. Ligue-se ao Reiki e desenhe o *Daikomyo*;

3. Visualize o símbolo entrando em você e aplique a técnica do *Koki Ho*, o sopro, enviando o Reiki e o *Daikomyo*, pelo sopro, para essa energia;

4. Em alternativa, você pode desenhar o símbolo numa mão, como se criasse luvas, e depois usar essa energia para remover a energia mais densa.

Faça uma boa limpeza em si, principalmente com o banho seco.

ORIENTAÇÃO

O *Daikomyo* pode ligar você à grande luz do Universo e orientar-lhe ao longo do dia. Experimente fazer o seguinte exercício:

1. Ligue-se à energia;

2. Desenhe um *Daikomyo* na palma de uma mão e o ative dizendo seu mantra três vezes;

3. Sinta a energia;

4. Desenhe ou visualize um grande *Daikomyo* à sua frente e coloque a intenção para que ele guie você ao longo do dia, a fim de ter consciência de... (escolhe o que for melhor para você);

5. Agradeça. Ao longo do dia vai validando o que sente.

TRATAMENTO DE PROBLEMAS

Identifique uma questão que tenha e pense se poderá ser trabalhada com o *Daikomyo*.

1. Ligue-se ao Reiki;

2. Desenhe o *Daikomyo*;

3. Visualize-o no topo da cabeça;

4. Imagine que o símbolo, como um gigantesco Sol, vai preenchendo todo seu corpo com a energia;

5. Projete o problema à sua frente;

6. Envie a energia do *Daikomyo* e o símbolo para a questão em causa. Visualize tudo o que estiver escuro ou indefinido sendo preenchido pelo *Daikomyo*;

7. No final, visualize todos os envolvidos nesse problema como se estivessem bem;

8. Agradeça.

APLICAÇÃO EM TRATAMENTOS

O *Daikomyo* pode ser aplicado em tratamentos. Você já sabe, use sempre a intenção para trabalhar o símbolo e o problema. Atenção, que algumas pessoas poderão não gerir bem a «intensidade» da luz.

Para problemas físicos usamos o *Daikomyo* e depois o *Chokurei*.

Para problemas emocionais usamos o *Daikomyo*, o *Seiheki* e o *Chokurei*.

Processos mentais/passado/futuro – usamos o *Daikomyo*, o *Honshazeshonen*, o *Seiheki* e o *Chokurei*.

MEDITAR COM O *DAIKOMYO*

Você pode usar a seguinte meditação para ativar os vários centros energéticos dentro de si. Se sentir que é de mais, coloque sempre o símbolo menor do que o centro energético:

1. Esvazie a mente antes de começar esta técnica;
2. Visualize um grande *Daikomyo* no ar, por cima da cabeça, como se fosse um grande Sol;
3. Entoe o mantra três vezes;
4. Visualize esse Sol tocando o topo de sua cabeça – como se sente?
5. Traga o *Daikomyo* para dentro de sua mente e faça o símbolo vibrar;
6. Leve agora o símbolo ao coração e o faça vibrar – como se sente?
7. Leve o símbolo até ao *Tanden* e o faça brilhar;
8. Quando terminar, perceba como está, completamente brilhante;
9. Agradeça.

MEDITAÇÃO DO BUDA DA GRANDE LUZ BRILHANTE

Use esta meditação, caso tenha algum tipo de afinidade com o conceito de Buda. Não precisa ser budista, basta pensar num ser desperto e brilhante.

1. Esvazie a mente e desenhe o *Daikomyo*, entoando o mantra três vezes;
2. Leve as mãos em *Gassho* até o coração;
3. Visualize um Buda muito brilhante por cima de sua cabeça, representado pelo *Daikomyo*;
4. Visualize esse Buda descendo até seu centro cardíaco, como se nele estivesse um templo de luz;

5. Imagine que esteja o Buda Dainichi Nyorai brilhando intensamente dentro de você, trazendo-lhe paz e luz;
6. Visualize essa luz preenchendo todas as células, órgãos, ossos e músculos;
7. Visualize a energia percorrendo toda sua pele e saindo para a aura;
8. Imagine-se também como um Buda, como se estivesses fundido com Dainichi Nyorai.

UM OUTRO ASPECTO DO *DAIKOMYO* E DA ENERGIA

Com o *Daikomyo*, você pode alcançar uma ligação muito diferente à energia e à forma como a sente e a realiza em sua vida. Vou mostrar-lhe o conceito de *kaji* – em sânscrito chama-se *adhisthana*, que tem origem no Budismo esotérico e cuja finalidade é a ligação à Grande Luz para cura, proteção e desenvolvimento espiritual.

Em seu sentido formal, *kaji* refere-se à criação de «mérito» ou «graça» através de um processo esotérico de união ou «empoderamento mútuo» com Dainichi Nyorai – alinhando a vontade do praticante com a vontade de Nyorai – e através deste processo tornar-se integrado com a paz sagrada, bem como com o aumento da força vital. No entanto, *kaji* é algo que pode ser realizado não apenas para o benefício do praticante como também para o benefício dos outros.

A prática de *kaji* é uma das noções subjacentes do *Shingon* esotérico. Kukai, o fundador do *Shingon*, falou dele como *sammitsu kaji* – união de/através dos três mistérios –, aludindo à importância central dos três mistérios (gesto, mantra e visualização) no processo *kaji*. Esta é uma palavra composta de dois *kanji* «para adicionar/auxiliar» e «para reter/manter». A palavra faz alusão à união e pode ser traduzida conceitualmente como graça. A um certo nível, *ka* significa a compaixão de Dainichi Nyorai fluindo nos corações dos seres sencientes e *ji* significa o coração dos seres sencientes que retêm a compaixão que flui de Nyorai.

Ao praticar, ligue-se profundamente à energia, com mente vazia e coração predisposto. Comprometa-se e entregue-se a sua prática.

41. *Raku*

Não se sabe bem de onde surge o *Raku*, mas é um símbolo muito ensinado, principalmente na vertente do Reiki essencial e também na tibetana. O *Raku* é, na prática, usado nas sintonizações, mas não no processo terapêutico. *Raku* pode significar «Domínio do Fogo» e serve para terminar uma sintonização, cortando a ligação entre as energias do Mestre e do aluno. No tempo em que aprendi a usar o *Raku*, também era usado para fazer desviar qualquer energia negativa que quisesse aproximar-se de nós, colocando o símbolo entre nós e essa energia. Foi algo que me fez refletir e, após algumas práticas, compreendi que é melhor entender as necessidades das energias do que ter medo delas e enviar-lhes algo que poderá piorar toda a situação.

O símbolo não é colocado em nós durante a sintonização, com isto pode ser usado livremente. É uma questão de experimentação. Quando quiser usá-lo para «cortar» uma ligação, o desenhe desde o Chacra da Coroa até os pés, batendo com a mão no chão.

42. Tratamentos de Reiki

AUTOTRATAMENTO DE NÍVEL 3

GUIA VISUAL PARA TRATAMENTO EM OUTRAS PESSOAS

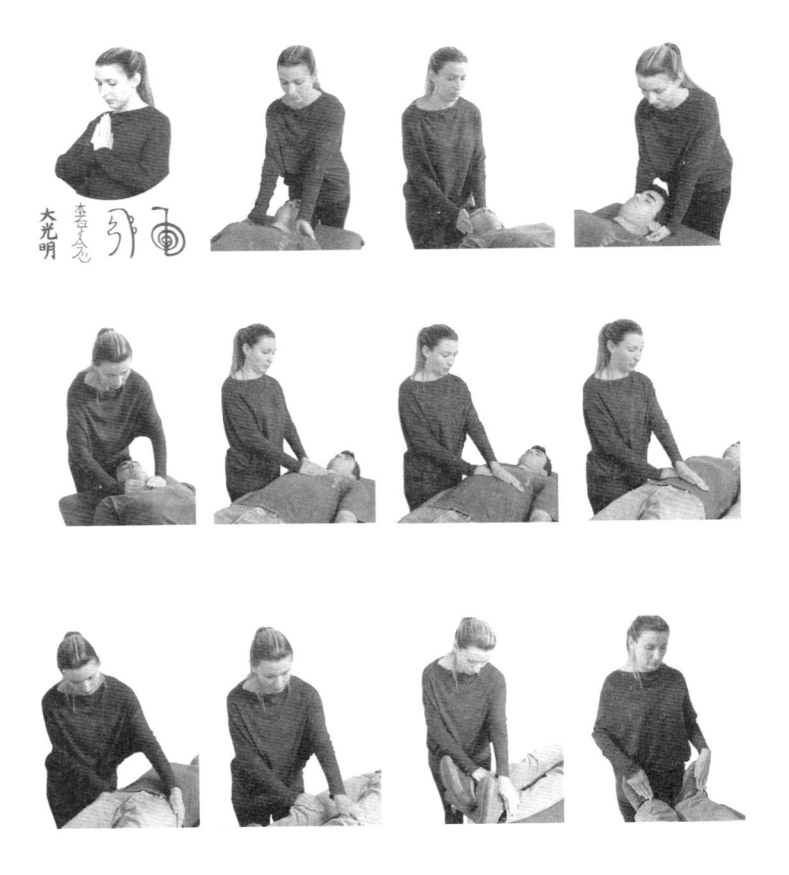

O tratamento em outras pessoas com o Nível 3 envolve também a utilização sábia do *Daikomyo*. Se quiser, antes de começar a prática, desenhe todos os símbolos na palma de uma mão, começando do quarto para o primeiro. Caso queira, faça o tratamento a frente e nas costas da pessoa.

43. O crescimento espiritual

«Despertar os sentidos pela prática da austeridade é uma forma de permitir que os sentidos espirituais se tornem fortes. Atividades como zazen, jejum ou práticas ascéticas nas montanhas, entre outras, cansam o corpo e permitem aos sentidos espirituais tornarem-se mais ativos.» – Onisaburo Deguchi, fundador da religião Otomo.

Alguns alunos encontram no *Shinpiden* a sua grande provação, seu grande confronto interior. É o tempo da cura da sombra em nós e de descobrir o que realmente significam a luz interior e a exterior. Neste caminho de Reiki, é claro que você irá usar todo seu saber e ele faz parte da conjugação de práticas de várias teorias que aprendeu. Neste capítulo sobre o crescimento espiritual, quero partilhar com você algumas perspectivas orientais para que encontre reflexo, ou talvez sentido, no que está realizando com o Nível 3.

SHUGYO RENSHU 修行 練習 – A PRÁTICA DA DISCIPLINA NO CAMINHO DA APRENDIZAGEM

Shugyo é o caminho que lhe conduz à maestria. Este pode ser um estudo intensivo e focado durante o treino, no caminho para a aprendizagem. É uma palavra que também está relacionada com o *Shugendo*, a prática ascética budista. O que este caminho pede do praticante, quer seja marcial ou religioso, é uma profunda dedicação e o desenvolvimento em todos os níveis, que o tornarão espiritualmente desenvolvido. Repare que no Japão e em sua tradição a espiritualidade está profundamente enraizada na sociedade e seu comportamento tem muito a ver com a espiritualidade, com a mente/coração, e não se trata unicamente de um aspecto mental. Tudo é conjugado para que seja um Mestre em sua arte.

Lembre-se que Reiki é «a Arte Secreta de Convidar a Felicidade». Esta arte lhe pede trabalho árduo, como dizia o Mestre Toyokazu Kazuwa, da Usui Reiki Ryoho Gakai, no manual do Reiki distribuído aos associados. Trabalhar arduamente faz parte dos Cinco Princípios e a elevação de sua consciência depende disso. Lembre-se também do quinto princípio e seja bondoso. Há também um momento para parar. Reflita sobre o *Shugyo Renshu* e observe de que forma você é disciplinado com a prática do Reiki, em seu caminho de aprendizagem para ser Mestre.

OS SETE FATORES DA ILUMINAÇÃO E O REIKI

No Budismo existem sete fatores da iluminação, que são: posturas, atitudes, estados através dos quais a podemos alcançar, o despertar, a paz duradoura, a felicidade. Estes sete fatores da iluminação são:

1. Atenção plena (*sati-sambojjhanga*)
2. Análise das qualidades (*dhamma-vicaya-sambojjhanga*)
3. Persistência (*viriya-sambojjhanga*)
4. Êxtase (*piti-sambojjhanga*)
5. Serenidade (*passaddhi-sambojjhanga*)
6. Concentração (*samadhi-sambojjhanga*)
7. Equanimidade (*upekkha-sambojjhanga*).

Quando conseguimos despertar em nós estes fatores da iluminação nos tornamos cada vez mais conscientes de nós e dos outros, compreensivos e compassivos. Isso nos torna felizes e em paz.

SETE TÉCNICAS DO REIKI
PARA OS SETE FATORES DA ILUMINAÇÃO

A prática do Reiki não envolve quaisquer crenças mas, tendo uma atitude sábia, podemos contemplar a sabedoria dos outros e refletir sobre ela. De que forma podemos alcançar cada um destes fatores, com a nossa prática de Reiki?

1. Atenção plena

Meditação *Gassho* – A meditação *Gassho* nos permite focar na energia, no aqui e agora.

2. Análise das qualidades

Nentatsu – Alcançar o pensamento positivo nos permite ter consciência de como estamos e da virtude que queremos atingir.

3. Persistência

Joshin Kokyu Ho – A técnica da respiração nos auxilia no aumento de nossa energia vital e na reciclagem da mente. É necessária persistência para alcançar os resultados pretendidos.

4. Êxtase

Anshin Ritsumei – Conseguir a elevação, a paz duradoura. O que o Mestre Mikao Usui sentiu ao perceber o que era o Reiki.

5. Serenidade

Autotratamento – O autotratamento nos permite encontrar a harmonia e a serenidade.

6. Concentração

Byosen – Ao perceber a qualidade da energia, estamos exercitando a concentração.

7. Equanimidade

Os Cinco Princípios do Reiki – Os Cinco Princípios nos auxiliam a encontrar o equilíbrio e a transformar nossa consciência.

O Reiki é um método extraordinário, completo e exigente. Você chegará onde quiser com o Reiki, por isso o pratique. Vai um pouco mais além.

AS 10 LIÇÕES DE HSING YUN

O venerável Hsing Yun indica 10 lições que são úteis ao nosso desenvolvimento pessoal, transformação e elevação da consciência. Como ele diz, «devemos apoiar-nos no significado das palavras e não nas palavras». Apesar de estes ensinamentos serem budistas, sua verdade é universal. Vale a pena refletir sobre estas 10 lições.

1. Descubra seu maior defeito e dispõe-se a corrigi-lo.
2. Escolha até três exemplos de vida e determine-se a segui-los.
3. Tenha força e sabedoria para resistir às tentações do mundo.
4. Cultive a força da tolerância, de forma a compreender, aceitar, assumir responsabilidades, ter determinação e melhorar as circunstâncias externas. Então, passe a cultivar a tolerância

pela vida, a tolerância por todos os ensinamentos e pelos ensinamentos não surgidos, de forma a transformar o cultivo da
tolerância em força e sabedoria.

5. Aprenda a adaptar-se à pressão externa e a não se deixar afetar por ela.

6. Seja ativo e destemido. Pense antes de agir.

7. Envergonhe-se do que ignora, do que é incapaz, do que lhe
   torna impuro e rude.

8. Faça com frequência algo que toque o coração das pessoas.

9. Sinta-se bem sob qualquer circunstância, siga as condições
   corretas, esteja sempre livre de aflições e faça tudo com alegria no coração.

10. Ser corajoso e virtuoso é ter a capacidade de admitir os pró-
    prios erros.

Seu caminho para ser Mestre passa pela profunda revisão de sua vida
e pelo compromisso. O que quer fazer, como e porquê. Observe bem seus
conceitos, o que é o Reiki para você, a vida, a espiritualidade, a energia.
Compreenda seus limites e os dos outros. Se você quer dar este passo,
precisa saber aceitar e desprender. Você tem que tentar compreender os
outros e suas atitudes, para que não fique descompensado. É importante que tenha sempre em mente a atitude de humildade, que não significa humilhação, mas a compreensão de suas limitações e das limitações
dos outros. Um coração simples é sempre acolhedor. Pratique o Reiki.

44. Os próximos passos

Possivelmente, a partir de seu segundo nível de Reiki você começou a ter uma ideia, uma inspiração, sobre para onde devia ir e o que poderia fazer com este método. Para cada pessoa essa sensibilidade é diferente. Uns querem ser apenas praticantes e tratarem de si, o que é o mais importante; outros querem tratar dos demais e ainda há aqueles que pretendem ensinar, partilhar o que sabem com novos praticantes. Quero então partilhar com você algumas ideias.

SER UM TERAPEUTA PROFISSIONAL*

Ser um terapeuta de Reiki é ser alguém com uma enorme vontade de doação e sentido de ajuda ao próximo. É saber que não somos nós que curamos e que o Reiki pode auxiliar, e muito, na qualidade de vida, no processo terapêutico e até na cura da pessoa. Apesar de cada um ter uma capacidade própria para compreender a energia, o *byosen* e até o atendimento aos outros, considero importante que você cumpra todos os níveis do Reiki e adquira muita prática em tratar-se e em tratar os outros (colegas, familiares, amigos) antes de investir na vertente profissional. Aconselhe-se com seu Mestre de Reiki sobre isso, peça-lhe ajuda e orientação. Pense e sinta que para tratar os outros precisa ter uma compreensão bem grande do Universo de dor e de como não se apegar a isso ou a seus pacientes. Como poderá dar respostas, lidar com o tratamento e tudo o que este envolve e ainda saber se deve cobrar ou não

---

* Nota da editora: no Brasil, o Reiki faz parte da Política Nacional de Práticas Integrativas e Complementares (PNPIC) implementada pelo Ministério da Saúde no SUS. Esta atividade foi classificada nas atividades de práticas integrativas e complementares em saúde humana com o código CNAE 8690/01 da CONCLA (Comissão Nacional de Classificação, IBGE). É recomendado que o terapeuta reikiano, principalmente o que atue profissionalmente, solicite alvará de funcionamento junto aos órgãos oficiais para exercício de sua atividade. Não há necessidade de filiação a sindicatos.

por seu trabalho? Os Cinco Princípios irão lhe ajudar bastante, assim como as técnicas e toda sua experiência de vida. Sobre esta experiência, é mesmo como diz o senso comum – o tempo é que traz a sabedoria. É com a compreensão de todos os níveis que você entenderá melhor o Reiki e a si mesmo e, dessa forma, a todos os outros que a você chegar. Encare cada sessão como uma experiência única, pois é isso mesmo o que acontece. Veja cada pessoa como um ser único que procura a felicidade, a paz e a saúde. Comprometa-se com sua cura pessoal e ajude os outros a compreenderem a importância de seu próprio compromisso quando procuram esta terapia complementar.

SER MESTRE DE REIKI

Você pode sentir muita vontade de partilhar seu saber com os outros e isso é excelente, isto é percorrer o caminho para Mestre de Reiki. Entre o *Shinpiden* e o *Gokukaiden* deve haver pelo menos o intervalo de seis meses a um ano, para que a energia tenha tempo de trabalhar em você, para que a sabedoria seja desenvolvida à luz dos novos conhecimentos. Um Mestre de Reiki deve conhecer exaustivamente a prática de Reiki, perceber todos os pormenores dos símbolos que vai passar a seus alunos, caso contrário poderá não dar as informações mais completas ou esclarecer as dúvidas que possam surgir, tendo em conta que cada pessoa tem uma reação diferente ao Reiki. O próprio estudo do *Daikomyo* envolve profundas transformações espirituais, que podem demorar entre meses e anos, dependendo do trabalho energético e pessoal que se faça. Por isso é aconselhável tranquilidade e serenidade, pois a passagem do tempo apenas lhe trará sabedoria. Se quer ensinar os outros, lhe aconselho também que desenvolva bastante sua vertente de terapeuta antes de seguir para os cursos. É importante que possa passar sua vivência aos outros.

45. Plano de estudos

«Não se aprende bem a não ser pela experiência.» – *Francis Bacon*

Este plano de estudos é um mero exemplo para sua prática. Reflita sobre ele e, principalmente, leia seu manual. Aplique-se na aprendizagem, pois quanto mais fizer isto, mais estará ligado com a energia e poderá trabalhar de forma mais eficiente.

	AUTOTRATAMENTO	TÉCNICAS E EXPERIÊNCIAS
Semana 1	Autotratamento Dias 1 a 7. Utiliza todos os símbolos, nas mãos.	
Semana 2	Autotratamento Dias 8 a 15. Experimente fazer a repetição do *Daikomyo* em todas as posições.	Ao longo destes dois meses, dedique-se no desenvolvimento das técnicas, em você e em seus colegas, antes de aplicar terapeuticamente em alguém. Descubra o *Daikomyo* e a forma como se reflete em você a Grande Luz Brilhante.
Semana 3	Autotratamento Dias 16 a 21. Coloque todos os símbolos em todas as posições, começando no *Daikomyo* e terminando no *Chokurei*.	
Semana 4	Continue o autotratamento completo ou nas áreas onde mais necessitar. Não quer dizer que tenha que fazer diariamente, mas faça de forma sistemática, pensando na profilaxia.	
Mês 2		
Mês 3		Eleve sua consciência e percepção, tente descobrir sua essência. Inicie a prática de tratamento em outras pessoas. Registre sempre sua prática e não se esqueça de observar a ética.
Mês 4		
Mês 5		
Mês 6		

Parte V

Do *Shinpiden*
ao *Gokukaiden*

46. Do *Shinpiden* ao *Gokukaiden*

Iniciar o percurso para Mestre de Reiki é algo extraordinário, e, se realmente pretende fazer isto, recorde toda sua aprendizagem, desde o Nível 1 ao Nível 3. Tudo começou com seu primeiro dia de Reiki.

Antes de iniciar este percurso, aconselho que você faça um retiro interior de 21 dias. A cada dia faça o autotratamento, reflita sobre um poema do Imperador Meiji e pratique os Cinco Princípios. Faça uma revisão consistente das técnicas e verifique também tudo aquilo que ainda possa lhe trazer dúvidas. Se quiser, contacte-me para que lhe envie o diário do Mestre de Reiki, onde poderá anotar todas estas reflexões.

Prepare também uma espécie de monografia. Isto significa que estará fazendo uma revisão de sua vida na prática do Reiki. Escreva, por exemplo, algo sobre como foi seu percurso, o que o Reiki mudou em você, o que já ofereceu aos outros com o Reiki. Sinta como a energia leva você a refletir sobre o tema.

Medite bastante sobre qual seu objetivo com o Reiki, sinceramente.

Daqui para a frente, o livro já é dedicado a quem for Mestre do Reiki e que pretende ensinar a outros. É um conjunto de reflexões, de experiências e sugestões que talvez possam lhe ajudar a organizar o percurso que partilhará com os outros.

47. Ensinar a ensinar – *Gokukaiden*

«A verdade da vida não é uma meta a alcançar num determinado momento, no futuro: é a realidade do passo dado neste preciso instante. Pensar na realidade como uma linha reta, uma progressão linear do princípio ao fim, de causa a efeito, da ideia à realização, é um erro. A realidade é um círculo infinito e cada ponto de sua circunferência é ao mesmo tempo o centro, o ponto de partida e o ponto de chegada.» – Hogen Yamahata

Se seu percurso lhe trouxe até ao nível máximo do Reiki, então está se preparando para contemplar todo o caminho feito, até agora, com uma perspectiva completamente distinta. Uma das traduções para *Gokukaiden* 極怪伝 é a de ensinamentos profundos e secretos/maravilhosos de professores: «Transmissão dos Mais Altos Mistérios.»

> 極 — *Goku* — Extremo, o máximo atingível, o culminar;
> 怪 — *Kai* — Misterioso, maravilhoso;
> 伝 — *Den* — Tradição, método, caminho.

Neste nível você deve fazer uma revisão profunda, exaustiva e vivencial de todo seu caminho no Reiki. O *Gokukaiden* tem como ensinamento principal a explicação das sintonizações, mas ser Mestre de Reiki e ensinar Reiki não fica unicamente por aqui. Do meu ponto de vista, divulgar publicamente como é realizada uma sintonização é algo «incorreto». Esta, sim, é a arte secreta de um Mestre de Reiki e isto deve ser passado pessoalmente, trabalhado em conjunto de Mestre para Mestre, de Mestre com Mestre. Lanço-lhe um desafio.

Neste capítulo quero partilhar com você algumas reflexões. Por favor, encare isto apenas como uma perspectiva pessoal e não como algo que «tem de ser assim». O ensino do Reiki depende de imensas coisas, cada aula é diferente, cada aluno é diverso.

Irei abordar alguns tópicos, como:
- A filosofia de vida aplicada a um Mestre de Reiki;
- O plano de formação para os vários níveis de Reiki;
- Prática;
- Reflexões sobre ser Mestre de Reiki.

E porque não fazer um juramento de Mestre de Reiki e uma declaração de vida como Mestre de Reiki?

Juramento de Mestre de Reiki

*Só por hoje, sou calmo, confio, sou grato, trabalho honestamente
e sou bondoso.
Que o Mestre Usui me guie pelo caminho do Reiki.
Que o Mestre Hayashi me traga mais discernimento
em minhas práticas.
Que a Mestra Takata me mostre a simplicidade do Reiki.
Que eu seja como um bambu,
Oco, para que o Reiki flua através de mim.
Que meu discernimento nunca seja toldado pelo ego
ou pela aparência.
Que eu sempre pratique e continue a aprender.
Que o amor incondicional flua pelos meus ensinamentos.
Que o Reiki seja praticado com sabedoria, amor e alegria.
Que seja uma fonte inesgotável de energia universal.
Que os Mestres me guiem para que sempre respeite os outros
praticantes, independentemente de seu sistema ou caminho.
Comprometo-me a praticar o autotratamento
e os Cinco Princípios, constantemente.
Ao ensinar Reiki, é neste método que me foco e é este método que
honro, respeitando o ensinamento de todos os Mestres e sempre
escutando os outros de coração aberto.
Só por hoje, sou calmo
Confio
Sou grato
Trabalho honestamente
E sou bondoso.*

48. A filosofia de vida

«Em primeiro lugar temos de curar o nosso espírito. Em segundo lugar temos de manter o nosso corpo saudável.» – Mikao Usui

O trabalho de um Mestre do Reiki não é nem simples nem fácil, mas com a sabedoria dos princípios tudo pode ser vivido de uma forma bem diferente. As dificuldades que surgem nos trazem iluminação e a constante aprendizagem nos torna artistas e especialistas no caminho para a felicidade. Aplique constantemente os Cinco Princípios e ajude seus alunos a compreenderem a importância dos mesmos. Quanto mais trabalharmos com o Reiki, mais os princípios devem estar presentes.

SÓ POR HOJE, MESTRE DE REIKI

Estar no momento presente no ensino e no planejamento do percurso dos alunos: a prática não se faz apenas num dia e, mesmo tendo um curso ou uma aula estruturada, pode-se mudar muito quando existem necessidades particulares nos praticantes. Nosso trabalho é sentir a energia, fluir com ela e passar o melhor do ensinamento, no momento presente. Ser feliz agora, para poder continuar a ser feliz no futuro.

Sou calmo

No início de cada trabalho, ou após cada intervalo, vamos nos remeter à ligação da energia, com as mãos em *Gassho*. Em silêncio, sentir como estamos, de mente vazia. Praticar os princípios e deixar essa vibração irradiar em nós e no espaço que nos rodeia. Se um aluno estiver mais ansioso, com muita necessidade de falar ou expor suas ideias sobre os temas, permita que ele fale mas compreenda também a necessidade dos outros e, com calma, remeta as questões ao que é mais importante no Reiki. Ensine ao longo do tempo, com calma e serenidade, pois não é num dia que se sente tudo sobre o Reiki ou que se compreende a profundidade de uma vivência.

Confio

Acredite no que você ensina e pratique o que ensina. Confie no que a energia lhe diz e espelhe os bons ensinamentos. Tudo está na simplicidade dos Cinco Princípios e na Arte Secreta de Convidar a Felicidade. Auxilie seus alunos a confiar em si mesmos, em suas capacidades e no Reiki, escutando as lições que a vida tem para eles. Promova a confiança mútua através da partilha de energia, com serenidade e consciência, mostrando como trabalhar com a energia e como respeitar o espaço do outro.

Sou grato

Agradeça todas as dificuldades e a beleza que o Reiki lhe traz na vida. Auxilie seus alunos a compreenderem a benesse da gratidão e a construírem coisas boas com as dificuldades que sentem na vida. Que haja sempre agradecimento, antes e após cada prática.

Trabalho honestamente

Lembre-se do que você passou ao aprender Reiki e faça melhor para seus alunos. Um Mestre de Reiki está sempre em aprendizagem, sempre percorrendo todos os níveis, e isso requer também tempo para que ele mesmo reaprenda e assimile todas as novas perspectivas com que vê as velhas coisas. Ajude seus alunos a trabalharem honestamente consigo mesmos, nos princípios, no autotratamento e no tratamento aos outros. Promova a verdade e o esclarecimento, traga luz à mistificação, traga Reiki para todo seu trabalho e sua vida.

Sou bondoso

Aceite cada um na totalidade de seus aspectos e pratique o desapego. Auxilie a gerar atos de bondade e promova as boas ações através do Reiki. Leve o Reiki à comunidade que mais necessite, mas ajuda também cada um a compreender o valor que ele tem para não desperdiçar a valiosa oportunidade do que recebe. Acima de tudo, seja bondoso consigo mesmo... e isso já diz tudo.

49. Plano de formação

Ensinar Reiki é simples, mas preparar cursos e aulas pode trazer alguma confusão inicial, por isso quero compartilhar com você algumas ideias. Costumo separar o ensino em dois momentos: o dia do curso e as aulas ou workshops. O dia do curso representa o momento da sintonização e do ensino de todas as matérias-base do respectivo nível, e as aulas ou workshops representam todo o acompanhamento e aprofundamento da matéria correspondente em cada nível. Cada Mestre ensina de uma forma muito peculiar e isso faz parte; quanto aos conteúdos, eles poderão ter uma determinada linha orientadora, que é o Reiki, e depois até poderão ser enriquecidos com outros saberes. Tente perceber como dará esse dia de curso e como fará o acompanhamento de seus alunos. Até como responder a questões como «e se um aluno que não é meu quer aprender outro nível que não o inicial?». Há mesmo muita matéria de reflexão e terá que estar muito ligado à energia para ocorra o melhor.

DIA DO CURSO DE REIKI

Este é um dia fantástico em que o praticante iniciará o nível a que se propôs ou foi proposto. Reservo este dia para a sintonização; o ensino da matéria-base e vital desse nível; a prática da matéria, com o próprio e com os colegas. Acredito que um curso não deva ser apenas um momento em que o Mestre fala e os outros escutam, pelo contrário, deve ser uma partilha constante com muita prática. É praticando que o aluno compreende os conceitos e, principalmente, consegue distinguir o que é trabalhar com a energia.

AULAS DE REIKI

Estes exemplos são aulas de acompanhamento após a sintonização do aluno na aula inicial. O plano de aulas está num tempo seguido à sintonização. Se por acaso você der mais do que uma aula por mês, pode considerar cada mês como um tema. É importante criar momentos de teoria, esclarecimento de dúvidas e muita prática. É a prática que permite comprovar o que se aprende e também observar como é o Reiki nos outros. Toda essa experiência enriquecerá o praticante.

NÍVEL 1 – *SHODEN*

O Nível 1 é a base do Reiki. Aqui a prática poderá estar muito centrada nos princípios, em sentir a energia e na prática uns com os outros. Muitos mestres não ensinam a cuidar de outras pessoas no Nível 1, mas aqui apenas espelho a prática que podem fazer dentro da sala de aula, uns com os outros.

	TEMA	MATÉRIAS
Aula 1	Sentir	O *byosen*, os chacras e a aura.
Aula 2	Aproximar	Tratamento simples a colegas.
Aula 3	Escutar	Técnicas para o desenvolvimento pessoal e energético.
Aula 4	Crescer	Técnicas para o desenvolvimento pessoal e energético.
Aula 5	Cuidar	Tratamento aos outros.
Aula 6	Viver	Reiki no cotidiano, a filosofia de vida e a prática terapêutica.

NÍVEL 2 – *OKUDEN*

No Nível 2 já teremos a inclusão dos símbolos, o que trará uma riqueza na experimentação do praticante. Também acho interessante reforçar o tema do envio do Reiki à distância, pois muitos alunos gostam de fazer isto, querem, mas não sabem bem como fazê-lo. Neste caso, além de aproveitarmos para tratar questões próprias de cada aluno, podemos ainda enviar Reiki para o planeta. Estes temas e matérias são meras sugestões; sempre se manterão na base, constantemente, o autotratamento e a prática dos Cinco Princípios, além da frequente prática das técnicas.

	TEMA	MATÉRIAS
Aula 1	Potenciar e harmonizar	Desenho do *Chokurei* e do *Seiheki*.
Aula 2	A transformação mental e a distância	Desenho do *Honshazeshonen* e os tratamentos à distância.
Aula 3	Tratamentos	Tratar os outros com o segundo nível.
Aula 4	Técnicas	Aprofundamento das técnicas.
Aula 5	Tratamentos	Tratar os outros com o segundo nível.
Aula 6	Tratamentos	Prática dos três símbolos nos vários corpos.

NÍVEL 3 – SHINPIDEN

No *Shinpiden* trabalhamos muito a vertente e o corpo espirituais, sem nos esquecermos de todos os outros corpos e ensinamentos dos níveis 1 e 2. Neste nível, tudo deve ser integrado segundo uma outra perspectiva e saber. Dependerá muito de você e de sua entrega como Mestre.

No *Shinpiden* alguns alunos são confrontados com seu lado sombrio e pode ser muito difícil lidarem com esta situação. Auxilie-os a compreender, trate deles e motive-os a não desistirem; pelo contrário, ajude-os a compreenderem o bem que o Reiki está fazendo para eles ao identificar o que há ainda para ser trabalhado.

	TEMA	MATÉRIAS
Aula 1	*Daikomyo* no dia a dia	Desenho do *Daikomyo*. Aprender a colocar o símbolo no nosso cotidiano.
Aula 2	A iluminação do caminho	Trabalhar com o *Daikomyo* para iluminação do caminho na vida.

Aula 3	Tratar e cuidar	Praticar o tratamento nos outros.
Aula 4	Tratar e cuidar	Praticar o tratamento nos outros.
Aula 5	A cura do Eu--sombra	Observar com maior profundidade os efeitos do *Daikomyo* na elevação da consciência e limpeza da energia densa em nós.
Aula 6	A iluminação do Mestre interior	Assumir a ligação com a energia e todo o crescimento que isso envolve. Assumir o desapego e a aceitação, respeitar e saber cuidar de si mesmo e dos outros.

NÍVEL 3B – *GOKUKAIDEN*

Ao longo destes anos de prática fui tendo várias experiências no ensino. Já ensinei num fim de semana, também ensinei em três, seis, nove meses. Neste momento da vida, considero que a formação de um Mestre de Reiki é algo que tem mesmo de ser trabalhado ao longo de um ano e repare que aqui apenas lhe posso dar minha perspectiva, não quero dizer que tenha realmente que ser assim ou que só assim é correto.

Ao longo deste tempo, o futuro Mestre deve assistir à realização de cursos e sintonizações, assim como a workshops de acompanhamento. Ou seja, ao longo do ano, o futuro Mestre participa o máximo possível em todo o trabalho com Reiki, para que tenha o enriquecimento de observar workshops e cursos com a perspectiva de quem irá futuramente ensinar, usufruindo também as questões que são levantadas, as partilhas de saber e, sem dúvida alguma, a energia Reiki. Neste tempo de prática costumo também criar dois meses de estágio, no qual os Mestres trabalham a parte terapêutica, no atendimento ao público. O ensino do Reiki tem a forte componente da sintonização, sem dúvida, mas também tem a de ensinar a cuidar e a tratar os outros, além da filosofia de vida. É por estas razões que a formação de um Mestre se faz ao longo de muito tempo. Este tempo começa exatamente no primeiro dia de seu Nível 1 de Reiki.

É possível que venha a ter alunos que não iniciaram a sua aprendizagem com você. Fica ao seu critério como os aceitará e como lhes dará formação. Respeite o que lhes foi ensinado e explica-lhes a importância do conhecimento que está passando para eles. Reparará que alguns Mestres que você formar irão voltar ao método de ensino que estudaram inicialmente e pouco uso darão ao que aprenderam com você. Poderá acontecer, por isso não estranhe e nem se sinta mal com isso.

Considere o seguinte exemplo de programa:

MÊS	MATÉRIAS DE EXEMPLO
1	Introdução ao *Gokukaiden* e aos aspectos práticos de se ser um Mestre de Reiki. Os valores e as atitudes. Estruturação de um curso de Reiki.
2	Ensino do Nível 1 de Reiki. Receber as sintonizações. Preparação do manual e das aulas.
3	Ensino do Nível 1 de Reiki. Como sintonizar. O que significa a sintonização. Apoiar os alunos. Revisão da matéria.
4	Revisão das sintonizações, através da prática. Partilha dos trabalhos pessoais e de conjunto.
5	Ensino da terapia. Como ensinar a dar Reiki aos outros.
6	Ensino do Nível 2. O que é o *Okuden*. As matérias e a preparação do manual. Receber a sintonização.
7	Ensino do Nível 2. Como realizar a sintonização. Prática das matérias.
8	Ensino do Nível 3. O que é o *Shinpiden*. As matérias do nível e a preparação do manual. Receber a sintonização.
9	Ensino do Nível 3. Como realizar a sintonização. Prática das matérias.
10	Ensino do Nível 3B. Revisão dos meses anteriores na perspectiva de Mestre e como isso será colocado em prática aos futuros alunos.
11	Revisão das sintonizações e das práticas.
12	Revisão de questões. Exame final.

50. Prática

«É fazendo que se aprende a fazer aquilo que se deve aprender a fazer.» – Aristóteles

O ensino do Reiki pode levantar algumas questões que nunca lhe passaram pela cabeça e é natural que isto aconteça, pois há tantos pequenos pormenores que é quase impossível termos tudo em conta. Quero aqui salientar alguns aspectos interessantes para você considerar:

- Sintonizações;
- Ensino à distância;
- Como fazer um manual de Reiki.

AS SINTONIZAÇÕES

A sintonização é a conexão que dará a seu aluno de Reiki. É um momento muito importante e que pode trazer mudanças ao praticante. Aqui ficam algumas questões práticas que surgem frequentemente.

SINTONIZAR ALUNOS QUE NÃO SEJAM DO MESMO SISTEMA

Por vezes, quando surgem alunos de outros sistemas, minha postura é sempre a de aceitar tudo o que lhes foi ensinado, prestando respeito a seu Mestre. Todos aprendemos Reiki e isso é o importante, não o sistema ou a escola. Como tal, aceito seu ensinamento e convido o aluno a participar também nos workshops dos outros níveis, para que esteja por dentro das matérias e práticas que costumo efetuar. Veja o que faria sentido para você.

SINTONIZAR ALUNOS DE OUTROS MESTRES

Por uma questão ética e pessoal, não aceito alunos de Mestres que estejam na proximidade geográfica ou que sejam de núcleos da associação, para que não exista qualquer tipo de disputa ou mal-estar. É a minha filosofia de vida, com a qual me sinto bem. Por vezes surgem alunos de outros Mestres e nunca tento perguntar porque querem mudar, nem dou espaço para que fale mal dos outros, já que isso nada tem a ver com o Reiki. Houve também alunos meus que mudaram de Mestre e fui eu mesmo que recomendei Mestres que estariam em maior proximidade geográfica, por exemplo. Acredito que isto é Reiki, fazer o nosso melhor, receber da melhor forma e saber entregar. Um aluno que venha para outro nível faz uma preparação e também lhe ofereço a sintonização do nível anterior. Veja como você agiria nesta situação, é uma boa reflexão.

QUANTO TEMPO DEMORA UMA SINTONIZAÇÃO DE REIKI

Por vezes um aluno do Reiki questiona quanto tempo demora a sintonização e essa mesma questão poderá ter o próprio Mestre de Reiki. No sistema tradicional, e outros de base semelhante, a iniciação de Nível 1 é bastante diferente das dos níveis 2 e 3. No Nível 1 o aluno recebe quatro sintonizações e o Mestre optará pela melhor forma de as dar. Poderão ser as quatro em conjunto, uma a uma em tempos separados ou duas a duas em tempos separados. Não há uma regra rígida, é uma opção do Mestre.

Fatores que podem condicionar o tempo

Existem várias condições que poderão fazer prolongar o tempo de uma sintonização. Aqui ficam alguns exemplos:

- A condição energética do aluno – Em uns parece correr muito depressa, em outros é extremamente lento. Tem mesmo a ver com seu canal energético e algumas situações a serem desbloqueadas;
- O Mestre sente perder a noção do tempo e do espaço – No caso do Nível 1 é ainda mais comum, podendo se esquecer em que sintonização está, se na 2.ª ou na 3.ª. É comum isto acontecer e poderá ter como causa o desenraizamento ou a comunicação energética entre aluno e Mestre;
- O aluno apresenta algumas reações físicas à sintonização, tais como movimentos dos olhos, afastamento da cabeça, movimentos do corpo, entre outras, que poderão ter a ver com a sua sensibilidade à energia e com a resposta que seu próprio corpo energético dá ao corpo físico. No caso de pessoas com questões emocionais

e mentais mais profundas, o Mestre deve também ter seu tempo em atenção para com a intensidade da energia;

- O Mestre sente situações energéticas, físicas, mentais ou emocionais do aluno – Poderá acontecer o Mestre ter uma percepção de algumas situações a serem resolvidas pelo aluno e isso poderá levar algum tempo mais para fazer a sintonização, pois pode resolver algumas delas com o processo.

Só nestes quatro exemplos você já pode encontrar muita matéria de reflexão. Uma sintonização não é um processo mecânico, mas um ato de profundo respeito pelo Reiki e por todos os intervenientes. Não deve haver pressa, mas serenidade.

Para que não seja desconfortável para os alunos, no caso do Nível 1, porque não ensiná-los a meditar esvaziando a mente? Sem dúvida que sua elevação da consciência irá ajudar em todo o processo. Muitas vezes é a mente que bloqueia. Ou ainda: porque não fazer o *Joshin Kokyu Ho*? Irá sem dúvida auxiliar na acumulação da energia vital. Ou então a meditação *Gassho*. Após a sintonização, você deve incentivá-los a colocarem as mãos onde sentirem mais necessidade e a não ficarem somente com as mãos no coração e no Plexo Solar, a deixar fluir a energia, ou quem sabe até explicar-lhes antecipadamente como fazer o autotratamento.

O ALUNO SENTE-SE MAL DEPOIS DA SINTONIZAÇÃO

Pode acontecer, se ele tiver algum tipo de bloqueio ou se está demasiadamente ansioso, entre muitos outros exemplos. Não tem problema algum: faça todos os alunos praticarem o banho seco e a chuva de Reiki, oxigenarem-se e sentirem como estão, pois na maior parte das vezes estes exercícios resolvem o problema.

Se tal acontecer no dia seguinte, isso já pode ser mesmo a «crise de cura». Trate-a com naturalidade, pois é isso mesmo que é, um processo natural dos vários corpos para se harmonizarem. Sugira técnicas para ajudar a trabalhar esses aspectos, com muita hidratação e compreensão do que há para ser mudado. Caso o aluno não consiga por si mesmo, é preferível ir falar com você e receber uma sessão de Reiki.

ENSINO DO REIKI À DISTÂNCIA

Como diz o fundador do Hekikuu Reiki, Kenji Hamamoto, «para assistir efetivamente ao despertar de um aluno para o Reiki, o professor precisa estar presente, tem de ser capaz de ter atenção aos sinais fisiológicos que o processo vai revelando e de receber uma resposta energética tangível. Seria desrespeitador para com o aluno simplesmente elevar as mãos à distância, receber seu dinheiro e ter esperança».

Creio que esta citação diz muito sobre o Reiki à distância, mas também temos de olhar para outras perspetivas. Vamos imaginar um aluno que está muito distante, num local inacessível e sem um Mestre por perto. O que fazer?

É em situações como esta que é necessário reflexão. Por isso, nada melhor do que sermos mesmo praticantes de Reiki e refletirmos com os Cinco Princípios e a sabedoria do Mestre Usui.

COMO FAZER UM MANUAL DE REIKI

Como fazer um manual é a interrogação mais frequente para quem está num *Gokukaiden* ou terminou recentemente seu Nível 3 em Reiki. Lembre-se sempre de que o Reiki atua em cada um de forma única. A vivência é própria do praticante e este poderá incluir na prática do Reiki muitos outros saberes. O conhecimento e o desenvolvimento não terminam no último dia de curso, dado que há toda uma continuidade e um desenvolvimento interior e pessoal, necessários para alcançar o objetivo do Reiki. Como o Mestre Mikao Usui dizia, o Reiki é a arte secreta de convidar a felicidade.

A INSPIRAÇÃO

Por vezes damos voltas e mais voltas para iniciar ou remodelar um manual. Será assim tão complicado? Como fazer um manual de Reiki se não me ligar ao Reiki para fazê-lo?

> **Dica:** praticar o *Hatsurei-Ho*, a meditação *Gassho*, o *Nentatsu*... ligar-se à energia Reiki, deixar fluir. Sentir interiormente o que é para criar ou mudar.

Fazer ou não fazer

Há quem opte por não organizar um manual, mas usar o de seu Mestre – e está correto. A linha orientadora mantém-se, o Mestre sente-se confortável com os conteúdos e irá passar a mesma mensagem a seus novos alunos. Esta pode ser uma opção para quem não consegue criar um novo e é uma opção válida.

> **Dica:** se irá usar o manual de seu Mestre, não se esqueça de o reler várias vezes ao longo do tempo, pois poderá começar a ensinar matérias de fora do manual ou considerar que algumas das partes escritas podem estar desatualizadas ou fora de sua nova forma de estar na vida.

Corta e cola

O meu professor de Design, Robin Fiord, dizia várias vezes «*cut and paste, cut and paste*» («corta e cola, corta e cola»). Este era um princípio dos tempos em que não se usava computador para paginar. Tínhamos que simular para tentar perceber o resultado final. Na construção de um manual de Reiki podemos seguir esse princípio. Estudar outros manuais, estudar estruturas, comparar com o que está em nossa cabeça e no coração. Cortar e colar nos leva a perceber melhor o todo que queremos atingir. O resultado de algo novo é sempre o conjunto das coisas que observamos e vivemos.

> **Dica:** se você usar conteúdos escritos por outras pessoas, não se esqueça de citar corretamente seus autores.

A investigação

Em qualquer trabalho literário existe investigação (ou deve existir). Escrever um manual, um guia prático de Reiki, não é escrever para nós próprios, mas para os outros.

> **Dica:** fale com seus colegas Mestres e com alunos. Partilhe ideias, peça sugestões. O que faz falta saber? O que mais se quer aprender? Como fazer com o Reiki?

A ESTRUTURA

Certamente que esta é a seção mais importante de todo o artigo – como estruturar o manual de Reiki?

A experiência da vida enquanto formador em vários campos, não só de Reiki, mostra-me que não existem manuais perfeitos, únicos ou definitivos. Tudo está em constante transformação. O Mestre deve sempre lembrar-se de que o Reiki é vivencial – sua própria percepção muda ao longo do tempo. Podemos dividir a estrutura de um manual de Reiki em três componentes: Tópicos Introdutórios, Tópicos Essenciais, Tópicos Complementares. Os primeiros tratarão de tudo o que for relativo ao Reiki, sem o qual o praticante não adquirirá o saber necessário. Os Tópicos Complementares são as perspectivas e vivências que o Mestre quer partilhar com o aluno, podendo não ser relativo ao Reiki; um exemplo disso são as técnicas de *Chi ung* ou Cristais. Os Tópicos Introdutórios estão relacionados com a exposição de temas sobre Reiki.

O exemplo a seguir, para um manual de Reiki de Nível 1, segue uma perspectiva do sistema tradicional. Estando o saber tão disseminado, estes temas não são exclusivos do sistema, podendo ser aplicados por todos. Não existem sistemas perfeitos nem absolutos. Sendo o Reiki uma prática de amor incondicional, é esse o estado de espírito que devemos manter.

Tópicos introdutórios
- Como usar o manual
- Compreender o processo de vivência do Reiki
- O trabalho interior
- Visão holística
- Bibliografia

Tópicos essenciais
- O que é o Reiki
- A história do Reiki
- Os Cinco Princípios – *Gokai*
- Os Três Pilares do Reiki
- O corpo energético
- A sintonização (explicação)

- Os 21 dias
- A crise de cura – *Koten Hanno*
- As técnicas de Reiki
- Autotratamento
- Tratamento a outros
- A ética
- Guia do método de cura

Tópicos complementares
- Glândulas endócrinas
- Corpo energético, várias abordagens
- Anatomia
- Técnicas de meditação
- Plano de estudos

O manual pode ainda conter uma perspectiva do Mestre sobre sua vivência do Reiki e da prática que recomenda.

Para compilar os manuais dos restantes níveis, segue as indicações colocadas nas seções anteriores – medite, ligue-se à energia, siga o que faz mais sentido para você, respeite o Reiki e sua origem.

51. Reflexões sobre ser Mestre de Reiki

«Um momento é tempestuoso.
O momento seguinte é calmo.
A onda no oceano
É na verdade
Como a existência humana.»
– Imperador Meiji

Ser Mestre de Reiki pode ser interpretado como uma profissão ou uma forma de estar simples e sem trabalho... ou talvez não. Engana-se se você acha que ser Mestre de Reiki é algo muito simples, sem grande responsabilidade. Pense e sinta que ensinar traz uma responsabilidade tão grande quanto qualquer outra profissão formativa, pois a preparação, a avaliação prévia, durante e depois, o investimento nos materiais, a constante prática, a renovação do conhecimento e a garantia das condições ótimas do canal energético são alguns dos afazeres que terá enquanto Mestre de Reiki.

De uma forma muito simples, identifico 21 trabalhos de um Mestre de Reiki:

1. Preparação e revisão do manual – há sempre algo mais a acrescentar ou a modificar, por isso são mudados muitas vezes;
2. Impressão dos manuais – ir à loja, encadernar em casa ou fazer em livreto e grampear;
3. Preparação das aulas e do próprio dia do curso;
4. Confirmação dos alunos para o curso;
5. Envio das recomendações para a semana que antecede o curso, assim como para o próprio dia;
6. Meditar sobre o grupo que irá iniciar seu percurso;
7. Praticar autotratamento todos os dias;
8. Reflexão constante sobre o ensino e a prática;
9. Dar acompanhamento, através de workshops ou partilhas;

10. Preparar com antecedência os conteúdos teóricos e a prática dos workshops;
11. Avaliar cada aluno, segundo seu saber e prática;
12. Apoiar em todas as questões, presenciais ou por e-mail;
13. Estudar e praticar novas técnicas de Reiki para avaliar como introduzi-las nos cursos;
14. Investir nos materiais didáticos – apresentações de *powerpoint*, diagramas ilustrativos etc.;
15. Atualizar as informações nos meios sociais de comunicação – *Facebook*, blogues etc.;
16. Investir em novos materiais de apoio aos alunos – gravação de meditações, fichas para realização de terapias, vídeos sobre técnicas etc.;
17. Investir financeiramente em equipamentos que permitam melhorar os cursos e o trabalho decorrente dos mesmos – computador, gravador de voz, projetor, macas, quadro, impressora a laser, grampeador A4, livros sobre Reiki e outras matérias relevantes à formação;
18. Meditar e praticar constantemente os Cinco Princípios do Reiki;
19. Reavaliar os materiais do curso à luz das novas aprendizagens e das partilhas com outros Mestres e alunos;
20. No final do curso, preparar e imprimir os certificados;
21. Avaliação de todo o trabalho realizado com os alunos, meditação sobre o estado interior e sobre ser Mestre.

Esta lista é apenas uma enumeração simples de algumas das tarefas que nos compete fazer; muitas outras facilmente surgem, dependendo do empenho e da resolução do Mestre. Acima de tudo, ser Mestre é uma forma de estar e de ser que se vai desenvolvendo ao longo da vida, não é um estatuto nem um título. Requer muito trabalho diário, interior e exterior, escutar e apoiar, crescer com o todo que nos envolve.

Se você está habituado a ter finais de dia e fins de semana, então terá de reavaliar essas necessidades. É nessas alturas que terá que dar acompanhamento e cursos, ou, noutra vertente, terapias. Esta situação pode causar impacto na dinâmica familiar, por isso a comunicação é essencial.

Fale sempre com o/a parceiro/a, com os filhos, explique a importância deste trabalho e o retorno que tem para você e para todos. Não é fácil, mas é possível, mantendo o diálogo, fazendo a família participar na dinâmica e nesta forma de estar na vida.

A DEDICAÇÃO

Telefonemas, SMS, e-mails... – você terá capacidade para lidar e responder à quantidade de questões e solicitações que chegarão?

Um Mestre responsável, irá acompanhar e dar o melhor de si a seus alunos. Isto envolve uma quantidade de tempo considerável ao longo do dia, o que implicará uma boa capacidade de gestão do tempo. Tudo se aprende, principalmente se aceitar seu papel. Dedique-se tendo em atenção seu próprio autocuidado e sua sanidade. Também dê tempo a si mesmo.

UMA ETERNA APRENDIZAGEM

A aprendizagem não parou no último dia do curso de Reiki. Ser Mestre não é de repente ficar sábio, mas ter um conhecimento pleno do Reiki e de todas as matérias que envolvem seu relacionamento com os outros. Ler, frequentar cursos e partilhar com seus pares é vital para um crescimento contínuo. Porque será que os Mestres de Reiki não se encontram mais vezes para partilhar?

A PRÁTICA

Se você ainda não deu um curso de Reiki, então o melhor é praticar. Porque não juntar amigos e/ou familiares para um dia diferente?

Avaliar o que se ensina é importante. Ensinar o que nunca se praticou não é boa política. Se irá ensinar alguém a tratar os outros, convém que tenha uma boa experiência na matéria. Reiki também é meter a «mão na massa».

O EQUILÍBRIO

Ser Mestre de Reiki é ser capaz de manter uma atitude equilibrada e consciente. Colocar-se acima de todos, num pedestal, como Mestre infalível e já perfeito, é meio caminho para que algumas lições de vida despontem. Não são as roupas ou as atitudes de um momento que fazem um Mestre. No equilíbrio emocional percebe-se que não há necessidade disto, que a mestria é algo atingível por todos em vários momentos da vida e que não é isso que os faz mais ou menos do que seus pares. Todos sofremos as instabilidades da vida e as inconstâncias interiores e exteriores, mas devemos ter a humildade de não dar passos maiores do que a perna. Primeiro encontra-se o equilíbrio, que é a plataforma de segurança, depois dá-se.

Afinal, é algo muito bom

Se soubermos integrar bem esta forma de estar na vida, assim como gerir as expectativas de todos e as nossas próprias, ser Mestre de Reiki é algo fabuloso. É poder partilhar Reiki em sua forma única, na prática. Nossa prática interior irá reverberar para aqueles que nos procuram como Mestres. Os desafios que nos colocarão servirá para nos melhorarmos cada vez mais. Não estejemos fechados numa caverna, mas expostos às necessidades e dúvidas de quem está aprendendo... se calhar, até aquelas pelas quais nós já passamos. Nada como ter uma vida rica de experiências para partilhá-las.

A DEDICAÇÃO AOS ALUNOS

Não é tarefa fácil chegar a Mestre de Reiki se realmente nos predispusermos a levar o tempo necessário para a prática e a vivência. Construir o caminho pode parecer simples, basta dar cursos, mas isso não é verdade!

Quando começamos a preparar as aulas, nos apercebemos da complexidade. Quando recebemos os alunos e trabalhamos com eles individualmente, cada um com suas características e necessidades, mais complexidade surge. Então, como resolver ou encarar essas situações?

O próprio Reiki nos dá essas respostas, através dos Cinco Princípios. «Só por hoje» – lide com uma situação de cada vez, não se deixe atropelar pelas emoções. «Sou calmo» – procure receber as situações com tranquilidade e também dê tranquilidade àqueles que te procuram, fazendo crescer as emoções positivas. «Confio» – se surgirem perguntas complicadas, que você nunca vivenciou ou já tenha tido conhecimento, então seja humilde: nada como abertura, verdade e simplicidade. Um

Mestre de Reiki não é um ser supremo que atingiu o auge da sabedoria. É um ser em construção. «Sou grato» – agradeça por seus alunos e pelas situações, não se queixe tanto por ter poucos alunos ou não ter nenhum: tudo leva seu tempo e a vida é muito dinâmica. Quem hoje tem muitos amanhã não terá, e depois voltará a ter: tudo é impermanente, daí valer a pena agradecer. «Trabalho honestamente» – seja sempre verdadeiro e dê seu melhor aos outros. Essa honestidade inclui até suas experiências que falharam; por vezes, quando partilhamos o caminho errado, outros aprendem e retiram lições, não vale a pena se colocar num pedestal. «Sou bondoso», acima de tudo – essa bondade começa em você e aumenta para todos os que lhe rodeiam. Não se atormente com os erros, mas os corrija; não se queixe da incapacidade, mas gere coisas boas, que possam ser úteis para muitos. Seja feliz e ajude os outros a serem também, é essa a essência do Reiki, «a arte secreta de convidar a felicidade».

E QUANDO FORMAMOS UM MESTRE DE REIKI?

A responsabilidade e a exigência são as mesmas para todos os níveis, seja no Nível 1 como um Nível 3B. Ao formarmos Mestres de Reiki estamos iniciando um novo ciclo que dará oportunidade a nosso aluno. Então, devemos refletir: que oportunidades dou a meus alunos, o que faço por eles?

Não podemos encarar o Reiki, hoje em dia, como apenas um dia e adeus. Principalmente neste momento, em que tanta divulgação e esclarecimento estão acontecendo, quando surge voluntariado em todo o tipo de instituições sociais e até em hospitais. Pode haver uma grande diferença entre um aluno de Nível 2, que faz um dia de prática, e outro que passa meses praticando. Neste aspecto, colocam-se as devidas ressalvas, pois o Reiki não é mecânico, tem que haver trabalho interior. O mesmo se passa com um aluno de Nível 3, que tirou rapidamente todos os níveis, e aquele que levou seu tempo de trabalho interior e de prática. Se você é Mestre de Reiki e recebe Reiki de seus alunos, de quais gostarias de receber? Se eles iniciam seu trabalho como profissionais, sem experiência, o que sente em relação a isso? A responsabilidade é deles, naturalmente, mas que oportunidades de formação e crescimento tiveram?

O próprio ensino deve mudar; não na essência do Reiki, esse é simples, mas a mudança deve estar na vivência, na oportunidade de prática e de realização. Temos de mudar a consciência, mudar a prática. A forma como aprendemos Reiki poderá não ser a mais adequada para estes dias, por isso, por que não mudar?

Não tenha medo de criar oportunidades para seus alunos. O medo cria apego, o apego traz tristeza e sofrimento. Não tenha medo de dar alunos a seus alunos, faça com que eles cresçam e você também crescerás com isso. Acima de tudo, pratique o que ensina – o amor incondicional também se estende ao novo Mestre de Reiki que você formou.

E você, novo Mestre de Reiki, como honra o que lhe foi transmitido?

Eu agradeço a todos meus alunos pelo crescimento que me trazem, pelo carinho e ensinamentos, pela partilha, desafios e bondade. Que eu também possa sempre crescer para lhes dar cada vez mais.

COBRAR OU NÃO COBRAR

«E isto é verdade. Em 1936, quando regressei do Japão, o Mestre Hayashi avisou-me: "Quando te tornares Mestre, nunca o faças gratuitamente, porque não lhe darão valor, porque foi gratuito. Se não há pagamento, não tem valor." Mais uma vez, perguntei ao meu professor: "Mestre Hayashi, consente que eu faça uma só aula gratuitamente? Uma aula para todas as pessoas que me ajudaram ao longo deste ano de tristeza e sofrimento? Gostaria de lhes dar uma aula de Reiki gratuita para que pudessem se beneficiar." E o Mestre Hayashi respondeu: "Agora que está bem, pode mostrar-lhes sua gratidão através do tratamento, quando precisarem, mas não para lhes dar uma aula, para depois usarem esses ensinamentos e se beneficiarem. Isso nunca será aceitável."» – Takata

A prática de Reiki é distinta em níveis de diferentes aprendizagens, com técnicas próprias e formas de crescimento pessoal que são progressivas. Cada nível é marcado por uma sintonização diferente com a energia, aumentando o canal, a ligação, e trazendo outras frequências e ferramentas para o praticante. No nível do crescimento pessoal, são ensinadas mais técnicas e perspectivas para a transformação da pessoa, mas mantendo sempre a mesma base de filosofia de vida – os Cinco Princípios.

Cada nível tem um valor, um investimento próprio, e, para os praticantes, nem sempre é claro o motivo dessa diferença.

Outros tempos, outros valores dos níveis de Reiki

Segundo Fran Brown, a Mestra Takata teve de vender sua casa para continuar os estudos com o Mestre Hayashi. Também Chiyoko Yamaguchi conta que no tempo dela os valores davam para comprar uma pequena casa. Já no tempo da Mestra Takata, nos anos 1970, ela cobrava cerca de 10 mil dólares por um *Shinpiden*, o Nível 3. Se hoje consideramos esse valor alto, imaginem a importância que teria há 50 anos. Segundo os índices de inflação, corresponderia hoje a cerca de 61 mil dólares.

A tradição, o saber, a conquista

Na tradição japonesa, aprender uma arte não era nem barato, nem rápido, nem fácil. Em muitas artes, o *Sensei*, em primeiro lugar, teria de aceitar o aluno, vendo sua tendência, a capacidade e o empenho para receber e praticar o ensino. O pagamento também teria lugar, salvo algumas exceções que teriam outro tipo de compensação, como, por exemplo, ser criado do *Sensei*. Isto são exemplos que vão desde as artes marciais à caligrafia. Sendo uma «tradição» social japonesa, faz sentido que o mesmo estivesse presente no Reiki, apesar de não termos conhecimento dos valores e formas de aceitação de alunos do Mestre Usui.

Numa escola japonesa, a continuação do saber só é passada ao sucessor do *Sensei*. No Reiki sempre houve confusão: teria sido Hayashi, teria sido Juzaburo Ushida, presidente da Gakkai (almirante que iniciou sua aprendizagem em novembro de 1925, juntamente com outros 17 oficiais da Marinha), o sucessor direto de Usui?

Sabemos que, para ser sucessor, tem de se ter um amplo conhecimento do ensinamento do *Sensei* e de todo o espírito que envolve a arte. Deve ser capaz de passar o saber tal como ele é, sem colocar suas impressões pessoais (a não ser que tenha autorização para tal).

Estes pontos que aqui apresento servem como perspectiva cultural para que se compreenda os valores que eram praticados nos níveis de Reiki.

Porque aumenta o valor de nível para nível?

Quando aprendi uma arte chinesa, similar ao Reiki, mas com um componente adicional físico/energético, tive que cumprir três níveis de aprendizagem em que era requerido tempo, prova de prática em outras pessoas (pois em mim era evidente se o fizesse ou não) e ser aceito pelo Mestre. No primeiro nível, o valor pago correspondiam a 150 €, no segundo a 500 € e, no terceiro, 2000 €: e por quê? Porque recebi um conhecimento direto que vinha do Mestre original e porque a responsabilidade em cada nível aumentava. Responsabilidade comigo e responsabilidade com os outros que iriam receber de mim treino ou terapia.

O aumento do valor de um nível para outro tem a ver exatamente com isso: a responsabilização. Não significa que quem não paga não é responsável ou não é capaz de assumir uma atitude responsável, mas atingir determinados níveis que trarão determinadas responsabilidades deve ser assumido com dedicação, empenho, compromisso e consciência.

Os valores atuais dos níveis de Reiki

Hoje em dia, cada Mestre ou escola define os valores que considera ser mais apropriados, dentro de algumas variáveis:

1. A instrução do Mestre e investimentos constantes que o mesmo faz para a qualidade de seu ensino;
2. O acompanhamento que dá;
3. As oportunidades que cria para o desenvolvimento de seus alunos;
4. O investimento que faz mensalmente em seu espaço com a renda, o pagamento de consumíveis, manuais etc.

Assim, encontramos valores diferentes de escola para escola. Mas isto não explica ainda uma questão: nos dias de hoje, por que valores diferentes no Reiki, de um nível para outro?

Cada nível de Reiki representa uma etapa na mudança de consciência, acompanhada por técnicas e instruções próprias. Cada nível representa também uma responsabilidade e sabemos que essa só é assumida, normalmente, através do valor. Conheço casos de quem já recebeu o Nível 3 gratuitamente, indicando a sua impossibilidade de pagar mas tendo muita vontade de fazer Reiki, de ensinar gratuitamente, mas que depois, quando passou a ensinar, cobrou pelos seus cursos. O que isto quer dizer? Outras pessoa não valorizam a doação que recebem e não aparecem nas aulas ou não praticam corretamente. O que isto quer dizer?

Tudo são grandes aprendizagens.

SERÁ QUE A APRENDIZAGEM DE REIKI SÓ DEVE SER PAGA?

De forma alguma. No Reiki também há lugar para a doação e cada um deve sentir o que fazer. Acredito que, para quem não pode pagar e necessitar, o Reiki deve ser gratuito, mas não isento de responsabilidade. Quem faz um curso gratuito tem os mesmos direitos e recebe os mesmos ensinamentos de quem paga. Neste caso, o Mestre investe seu tempo e dinheiro nessa pessoa. Se ela nunca mais aparece e depois passa a outro Mestre pedindo-lhe outro nível gratuitamente, assim vai fazendo seu percurso. Mas será que está respeitando o que é o Reiki? É necessário lembrar o quarto princípio.

Muitos foram os alunos que aprenderam Reiki, mas poucos os que voltaram a aparecer segundo o compromisso que fizeram de praticar. São escolhas individuais, mas um pouco complicadas, quando de repente surgem como terapeutas. O Reiki também é autoresponsabilidade e autocuidado.

A DESCULPA DA ESPIRITUALIDADE PARA A GRATUITIDADE

Várias pessoas referem que o Reiki é uma «energia divina», que é «energia de Deus» e, como tal, deve «ser gratuita». Várias citações bíblicas, e outras, comprovam isso mesmo. Mas levantam-se dois pontos:

1. O Reiki não é uma prática religiosa nem está ligado a uma religião, isso é próprio de quem o pratica e é essa pessoa que prega o que entende;
2. A espiritualidade faz parte do todo que é o ser humano.

Sobre o primeiro ponto, nota-se também uma grande influência dos ensinamentos do espiritismo, que conheço muito bem e que foram uma grande influência para mim, numa época em que em Portugal ainda nem se ouvia falar de Reiki. Falo de um tempo em que a única alternativa à Igreja, no campo espiritual, era o espiritismo. Dê aquilo que lhe é dado. O que vem do espírito é gratuito, deve ser dado.

No segundo ponto, é caso para perguntar se uma pessoa que seja contador, por exemplo, deixa a espiritualidade em casa quando vai trabalhar e só a retoma quando pratica Reiki. Temos de mudar um pouco as crenças e dogmas que assumimos sem refletir na prática. São essas contradições que nos trazem sempre aquele sabor de insatisfação interior. Se somos um espírito, esse está em todo o lado e em todas as ações. Se penso, o espírito também assume um papel nesse campo; se sinto, o espírito também assume um papel nessa ação ou reação. Tudo em nós está interligado, portanto não podemos dizer que existem apenas atividades físicas ou mentais, espirituais ou emocionais – somos um todo.

Sendo um todo, temos necessidades em todos os níveis, aprendizados em todos os níveis. O ensinamento espiritual pode ser gratuito, claro que sim: e se a pessoa apenas estiver vocacionada para o fazer morrerá de fome?

Muitas vezes confunde-se oportunismo e exploração com pagamento ou valorização. Novamente, a reflexão nos princípios do Reiki.

Valorizar o que se ensina, enaltecer o que se aprende

O Mestre não deve desvalorizar-se e o aluno não deve desvalorizar o ensinamento. O Reiki é simples e é para todos. É fantástico, é uma filosofia de vida e uma prática terapêutica. O Reiki é incrível por ser uma prática de amor incondicional que exige mente limpa e coração predisposto. Requer treino, prática e acima de tudo vivência. Está nas mãos de quem pratica, em seu coração, sentir a responsabilidade do que aprende, ensina, dá e oferece. Os diferentes valores nos níveis de Reiki são indicações de compromisso para com o crescimento pessoal de cada um, num caminho chamado Reiki. Se cobrar no Reiki, doe também. Se apenas doa, nunca perca seu valor quando alguém menosprezar a doação.

QUANDO UM CURSO DE REIKI CORRE MAL

Nem sempre um curso de Reiki corre bem, quer para o aluno quer para o Mestre. Isto é normal e não deve ser motivo de frustração para nenhuma das partes. Exemplifico algumas das situações que podem correr mal:

- O aluno fica sem interesse;
- Está visivelmente cansado;
- Sente-se desconfortável com os temas;
- Tem reações adversas à meditação e/ou sintonização;
- Não sente a energia;
- Não se identifica com os princípios;
- Não participa com o grupo e demonstra vontade de sair.

O que pode correr mal para o Mestre?

Num curso, muita coisa pode correr mal também para o Mestre de Reiki. Não vale a pena tentar criar uma imagem mistificadora do que é um Mestre de Reiki, pois é alguém tão comum como qualquer outra pessoa.

- Foi a um espaço novo e não se identificou com a energia;
- Passou mal a noite e está abatido;
- Não consegue sentir a energia do grupo fluir;
- Começa a sentir dúvidas sobre sua capacidade de ensinar.

O que fazer se o curso de Reiki correr mal?

O Mestre de Reiki, sendo uma pessoa consciente, que trabalha com os Cinco Princípios, deve esforçar-se para apoiar seu aluno da melhor forma possível, o contactando e tentando perceber o que falhou e de que forma pode ajudá-lo na recuperação. Não acredito em situações de «não está na hora»: é sempre hora e a pessoa pode é não estar no seu melhor momento e precisar de ajuda nas questões que tem. Ficam algumas sugestões para tentar recuperar e motivar o aluno na prática do Reiki:

- Sugerir um encontro e uma sessão de Reiki para perceber o que está passando;
- Perguntar se houve algum problema e de que forma poderá ajudar, dentro de seu saber;
- Acompanhar de forma mais próxima o aluno por e-mail, até o próximo encontro para a prática;
- Indicar algumas situações similares e de que forma foram ultrapassadas com o Reiki.

Estes são meros exemplos, pois cada Mestre tem seu sentir e sua metodologia. É muito importante tentar perceber o cerne da questão, pois algo tão simples como uma palavra pode originar uma dissonância cognitiva e «impedir» o aluno de avançar.

Em qualquer dos casos, o Mestre deve fazer uma revisão de sua postura, de que forma preparou as pessoas para o curso, como se preparou, o que vai mudar e que lições tirou desta experiência. Não esqueça que todos somos humanos e partilhamos lições de crescimento. Os Cinco Princípios nos ajudam, e muito, nestas reflexões.

Os Cinco Princípios do Reiki
para a recuperação de um curso

Só por hoje – Consegui estar no aqui e agora, consegui manter os alunos no momento presente?

Sou calmo – Mantive a presença de espírito, o enraizamento e o fluxo constante de Reiki, com serenidade? Promovi a paz e a tranquilidade entre os participantes e seu próprio interior?

Confio – Apesar de algo ter corrido mal, continuo a confiar em mim? (Deve continuar!) Que lições me traz a energia sobre o que se passou?

Sou grato – Agradeci pela situação, apesar de não ser agradável? Consigo interpretar bem as lições que a situação me transmite e assim ter uma atitude humilde perante o ensino e a vida?

Trabalho honestamente – Me senti verdadeiramente preparado para o curso, honrando o Reiki, o que me foi ensinado e quem vai aprender?

Sou bondoso – Se um aluno teve uma má atitude, soube corrigi-la à luz dos princípios, sendo bondoso, compassivo e compreensivo com a situação? Se cometi algum erro, soube ser compreensivo e bondoso para comigo?

O Reiki é extraordinário, por isso a prática e tudo o que nos foi ensinado merece respeito — respeito por parte do Mestre e por parte do praticante. Não é um ato inconsciente, não é um passatempo — é uma prática que nos pode trazer uma transformação incrível na vida —, está nas nossas mãos, mente e coração. Vale sempre a pena «remediar», recuperar a situação, visto que não podemos voltar ao passado. No momento presente podemos fazer boas coisas e começar de novo. Mestre: não desista dos alunos; aluno: não desista da prática.

52. Revisão do *Gokukaiden*

Neste capítulo final sobre o ensino dos níveis de Reiki deixo também uma revisão. Toda a vida é feita de revisões e, se voltar a ler este livro, daqui a um tempo, irá encontrar outras respostas e outras visões sobre os mesmos tempos.

Deixo-lhe algumas questões para reflexão:

- Aplico verdadeiramente a filosofia de vida do Reiki?
- Integro o Reiki na minha vida?
- Aplico o autotratamento?
- Compreendo meus limites no ensino aos outros? E minhas capacidades?
- Tenho uma boa perspectiva sobre o Reiki e todas as técnicas, conseguindo transmitir corretamente esses ensinamentos?
- Continuo praticando Reiki e tenho horas suficientes de tratamento nos outros para poder explicar aos alunos?
- Tenho intimidade com os símbolos, sei desenhar e dizer seus mantras corretamente?

> Desejo-lhe tempos lindíssimos em sua prática e no ensino de Reiki. Que seus alunos usufruam sempre de seus ensinamentos e da riqueza de sua sabedoria.

Parte VI

Técnicas de Reiki

53. Técnicas de Reiki

*«Pelas informações que temos atualmente, o Mestre Usui e o
Mestre Hayashi também exigiam que os seus alunos recebessem
os ensinamentos regularmente, e só podiam tratar outras pessoas
por iniciativa própria (com a sua própria prática) depois
de um aprendizado teórico e prático completo. Baseado em
nossa experiência pessoal, também acreditamos que o Reiki é
demasiadamente valioso para ser conhecido num rápido seminário
de fim de semana. Como acontece com todas as coisas boas, é
fundamental investir o tempo que for necessário no sistema Reiki
para construir uma base sólida, tanto na teoria como na prática.» –
Mark Hosak e Walter Lübeck*

Escrever sobre as técnicas de Reiki, confesso, é o que considero mais
difícil, talvez por não haver uma concordância sobre quem ensinou o
que, quando e em que nível. Por isso mesmo, e apesar de ter falado com
muitos Mestres que são investigadores e aprenderam as técnicas diretamente de Mestres japoneses, nunca se chegou a um acordo. Eu mesmo
ensino técnicas no Nível 1 que considero importantes, como o *Hatsurei-ho*,
que para mim é uma técnica-base e crucial para os workshops e até para
o desenvolvimento pessoal do aluno, e também o *byosen*, que é o entendimento das sensações, algo que logo de início surge como dúvida. Indico,
em seguida, as técnicas divididas por níveis e depois faço uma explicação
mais aprofundada de cada uma delas. Nestas técnicas incluo as de Reiki
tradicional e as de Gendai Reiki. No Nível 3, o *Shinpiden*, a técnica ensinada é o *Reiju*, ou a sintonização no Reiki, além da revisão de todas as outras.

SHODEN
- *Gassho*
  - *Gassho Kokyu Ho* – Respiração de mãos juntas;
  - *Gassho Meiso* – Meditação *Gassho;*

- *Gassho Mudra* – Gesto de respeito;
- *Hikari no Kokyu Ho* – Respiração de luz;
- *Joshin Kokyu Ho* – Respiração para limpeza interior (do espírito);
- *Kenyoku Ho* – Banho seco;
- *Makoto no Kokyu Ho* – Respiração de sinceridade;
- *Nentatsu Ho* – Tratamento dos hábitos;
- *Reiki Mawashi* – Círculo de Reiki, ou Corrente de Reiki;
- *Renzoku Reiki* – Maratona de Reiki;
- *Shuchu (Shudan) Reiki* – Tratamento em grupo.

OKUDEN ZENKI

- *Gedoku Chiryo Ho* – Técnica de purificação, desintoxicação;
- *Gyoshi Ho* – Para reduzir a febre/altas temperaturas;
- *Gyoshi Ho* – Tratamento com os olhos;
- *Hatsurei Ho* – Gerar energia espiritual;
- *Heso Chiryo Ho* – Tratamento do umbigo;
- *Koki Ho* – Tratamento com a respiração;
- *Nadete Chiryo Ho* – Toque suave;
- *Oshite Chiryo Ho* – Pressionar com os dedos;
- *Tanden Chiryo Ho/Hara Chiryo Ho* – Desintoxicação do *hara*;
- *Uchite Chiryo Ho* – Percussão.

OKUDEN KOUKI

- *Byosen Reikan Ho* – Sensação dos desequilíbrios;
- *Enkaku Chiryo Ho* – Tratamento à distância;
  - *Shanshin Choryo Ho* – Tratamento à distância com uma fotografia;
- *Jakikiri Joka Ho* – Limpeza da energia negativa num objeto;
- *Ketsueki Kokan Ho* (ou *Ketsueki Joka Ho*) – Técnica da circulação sanguínea;
  - *Hanshin Koketsu Ho (Hanshin Chiryo)* – Limpeza de meio corpo;
  - *Zanchin Koketsu Ho* – Limpeza de corpo inteiro;
- *Reiji-Ho* – Permitir que o Reiki guie a colocação da mão;
- *Seiheki Chiryo Ho* – Tratamento dos hábitos (o mesmo que o *Nentatsu* mas com símbolos).

54. As três técnicas básicas

Há três técnicas que prezo imenso, porque nos ajudam a estar limpos e predispostos para nosso trabalho energético. Acredito mesmo que, fazendo estas práticas antes e depois de nosso autocuidado ou tratamento aos outros, podemos evitar alguns impactos com a energia e até termos uma outra percepção da energia. Essas três técnicas são: enraizamento; banho seco e chuva de Reiki. Irei apresentar-lhe essas técnicas antes mesmo de todas as outras técnicas de Reiki.

O ENRAIZAMENTO

O enraizamento não é uma técnica de Reiki, mas o considero incrivelmente valioso para nossa prática. Se o Reiki é energia que vem do «Céu» e entra pelo nosso Chacra da Coroa, então podemos precisar do equilíbrio da energia que vem da «Terra». O enraizamento proporciona-nos isso, além de nos ajudar a descarregarmos o excesso de energia que temos. Se, por exemplo, está fazendo terapia em alguém, conserve seu enraizamento, pois lhe ajuda a estar no aqui e agora, além de descarregar o excesso de energia.

Se quiser reforçar o enraizamento, basta colocar as mãos com as palmas apontadas para a Terra, como se estivesse a agarrando.

Técnica 1

1. Visualize seu Chacra da Raiz;
2. Sinta uns tubos que saem do chacra para cada perna;
3. Quando chegam às plantas dos pés, continuam até ao centro da Terra;
4. Sinta a energia forte da Terra;
5. Puxe a energia pelos tubos até ao Chacra da Raiz;
6. Você terá uma sensação de estar mais pesado «com os pés fixos na Terra»;
7. Quando quiser, pode fazer o percurso contrário, imaginando toda a energia densa que você tem sendo descarregada para a Terra.

TÉCNICA 2

1. Imagine que é uma árvore, que seu corpo é o tronco e os pés as raízes;
2. Visualize suas raízes irem para a Terra, cada vez mais fundo;
3. A agarrarem-se às pedras, a irem em direção ao centro da Terra;
4. Quando chegarem ao centro da Terra, imagine que as raízes abraçam esse centro;
5. Imagine que está bem ancorado. Sinta como está...

KENYOKU HO – BANHO SECO

O banho seco é uma técnica que faz parte da filosofia oriental de efetuar uma limpeza antes de uma atividade ou da entrada numa escola (*dojo*). Faz todo o sentido você realizar esta técnica antes de iniciar sua prática de Reiki e mesmo depois.

1. Ligue-se à energia Reiki;
2. Sinta como está;
3. Limpe o peito na diagonal, do ombro esquerdo para o quadril direito e do ombro direito para o quadril esquerdo;
4. Faça este movimento três vezes para cada lado;
5. Limpe o braço esquerdo com a mão direita, como se fosse uma lâmina cortando;
6. Limpe o braço direito com a mão esquerda;
7. Faça este movimento três vezes para cada lado;
8. Limpe o chão (não faz parte da técnica mas é importante para a eliminação da energia mais densa);
9. Agradeça.

REIKI SHOWER NO GIHO – CHUVA DE REIKI

A chuva de Reiki é uma técnica para limpeza da aura. Em japonês diz-se *Reiki Shower no Giho*. Nossa aura costuma acumular as experiências de vida, é um reflexo de como estamos e de como vamos crescendo. A aura apresenta sempre várias camadas e dimensões, por isso nunca devemos deter-nos numa única interpretação. As interações diárias, com outras pessoas e objetos podem deixar marcas na aura, umas positivas e outras negativas. A técnica da chuva de Reiki nos ajuda a limpar a aura usando o Reiki. Esta técnica pode ser executada em qualquer nível. Com o Nível 2 é possível visualizar por cima da cabeça a energia de um *Seiheki* ou de um *Honshazeshonen*. No Nível 3 é possível visualizar um *Daikomyo*.

1. Comece visualizando uma grande bola de energia Reiki por cima de sua cabeça;

2. Concentre-se com a posição *Gassho* e ligue-se à energia;

3. Ao inspirar, eleve as mãos até essa bola de energia e a agarre;

4. Ao expirar, deixe as mãos levarem essa energia e limparem toda sua aura, como se estivessem empurrando a sujeira para a Terra;

5. Faça a técnica três vezes;

6. No final, agradeça.

55. *Dhento Reiki Ryoho*

O *Dhento Reiki Ryoho* é o conjunto de técnicas que o Mestre Usui ensinava a seus alunos. Por vezes encontramos formas diferentes de aplicar a mesma técnica. Por favor, nunca encare algo como sempre rigorosamente correto ou que «é assim que deve ser». Todos temos uma perspectiva e é essa aproximação ao Reiki que nos leva a interpretar de várias formas o trabalho que aplicamos, em nós e nos outros.

Uma forma de avaliarmos a progressão do praticante pode ser através da sua compreensão do *byosen*, a capacidade de entender e aplicar o *Reiji-Ho* e, sem dúvida, a capacidade de acumulação e purificação de energia com o *Joshin Kokyu Ho*. Isto se resume a sentir, intuir, aplicar, acumular e purificar.

OS TRÊS PILARES DO REIKI

Os Três Pilares do Reiki são a base de nossa prática terapêutica. São constituídos por três técnicas: *Gassho*, *Reiji-Ho* e *Chiryo*, ligar, intuir e tratar.

GASSHO

Gassho significa mãos juntas e é a prática mais corrente e habitual no Reiki. É com as duas mãos juntas que nos ligamos à energia, que recitamos os princípios, que meditamos e agradecemos. No *Usui Reiki Ryoho*, o *Gassho* serve também para elevarmos nossa consciência.

1. Sente-se confortavelmente, com os pés bem apoiados no chão, para que a energia flua, os ombros relaxados, as costas alinhadas e o queixo ligeiramente inclinado para baixo;
2. Coloque as mãos em posição *Gassho* encostadas ao Chacra Cardíaco;
3. Leve a atenção para o ponto onde os dois dedos médios se encontram e sinta a energia que se concentra nessa região;
4. Mantém-se no aqui e agora, respire suavemente, fazendo uma respiração completa. Leve a energia ao *Tanden*;

5. Mantém-se focado na energia que entra por seus dedos e vai para o *Tanden* e ao expirar, na energia que vai do *Tanden* até os dedos, saindo para o exterior. Não se deixe ir atrás dos pensamentos, apenas constate e mantém-se centrado;

6. Quando sentir que está pronto, inspire muito Reiki e recite os Cinco Princípios, com o centro no coração, fazendo-os vibrar do interior para o exterior, pausadamente:

> *Só por hoje, sou calmo;*
> *Confio;*
> *Sou grato;*
> *Trabalho honestamente;*
> *Sou bondoso.*

7. Permaneça no vazio de sua mente, apenas preenchida pela vibração dos Cinco Princípios e sinta como está se sentindo. Imagine a vibração fluindo para sua aura, para todo o espaço que lhe rodeia;

8. Quando quiser, abra os olhos e traga essa vibração para seu dia.

REIJI-HO – A TÉCNICA DE INDICAÇÃO E INTUIÇÃO

Reiji significa indicação do espírito ou intuição e é a preparação para o nosso trabalho terapêutico, quer no autocuidado quer na prática aos outros. A prática de *Reiji* é muito importante, para desenvolver nossa sensibilidade interior e compreender o que se passa conosco, em primeiro lugar, para depois compreender melhor o que se passa com os outros. Desenvolver *Reiji* é também uma forma de entender melhor o *byosen*, as sensações em desarmonia na pessoa.

1. Após o *Gassho*, mantém-se com a mente vazia;
2. Sinta o Reiki, como flui em você e como é um canal da energia;
3. Se fizer em si mesmo, imagine que está fazendo o tratamento e vai tendo a percepção da energia em cada posição;
4. Se fizer noutra pessoa, vai visualizando que a está tratando e sinta como está sua energia em cada posição;
5. Peça sempre que a energia flua para o bem supremo da pessoa e que seja com serenidade;
6. Agradeça, como nos pedem os princípios.

CHIRYO – O TRATAMENTO

O terceiro pilar de Reiki significa tratamento e representa a aplicação da energia em nós ou nos outros. Leia cada capítulo sobre os níveis de Reiki para uma descrição detalhada de como efetuar o tratamento ou o autotratamento. Acima de tudo, siga as indicações de seu Mestre.

1. Faça o enraizamento, o banho seco e a chuva de Reiki;
2. Faça *Gassho*, ligue-se à energia e sinta como se fosse um com o Reiki;
3. Do centro de seu coração, recite os Cinco Princípios;
4. Leve a atenção até ao *Tanden* e centre-se na energia;
5. Pratique o *Reiji-Ho* e coloque sua intenção; tente compreender o *byosen* na energia da pessoa;
6. Inicie nas posições que considerar importantes e não execute a prática mecanicamente;
7. Termine com um agradecimento profundo.

BYOSEN REIKAN HO – A SENSAÇÃO DOS DESEQUILÍBRIOS

O *byosen* é a acumulação de toxinas que criam bloqueios em nosso corpo energético, a partir dos quais a doença pode surgir. O aumento da sensibilidade, a partir da sintonização, permite-nos ter uma percepção do que é a energia e de como ela é emitida em determinado local. A grande dificuldade na percepção é, muitas vezes, a falta de percepção interior. Então, coloque-se as seguintes questões:

- O que sinto nas mãos? Como?
- Se mudo de posição, noto alguma diferença? Como é essa diferença?

A descoberta da percepção tem muito a ver com prática, daí ser importante o acompanhamento, a prática de autotratamento e o trabalho energético com os outros.

On-Netsu	**Calor** Quando a área ou o chacra está com alguma energia em déficit.
Atsui-On-Netsu	**Calor intenso** A região necessita de muita energia, o chacra pode estar quase vazio.

Piri-Piri Kan	Formigueiro Quando existe alguma irregularidade na energia e se começa a formar alguma perturbação no corpo.
Hibiki	Pulso, eco A energia está estimulando os vasos sanguíneos, causando contração e expansão, auxiliando na circulação e consequente absorção de energia pelo corpo.
Itami	Dor A dor na mão, quase como uma facada ou o espetar de uma agulha grande, pode indiciar uma zona de grave acumulação energética ou energia densa. A dor pode passar para as mãos, os pulsos, os cotovelos ou os ombros. Você deve ter cuidado com essa situação e retirar logo as mãos, sacudindo-as.
Samui	Frio O bloqueio do chacra pode estar associado a um trauma.

Você pode ainda ter outras perceções como a diferença na intensidade do *feedback* ou estímulo nas palmas das mãos dentro do mesmo tipo de sensações, o que é um reflexo da intensidade e da profundidade do problema. Poderá, ainda, sentir uma espécie de atração para o local e isso significa que a área precisa de ser tratada, ou então uma repulsão, o que por vezes pode querer dizer que a pessoa não quer o tratamento, que você está sendo invasivo ou, ainda, que existe um bloqueio.

Tenha em atenção que o Reiki é apenas uma terapia complementar e que a nossa especialidade é energética, não médica. Em caso de perceção de algum desequilíbrio, aconselhe a pessoa a tratar-se na especialidade médica correspondente.

ENKAKU CHIRYO – O TRATAMENTO À DISTÂNCIA

A partir do Nível 2 você aprenderá a fazer tratamentos à distância, que são chamados *Enkaku Chiryo*. *Enkaku* significa distância e *Chiryo* tratamento. Quando aplicamos o tratamento à distância chamamos esta técnica *Sashin-Chiryo,* pois *Sashin* significa fotografia. O envio de Reiki à distância é uma das técnicas mais incríveis de Reiki, pois permite-nos tratar situações e pessoas além do tempo e do espaço.

Para qualquer tratamento à distância proceda como um tratamento presencial, por isso não se esqueça de:

1. O banho seco, a chuva de Reiki, os Três Pilares do Reiki e os Cinco Princípios;
2. Pedir autorização se a pessoa quer ser tratada, ou pedir ao seu Eu Superior;
3. A não manipulação dos pensamentos e vontades;
4. Sempre para o bem supremo da pessoa;
5. A intenção (envio este tratamento para a cura do problema x, da pessoa y, desde que seja para o seu bem supremo e com serenidade);
6. O respeito pela utilização dos símbolos;
7. O agradecimento.

São várias as formas de fazer este envio de Reiki à distância, por isso aquilo que for mais natural para você é o que funcionará melhor; não podemos esquecer que trabalhamos com energia.

Você pode fazer por visualização, usar um boneco e alguns Mestres recomendam a utilização de seu próprio corpo para esse tratamento. Na minha perspectiva, acho que é sempre preferível visualizarmos o tratamento da pessoa e não assinalarmos em nosso corpo os problemas dela.

Para iniciar um tratamento à distância, além dos sete pontos que apresentei, terá que dar início ao tratamento fazendo o desenho dos símbolos e de seus mantras pela seguinte ordem:

1. *Honshazeshonen* – a abertura do processo;
2. *Seiheki* – a harmonização do tratamento;
3. *Chokurei* – o fluxo da energia.

À frente de cada símbolo coloquei uma descrição que, na verdade, é apenas um auxiliar mental para lhe ajudar a compreender o que cada símbolo faz nesta abertura da técnica.

Depois, ao visualizar a pessoa ou a situação, deixe fluir o Reiki como o sentir e se quiser enviar símbolos, faça como desejar. Quando quiser terminar, visualize a pessoa ou todos os envolvidos bem e sorridentes, desaparecendo em luz. Repita os símbolos pela mesma ordem. Agradeça à energia e a todos os envolvidos. Se necessário, faça seu banho seco e a chuva de Reiki.

SASHIN CHIRYO – O TRATAMENTO DE REIKI ATRAVÉS DA FOTOGRAFIA

Para tratar uma pessoa por fotografia, basta posicionar as mãos por cima da foto ou colocá-la entre as mãos. Antigamente, ensinava-se a escrever o nome da pessoa, a data de nascimento, a morada etc... Será realmente necessário? Talvez não. Para fazer esta técnica...

1. Ligue-se ao Reiki;
2. Recite os Cinco Princípios;
3. Coloque a intenção;
4. Desenhe o *Honshazeshonen*, o *Seiheki* e o *Chokurei*;
5. Deixe fluir o Reiki para a fotografia;
6. Quando quiser terminar, visualize a pessoa bem e feliz;
7. Volte a desenhar os símbolos;
8. Agradeça.

Uma das partes desta técnica usada antigamente era a de desenhar ou visualizar os três símbolos por cima do chacra da Terceira Visão da pessoa e depois dizer que a energia vai unicamente para ela, deixando fluir Reiki entre 10 e 15 minutos.

O CADERNO

Você podes anotar em um caderno as pessoas a quem quiser enviar Reiki. Escreva o nome da pessoa, coloque a fotografia que quiser, desenhe os símbolos do terceiro para o primeiro e depois feche o caderno. Cada vez que quiser fazer um tratamento à distância, desenhe os símbolos do terceiro para o primeiro e coloque as mãos no caderno ou o caderno entre as mãos, desejando que a cura vá para o bem supremo de todos. Não é preciso complicar estas técnicas. Se quiser, crie um caderno à parte para a família.

A caixa de Reiki

Você pode criar uma caixa de Reiki, colocando os símbolos no fundo da caixa (por exemplo, mas não é obrigatório). Coloque cada pedido num papel, onde basta ter o nome da pessoa e a intenção. Se quiser, desenhe fisicamente os símbolos no papel. Deixe fluir o Reiki para o papel e depois coloque-o na caixa. Sempre que desejar, pode enviar Reiki para a caixa, que irá distribuir a energia para todos os pedidos. Quando o pedido estiver cumprido, queime o papel. Antes de começar a enviar o Reiki, não se esqueça: desenhe os símbolos 3–2–1, e antes faça seu banho seco e a chuva de Reiki.

Envio de Reiki segundo a Mestra Takata

No tempo de seu ensino, a Mestra Takata falava do tratamento à distância como sendo a «cura ausente», isto porque para ela havia o tratamento local. Curiosamente, a mesma lógica tinha a Mestra para as sintonizações e o primeiro registro de sintonização à distância foi dela. No caso de você não conhecer a pessoa a ser tratada, pode ter uma imagem, por exemplo uma fotografia. Coloque essa imagem em sua visualização quando fechar os olhos, segundo as indicações da Mestra Takata.

- Diga o nome do receptor três vezes e concentre-se em sua imagem, mentalmente;
- Desenhe o *Honshazeshonen* na Terceira Visão da pessoa e depois o *Chokurei*;
- Diga algo como «está tudo preparado para seu tratamento».

Esta técnica da Mestra Takata estava muito em linha com a sua abordagem «ver, dizer, fazer».

Segundo ela, você pode visualizar o tratamento completo no receptor fazendo as posições da cabeça e do restante corpo, colocando um grande CHKR sobre o tronco e depois nas costas, igualmente com um grande CHKR sobre o tronco. Para auxiliar este processo de visualização até pode dizer interiormente «estou tratando sua cabeça, estou tratando sua garganta...»

A Mestra Takata recomendava que este tratamento à distância devia ser feito em apenas 30 minutos, em total concentração e sem perturbações. Após o terceiro ou o quarto dia pode ser praticado em 20 minutos. Dizia ainda que apenas se devia tratar uma pessoa de cada vez e com um máximo de três pessoas, uma após a outra, no mesmo dia. Seu horário favorito para fazer o envio de Reiki como tratamento à distância era entre às 5h30 e às 6h00. Ao terminar o tratamento, deve esfregar as costas e a zona dos rins, para ajudar a energia a circular. Estas sugestões fazem bastante sentido, pois estamos muito tempo parados.

ENVIO DE REIKI PARA SITUAÇÕES

Quando pensamos em alguém, mesmo não tendo aprendido Reiki, enviamos amor, carinho, bons pensamentos, ou quando estamos chateados encaminhamos todas essas «más ondas». A transferência e o envio de energia, em forma de pensamento, é comum em nós, sempre existiu, como naquelas situações em que estamos mais desamparados e alguém nos diz «estou torcendo por você, tenha força». Essa energia chega até nós e nos dá alento, verdadeiramente. Então, o envio de Reiki para situações é tão normal como o envio de energia pelo nosso pensamento.

No tratamento de situações, trago um exemplo prático. Vamos imaginar que amanhã terá algo importante para fazer e está se sentindo desconfortável com isso. Você pode fazer o seguinte:

1. Desenhe os símbolos;
2. Recite os Cinco Princípios;
3. Visualize a situação como se fosse um filme ou uma fotografia. Geralmente, se é algo que nos preocupa, então essa fotografia ou filme está um pouco mais escuro;
4. Envie Reiki, sem se apegar à situação, deixe apenas fluir;
5. Quando começar a visualizar a fotografia ou o filme mais claros, brilhantes, então está mudando;
6. Quando desejar terminar, imagine a situação se afastando, esfumaçando-se, muito brilhante;
7. Agradeça.

O envio de Reiki pode (deve) também ser feito para o planeta. Lembre-se de que a Terra está cada vez mais poluída, com maior densidade de frequências e que nossos pensamentos nem sempre são os mais corretos. Tudo isso é poluição. Se quiser, pelo menos às quartas-feiras envie Reiki para o planeta. Não interessa que horas, durante quanto tempo... apenas envie.

1. Desenhe os símbolos;
2. Sinta o Reiki a fluir;
3. Recite os Cinco Princípios do fundo de seu coração;
4. Imagine que a energia vai fluir para a sala, para sua localidade, para o país, para toda a Terra, mar, água, animais e pessoas;
5. Imagine que você tem o planeta entre as mãos e deixe fluir;
6. Visualize o planeta ficar brilhante e bonito, com um grande sorriso;
7. Quando quiser, se despeça do planeta, imagine-o desaparecendo muito luminoso;
8. Regresse ao aqui e agora;
9. Inspire com mais força e se espreguice;
10. Agradeça sempre.

São muitas as técnicas que você pode usar e, sem dúvida, o Reiki é simples, pode ser usado para todas as situações; lembre-se de que a energia é criativa. Seja criativo. Se tiver um sonho ruim, um pesadelo, não hesite: antes de se levantar, envie Reiki para essa imagem que ficou, para as sensações. Estará também tratando o subconsciente.

GEDOKU CHIRYO HO OU *TANDEN CHIRYO HO* – TÉCNICA DE PURIFICAÇÃO E DESINTOXICAÇÃO DO *TANDEN*

O *Gedoku Chiryo Ho* é uma técnica para desintoxicação e purificação com Reiki, que pode ser autoaplicada ou aplicada nos outros. Com esta técnica você pode elevar a consciência e ter a sensação de mente uma com o Universo, ou de encontro com o Eu Superior.

Para fazer este tratamento aos outros é conveniente explicar onde serão colocadas as mãos, pois uma terá de ir para as costas. A melhor posição é quando a pessoa está sentada.

1. Coloque as mãos nas laterais do quadril;
2. Feche os olhos, levando sua atenção ao *hara*;
3. Sinta este teu centro de gravidade e sua energia. Permaneça em silêncio, apenas observando a respiração e deixando-se ir nesse processo, para esvaziar a mente;
4. Sinta a energia Reiki em união com você e seu fluxo – você é uma parte da energia;

5. Coloque as mãos em *Gassho* e coloque uma intenção para o tratamento que vai realizar (a você ou a outros);

6. Coloque-se do lado esquerdo da pessoa, pondo a mão esquerda em cima do *Tanden* e a direita nas costas, exatamente na mesma direção;

7. Ao longo deste tratamento vai visualizando a energia mais densa, as toxinas, saírem gentilmente da pessoa, assim como ela se preenchendo com Reiki, ficando em harmonia.

GYOSHI HO – PARA REDUZIR A FEBRE E AS ALTAS TEMPERATURAS

Esta é uma boa técnica para utilizar quando for necessário baixar a temperatura ou a febre no corpo. Note que, ainda assim, você deve consultar o médico. A palavra japonesa *Netsu* significa «febre» e *Ge* quer dizer «fazer baixar».

Deixe fluir a energia para as seguintes posições:

1. Cabeça – frontal;
2. Cabeça – parietal;
3. Cabeça – occipital;
4. Pescoço – atrás;
5. Garganta;
6. Cabeça – coroa;
7. Estômago;
8. Intestinos.

Aplique durante 30 minutos nas posições 1 a 6 e depois de 10 a 15 minutos nas 7 a 8. Claro que o mais importante é o que sentir que deva fazer. Esta também era uma técnica ensinada pelo Mestre Usui, para tratamento de doenças relacionadas com a cabeça.

GYOSHI HO – O REIKI ATRAVÉS DOS OLHOS

Esta é uma técnica que pode ser aprendida no *Shoden,* mas que fará mais sentido ser desenvolvida a partir do *Okuden,* o segundo nível de Reiki, onde desenvolvemos nossa transformação interior enquanto praticantes. A energia pode ser emanada por todo o corpo; isso é natural, pois também estamos envoltos em energia, fruto da emanação dos nossos chacras. No entanto, esta prática não deve ser realizada sem aprendizagem e o acompanhamento de seu Mestre de Reiki. Isto porque requer algum cuidado na limpeza da visão e, por exemplo, quem tem problemas na vista, como cataratas, pode causar um maior desgaste na visão. Neste caso, o envio de Reiki é diferente do que fazer um autotratamento no local.

1. Limpe os pensamentos de sua mente, pratique meditação *Gassho* e recita os Cinco Princípios do Reiki;

2. Após sentir como estão as áreas afetadas, através do *byosen*, verifique como está o fluxo de energia Reiki em você;

3. Olhe para a área receptora. Mantenha os olhos relaxados, sem focalizar a imagem, não concentrando o foco visual nem olhando fixamente;

4. Deixe a energia fluir suavemente de seus olhos para a área afetada; se sentir necessidade, use também as mãos.

No caso de haver alguma dificuldade no envio, não deve haver esforço. Se sentir "picadinhas" nos olhos, deve parar, limpá-los e lavá-los com água; faça depois um autotratamento, principalmente nos olhos.

HATSUREI-HO – GERAR O ESPÍRITO

O *Hatsurei-Ho* permite ao praticante de Reiki desenvolver e amplificar seu canal energético. Esta é uma técnica composta, ou seja, temos um conjunto de técnicas que nos permitem limpar energia dissonante, concentrar a mente com a atenção plena e acumular Reiki, daí ser considerado como a joia do Reiki. Com esta prática podemos iniciar qualquer atividade de Reiki, seja um workshop ou até uma sessão de Reiki. A limpeza do canal, reafirmar a ligação e o desenvolvimento da atenção plena são essenciais para uma maior sintonia e fluxo da energia.

O *Hatsurei-Ho* tem vários significados: proclamação, apresentação. Podemos dizer que é a técnica que nos traz a capacidade de intensificar a ligação ao Reiki, desenvolver nossa consciência e, ainda, melhorar o canal energético.

1 – *Kihon Shisei* – **postura-base.**

Sente-se confortavelmente. A postura original é em *seiza*, que significa «postura correta», sentando em cima dos pés. Sinta a postura, coloque as mãos em cima das pernas, com as palmas para baixo, feche os olhos ou semicerra-os, endireite as costas, relaxe os ombros e coloque o queixo ligeiramente descaído na direção do peito. Leve a atenção ao *Tanden*.

2 – *Mokunen* – focar; pensamento silencioso.

Coloque-se no aqui e agora, esvazie a mente.

Se quiser, pode iniciar com um ritual, como «agora inicio o *Hatsu-rei-ho*».

3 – *Kenyoku-Ho* – banho seco.

Efetue o banho seco limpando primeiro o peito e depois os braços (ou da forma como aprendeu). Se quiser, cada vez que expirar, pode usar o som «Haaaaaaa» para reforçar a limpeza. O contato pode ser direto no corpo ou ligeiramente afastado.

4 – Ligação ao Reiki.

Faça sua ligação ao Reiki, como sentir melhor. Se quiser, pode levantar as mãos para o ar, acima de sua cabeça e imaginar que está tocando no Reiki. Sinta a vibração da energia e deixe-a fluir para suas mãos, para todo o corpo.

5 – *Joshin Koku Ho* – Técnica da respiração, para purificar.

Permita que seja purificado com o ar e com a energia que ele carrega.

   a) Pode colocar as mãos com as palmas viradas para cima, como se estivesse recebendo energia;

   b) Leve sua atenção ao *Tanden* e permaneça aí, focado em sua respiração e na energia que o *Tanden* movimenta;

   c) Ao inspirar, sinta a energia Reiki fluindo para o *Tanden*, preenchendo-o totalmente;

   d) Ao expirar, visualize a energia espalhando-se por todo o corpo, até sair pela pele. Se quiser, pode dizer o som «Haaaaaaaa», deixando sair todas as tensões e energias mais densas;

   e) Repita esta técnica ao longo de vários minutos.

6 – *Gassho* – Mãos juntas; recolhimento.

Junte as mãos à altura do peito. Se se sentir mais confortável, as coloque encostadas ao peito.

7 – *Sei Shin Toitsu* – Atenção plena.

Coloque sua atenção na mente e esvazie o espaço que ela ocupa, como se fosse uma sala. Não se apegue aos pensamentos; como observador, mantenha sua concentração em si mesmo e na respiração.

Como opção, você pode praticar o *Sei Shin Toitsu* da seguinte forma:

a) Coloque as mãos em *Gassho* e leve a atenção ao *Tanden*;

b) Concentre sua respiração nas mãos, como se o ar e a energia entrassem pelos dedos;

c) Quando inspirar, visualize o Reiki entrando pelas mãos, fluindo pelo canal energético e descendo para o *Tanden*, preenchendo-o totalmente (como se fosse um pote de energia);

d) Ao expirar, visualize a energia fluindo do *Tanden* para todo o corpo e saindo novamente pelas mãos;

e) Repita estes passos ao longo de vários minutos.

8 – *Mokunen* – focar; pensamento silencioso.

Coloque as mãos em cima das pernas, com as palmas para baixo. Sinta como está, física, mental e emocionalmente. Avalie sua energia e a diferença que tem para o início do *Hatsurei-Ho*. Caso queira, pode ritualmente dizer «terminei o *Hatsurei-Ho*».

Vai regressando ao aqui e agora, lentamente. Inspire e expire com maior amplitude; o ar que entra irá ajudar todo o corpo a oxigenar. Vai mexendo as mãos, os ombros, a cabeça. Espreguice-se e esfregue os braços, as mãos, os joelhos, as pernas e os rins, para ativar a circulação sanguínea e o fluxo energético.

HATSUREI-HO EM SEU DIA A DIA

Experimente fazer, durante uma semana, o *Hatsurei-Ho* e repare em suas transformações: capacidade de focar, ligação à energia, fluxo de Reiki.

Você pode experimentar levantar-se mais cedo, durante uma semana, em apenas 10 minutos. Recite os Cinco Princípios e pratique o *Hatsurei-Ho*.

Se quiser, experimente também fazê-lo ao final do dia, recitando antes os Cinco Princípios.

Esta prática constante irá lhe ajudar a equilibrar, a desenvolver sua percepção interior e a própria percepção do Reiki. Desenvolva a arte do Reiki através desta prática. Irá fazer diferença.

HATSUREI-HO, SEGUNDO KAIJI TOMITA

Kaiji Tomita foi aluno do Mestre Usui por volta dos anos 1925–1926, tendo publicado o livro *Reiki To Jinjutsu – Tomita Ryu Teate Ryoho* (*Reiki e* o *Trabalho Humanitário – Tomita Ryu Cura pelas Mãos*), que pude adquirir recentemente na reedição japonesa de 1999. Segundo ele, a ativação do Reiki é chamada *Reiha* (onda de Reiki). Segundo ele, esta onda de Reiki é parecida com uma corrente elétrica; seu calor e energia são o que representa a energia espiritual. Mesmo que as sensações sejam inicialmente fracas, elas irão tornar-se mais fortes com o tempo e com a concentração.

Tomita indica uma aplicação do *Hatsurei-Ho* bastante mais simples, conforme se segue:

1. Leve a atenção para o aqui e agora, sentindo a mente e o corpo como se fossem um só;
2. Sente-se em *seiza* ou como se sentir mais confortável e faça *Gassho* para acumular e concentrar energia Reiki que flui para o coração e deste para as mãos. Mantenha as mãos juntas, com os braços e os ombros relaxados, ligeiramente afastados do corpo, de olhos fechados;
3. De forma a unificar e purificar a mente, pratique o *Joshin Kokyu Ho*, recitando, interiormente, um poema do Imperador Meiji, sentindo a unidade com o mesmo;
4. Mantenha o foco nas palmas das mãos, pois isso fará com que se ativem.

Plano de cinco dias de *Hatsurei-Ho*, segundo Tomita

Repetir todos os passos do *Hatsurei-Ho* durante cinco dias seguidos e trabalhar a concentração durante 30 minutos, aumentando progressivamente até chegar a uma hora.

HESSO CHIRYO HO – TRATAMENTO DO UMBIGO

Uma das técnicas de Reiki mais importantes é o *Hesso Chiryo*. *Hesso* significa «umbigo», *Chiryo* «tratamento» e *Ho* «técnica». Esta é a técnica de aplicação de Reiki pelo umbigo. Com um efeito desintoxicante, no nível das emoções e da densidade de energia, é uma prática que deve ser efetuada regularmente como autotratamento.

1. Faça *Gassho*, ligue-se ao Reiki e recite os Cinco Princípios;
2. Deixe fluir a energia para as mãos e para os pés durante algum tempo;

3. Coloque o dedo médio de sua mão dominante dentro do umbigo, pressionando-o levemente por alguns minutos até sentir pulsação, relaxamento e equilíbrio. É importante que a pressão seja suave;

4. Para ajudar a concentração, fecha os olhos e sinta a energia Reiki que sai pelo dedo médio, espalhando-se por todo o corpo. Permaneça, no mínimo, durante três minutos nessa posição;

5. Vai reforçando a técnica com a inspiração – inspirar, trazer Reiki para o umbigo, expirar, sentir a energia a fluir por todo o corpo;

6. Caso sinta que deva libertar algo (emoções, energia), sinta-o saindo pela expiração feita pela boca e/ou pelo enraizamento.

Uma forma alternativa do *Hesso Chiryo* é colocar a mão cerca de 5 cm acima do umbigo, focando a emissão de Reiki para dentro do corpo. Antes ou depois desta técnica, pode também praticar o *Nentatsu*.

HIKARI NO KOKYU HO – RESPIRAÇÃO DE LUZ

Esta técnica é excelente para purificar a mente e o corpo, ajudando também a reduzir a tensão e a libertar a energia densa que tenha acumulada interiormente.

1. Ligue-se à energia e levanta as mãos para o céu, e depois, lentamente, para baixo;

2. Leve sua atenção até ao *Tanden* e volte a levantar as mãos, com as palmas viradas para cima;

3. Ao inspirar, imagine que o Reiki entra em seu Chacra da Coroa e flui até ao *Tanden*, como se fosse uma luz branca que vai limpando;

4. Ao expirar, imagine que essa luz branca está sendo emanada para todo o corpo, para a pele e para o espaço que lhe envolve, limpando-lhe de toda a energia densa;

5. Pode repetir quantas vezes sentir ser necessário, purificando sua mente e o corpo, principalmente nas situações em que possa estar com problemas energéticos;

6. Depois de terminar, sacuda bem as mãos e, se quiser, faça o banho seco.

JAKIKIRI JOKA HO – LIMPEZA
DA ENERGIA NEGATIVA NUM OBJETO

Esta técnica serve para cortar e limpar a energia densa de objetos. Por vezes alguns adquirem energia mais densa, comumente chamada energia negativa. Esta acumulação pode ocorrer por estar em ambientes pesados, sem renovação energética, ou até mesmo pela sua própria constituição e construção. *Jaki* é energia negativa, *Kiri* significa cortar e *Joka* representa a purificação.

Se o objeto for muito grande, coloca-o em cima de uma mesa (por exemplo) e aplique a técnica com a mão dominante. Se for pequeno, pode ser colocado na mão não dominante e com a outra faça o seguinte:

1. Enraizamento e banho seco;
2. Ligue-se à energia Reiki;
3. Coloque a intenção de limpar a energia densa;
4. Inspire, trazendo Reiki até ao *Tanden*;
5. Prenda a respiração. Com a mão dominante, faça dois cortes rápidos e vigorosos sobre o objeto, como se estivesse cortando e limpando essa energia densa;
6. No terceiro corte, expire e deixe fluir Reiki para cima do objeto, durante o tempo que for necessário.

JOSHIN KOKYU HO – RESPIRAÇÃO
PARA LIMPEZA INTERIOR

Em japonês significa técnica de respiração da parte superior do corpo. É uma prática excelente para autolimpeza, renovação e purificação energética. Ao praticar o *Joshin Kokyu Ho* estará aumentando sua reserva energética que se localiza no *Tanden*. Pode ainda usar esta técnica como um antisstressante e como parte meditativa para a mente vazia.

1. Sente-se direito, para que seu corpo energético esteja alinhado;
2. Ligue-se ao Reiki, com as mãos em *Gassho*, recitando os Cinco Princípios;
3. Como dica, costumo indicar para colocarem as mãos no *Tanden* ou no Chacra Esplênico, ou então em cima das pernas com as palmas viradas para cima;
4. Esvazie a mente;

5. Inspire com calma e profundamente pelo nariz, visualizando a entrada de Reiki pelo Chacra da Coroa. Sinta o ar preenchendo o abdómen e os pulmões;

6. Visualize o *Tanden* e sinta essa região acumulando a energia inspirada;

7. Ao expirar, imagine estar libertando o ar também pelos chacras das mãos, pontas dos dedos e chacras dos pés, levando a energia para circular por todo o corpo. Retire o ar dos pulmões e encolha a barriga;

8. Visualize sempre o percurso do ar, que vai das narinas ao *Tanden*, expandindo a energia do *Tanden* para todo o corpo, saindo pela boca, mãos, dedos das mãos e pés;

9. Visualize a energia limpando e revitalizando o corpo.

Quando adquirir bastante prática na técnica, e isso depende muito da respiração, irá começar a sentir um aumento da temperatura (energia) do corpo. É excelente para quando estiver cansado.

KETSUEKI KOKAN HO – A TÉCNICA DA CIRCULAÇÃO SANGUÍNEA

Circulação sanguínea, ou troca de sangue, é o significado de *Ketsueki Kokan*. Basicamente é uma técnica que estimula a circulação e a renovação do sangue, o que permite maior oxigenação e circulação energéticas. A Mestra Takata aplicava sempre esta técnica no final de uma sessão de Reiki.

ZENSHIN KETSUEKI KOKAN HO

O *Zenshin* significa a técnica de corpo inteiro e é aplicada durante cerca de 30 minutos, auxiliando bastante o paciente que estiver debilitado.

1. Ligue-se à energia;

2. Aplique Reiki nas posições da cabeça;

3. Passe depois para as posições dos chacras Laríngeo, Cardíaco, Plexo Solar e Esplénico;

4. Varra, várias vezes, partindo do ombro para as pontas das mãos, em ambos os lados;

5. Varra da bacia até à ponta dos pés, várias vezes, em ambos os lados.

Hanshin Ketsueki Kokan Ho

O *Hanshin* é a aplicação da técnica em apenas metade do corpo.

1. Passar nas costas com as mãos, numa espécie de varrimento, de cima para baixo, partindo da parte central (coluna) para cada lado do corpo (esquerdo e direito);
2. Repetir entre 10 e 15 vezes, com a respiração contida, expirando apenas no final, para que o praticante não perca energia nem acumule a energia libertada da pessoa;
3. Varrer a coluna da nuca para baixo, com a mão dominante, usando os dedos indicador e médio nas laterais da coluna (dedos em V);
4. Não exercer muita pressão e apenas deslizar pela coluna.

Após estas técnicas, deve-se sempre fazer o banho seco. Muita atenção com a acumulação de energia que possa ter vindo do receptor.

KOKI HO – TRATAMENTO COM A RESPIRAÇÃO

Koki significa soprar e esta é uma técnica que nos ajuda a afastar a energia mais densa através da expiração, do sopro, usando preferencialmente um *Chokurei*. Dependendo da intenção que se colocar, pode ser um calmante ou um dispersante da energia.

1. Ligue-se ao Reiki e coloque sua intenção;
2. Visualize a energia descendo desde o Chacra da Coroa até ao *Tanden*, quando inspirar;
3. Prenda a respiração e, caso queira, visualize um *Chokurei* dentro da boca, dizendo seu mantra três vezes. Você também pode visualizar outro símbolo;
4. Quando estiver pronto e sentir a energia do símbolo na boca, sopre o ar sobre a região que pretender;
5. Repita a técnica quantas vezes quiser;
6. Também poderá aplicar o *Koki Ho* em fotografias, como tratamento à distância.

MAKOTO NO KOKYU HO – RESPIRAÇÃO DA SINCERIDADE

Este é um exercício para o desenvolvimento pessoal e que pode ser chamado «Respiração da Sinceridade» ou «Respiração da Verdade». O objetivo é desenvolver uma maior consciência do *seika Tanden* (centro de energia no baixo ventre, a que comumente chamamos *Tanden*). Muito provavelmente foi uma técnica adaptada do *Aikido*, assim como o *Joshin Kokyu Ho*.

1. Ligue-se à energia;
2. Esvazie a mente e leve sua atenção até ao *Tanden*;
3. Mantenha aí sua atenção, esvaziando-se de tudo e imaginando que está presente em seu centro energético, que *é* nesse centro;
4. Quando quiser, pode praticar o *Joshin Kokyu Ho*, fazendo emanar energia de seu *Tanden*;
5. Quando terminar, sinta como está, sinta como *é*.

NENTATSU HO OU *SEIKAKU KAIZEN HO* – ALCANÇAR O PENSAMENTO POSITIVO

Esta é a técnica para alcançarmos o pensamento positivo ou para a melhoria do caráter (*Seikaku Kaizen*). Serve para alcançarmos hábitos positivos, virtudes ou mesmo desprogramar hábitos negativos.

Se fizer a técnica com outra pessoa, combine com ela qual a atitude positiva a alcançar;

1. Ligue-se à energia;
2. Coloque uma mão no Chacra da Terceira Visão e outra na nuca, deixando fluir o Reiki;
3. Envie o pensamento que foi combinado;
4. No final da sessão, retire a mão do Chacra Frontal e aplique o Reiki somente na parte superior da cabeça. Nesse momento final não deve ser transmitida qualquer mensagem.

Esta técnica pode ser aplicada em você mesmo e em outra pessoa. Ao aplicar em outra pessoa, assegure-se de que a mensagem enviada é exatamente o que o receptor deseja. É melhor e mais eficiente transmitir mensagens curtas em diversas aplicações do que uma mensagem longa.

Toshitaka Mochizuki tem também uma técnica muito interessante, bastante parecida com o *Nentatsu*. Para este tratamento o ideal é que a pessoa esteja sentada.

1. Combine com a pessoa qual o pensamento positivo que quer alcançar, como sendo uma afirmação;

2. Purifique a aura da pessoa, passando as mãos por cima do corpo do receptor, retirando a energia mais densa da aura;
3. Coloque uma mão no occipital e com a outra desenhe os três símbolos do Nível 2, entoando os mantras para ativá-los;
4. Coloque a mão que desenhou os símbolos na testa do receptor;
5. Imagine que está envolto em luz, da cabeça aos pés;
6. E que essa luz está fluindo para o receptor por suas mãos;
7. Diga a afirmação mentalmente três vezes;
8. Deixe fluir para a pessoa a energia e a afirmação;
9. Purifique novamente a aura do receptor, desde a cintura até à cabeça, na parte de trás do corpo;
10. A técnica deve ser aplicada durante seis dias consecutivos e, na semana seguinte, a aplique duas vezes.

REIKI MAWASHI – CÍRCULO DE REIKI OU CORRENTE DE REIKI

Esta é uma técnica muito interessante para grupos de Reiki e mesmo para desenvolver o trabalho de «equipe» entre praticantes. Todos se juntam numa roda, colocam a mão esquerda virada para cima (receptora) e a mão direita para baixo (emissora). Ligam-se ao Reiki e depois deixam fluir a energia saindo da mão direita e recebendo pela mão esquerda, fazendo uma grande corrente de energia.

RENZOKU REIKI – MARATONA DE REIKI

É uma prática para um grupo de reikianos realizar um tratamento, por turnos. É excelente no caso de pessoas completamente esvaziadas de energia ou até com graves problemas que necessitem de um atendimento prolongado. Neste caso, gosto muito de chamar esta técnica de a «fritadeira» de Reiki. É um termo engraçado, pois todos gostam de passar pela experiência de receber Reiki de muitas mãos.

Podem estar dois ou mais praticantes, em posições pares. O importante é que todos tenham o mesmo objetivo e que estejam em sintonia. Não se percam fazendo símbolos ou querendo tratar coisas, foquem-se apenas no envio de energia e na harmonia da pessoa, caso contrário ela poderá sentir diferenças significativas.

De modo a avaliar como os alunos enviam Reiki, costumo deitar-me e pedir que coloquem as mãos. Serve também para que desmistifiquem ideias como «não estou enviando energia» apenas porque não sentem a energia nas mãos.

SEIHEKI CHIRYO – MELHORAR A PERSONALIDADE

O *Seiheki Chiryo-ho* é uma versão do *Nentatsu* especialmente dedicada para o tratamento de outras pessoas. O uso do *Seiheki* é necessário para este tratamento, considerado como um símbolo de harmonia. Curiosamente, lembro-me de há anos existir imenso receio de usar o *Seiheki* sozinho, pois poderia provocar reações negativas à pessoa. Realmente sempre houve muita mistificação e, conhecendo a origem das coisas, compreendemos um outro lado delas. O segundo símbolo é uma representação da harmonia e da purificação, segundo os conceitos japoneses. Com o *Seiheki Chiryo* podemos mudar maus hábitos, melhorar a personalidade e desenvolver a elevação da consciência.

1. Antes do tratamento, pergunte ao receptor que questão pretende transformar em si;
2. No momento em que sentir ser o mais indicado durante o tratamento, coloque uma mão na testa e a outra na nuca da pessoa;
3. Envie a mensagem positiva ao mesmo tempo que o Reiki flui;
4. Após alguns minutos, retire a mão da testa, mas mantenha a mão que está na nuca, por mais alguns minutos, sem enviar qualquer mensagem.

Ao longo desta prática, mantenha a mente focada.

SHUCHU (SHUDAN) REIKI – TRATAMENTO EM GRUPO

Esta é mais uma técnica de Reiki em grupo. No *Shuchu* podemos ter, por exemplo, três praticantes: um, que fique na região da cabeça, será o orientador; outro no peito; e o terceiro nos quadris. A partir daqui irão movimentar-se para as outras posições – o que está no peito fará as posições até ao Chacra da Raiz, o que está no Chacra da Raiz fará até os pés. A técnica pode ser também muito interessante se for feita com seis praticantes – um na cabeça e os outros nos pés, peito, abdômen, quadris e joelhos. Desta forma, todas as posições estão cobertas.

Algo muito importante na aplicação do *Shuchu Reiki* é a coordenação e a harmonia entre todos. Antes de iniciarem a técnica, liguem-se à fonte, entoem os Cinco Princípios, façam o *Reiki Mawashi*, o fluxo de energia entre todos para se harmonizarem. Coloquem todos a mesma intenção para o tratamento e deixem o Reiki fluir suavemente. É também necessário estar atento à pessoa, para verificar a sua condição. Durante o tratamento vão verificando o enraizamento, para escoar os excessos de energia. Para quem está desvitalizado, esta técnica é excelente. Mas não deve ser aplicada em situações de perturbação emocional ou de inflamações agudas, pois o fluxo constante de energia, em muitos pontos ao mesmo tempo, poderá ser difícil de ser gerido pela pessoa.

Após o tratamento, todos os praticantes devem fazer o banho seco e verificar sua condição energética. Todos devem hidratar-se, incluindo o receptor.

TÉCNICAS DE MASSAGEM NO REIKI

Nadete Chiryo Ho, ou *Bushu Chiryo Ho* – Técnica de Massagem

Nadete e *Bushu* significam tocar gentilmente com as mãos, ou percutir gentilmente. No Japão, a prática de massagem com Reiki era muito comum e mesmo a Mestra Takata praticava-a. Auxilia a desbloquear alguns pontos constritos de energia. É uma técnica normalmente usada nas partes superior e inferior das omoplatas, costas e em ambos os lados da coluna, nos braços e da bacia para os dedos dos pés. Aconselha-se que seja sempre executada de cima para baixo.

Oshite Chiryo Ho – Pressionar com os dedos

Oshi significa empurrar, *Te* significa dedo e esta é a técnica de pressionar, ou empurrar, com os dedos. Também pode ser conhecida como *Oushu Chiryo Ho*. *Ou* significa empurrar e *Shu* significa mão.

1. Ligue-se à energia Reiki e a sinta fluir para as mãos;
2. Identifique as partes do corpo que estão com estagnação de energia ou com dor;

3. Use os dedos para pressionar e empurrar essa parte, para dispersar o bloqueio, saindo a energia pelos dedos e pelas palmas das mãos;

4. Se quiser, pode ainda usar os dedos como sendo uma espécie de focalizador de energia, emitindo um feixe de Reiki sobre a zona bloqueada.

UCHIDE CHIRYO HO OU DASHU CHIRYO HO – PERCUSSÃO OU BATER COM A MÃO

Uchide quer dizer «bater com a mão», *Da* significa «bater» e *Shu* mão. Esta é uma técnica de tratamento por percussão, estimulando as partes dormentes, despertando o corpo e as células para estarem mais receptivas ao Reiki e à absorção de energia.

Podemos fazer esta técnica de duas formas:

5. Bater no receptor com as mãos em concha;

6. Usar as mãos fechadas em punho, como se fossem martelos suaves que percutem o corpo da pessoa.

Estas três técnicas de massagem fazem parte da filosofia de bem-estar japonesa. Pessoalmente acredito que, para se aplicar técnicas de massagem, estas devem ser realizadas por quem tenha bom conhecimento da matéria, pois caso contrário poderão provocar mal-estar na pessoa.

Parte VII

Viver com o Reiki

56. Viver com o Reiki

O REIKI NA RELAÇÃO – A PRÁTICA DOS PRINCÍPIOS

O Reiki é, em primeiro lugar, para nós. A prática dos Cinco Princípios deve ser, primeiro, feita por nós. Tudo começa em nós e só estando equilibrados é que chegamos ao outro para construirmos o **Eu + Tu = Nós**. Não é de um dia para o outro que se atinge isto, é um percurso ao longo do tempo, é uma prática regular que nos leva à mudança. Vamos ver, princípio por princípio, como fazer.

SOU CALMO

Cada vez mais a nossa vida é feita de ritmos exaustivos, de chamadas de atenção, de tarefas que nos tiram todo o tempo e mais algum – um dia já não pode ser feito de 24 horas. Quando praticamos o autotratamento e os Cinco Princípios do Reiki, encontramos tempo e espaço para perceber o que é essencial, para o que deve ser feito e para o que é apenas uma distração. A calma, ser calmo e encontrar a serenidade no centro dos desafios é fazer crescer uma relação com assertividade e respeito mútuo.

CONFIO

A confiança, o respeito por nós próprios e pelo outro, é um dos pilares de qualquer relação. Confiar e se fazer confiável é uma sequência da calma que vivemos. Se estivermos sempre desconfiados, preocupados e em sobressalto não conseguimos usufruir e ver claramente a forma como vivemos e como estamos com os outros. A confiança é um livro que se vai escrevendo ao longo da vida. Fazendo esta semente crescer no jardim do nosso coração, estamos caminhando em direção à felicidade.

SOU GRATO

A gratidão é um dos maiores princípios para vivermos em felicidade. Não apenas sermos gratos pelas coisas boas, como também pelos desafios que surgem. Estes desafios nos levam a ser melhores, a modificarmos o comportamento, usufruindo cada vez mais nosso dia a dia. A gratidão pelas relações que temos, por partilhar a vida e o momento do caminho com alguém, expressar a gratidão nas pequenas coisas do dia a dia, fazem crescer um tesouro cada vez maior e mais sólido.

Trabalho honestamente

A honestidade não é aplicada unicamente ao trabalho que produzimos, resultante de um emprego. Este «trabalho honestamente» também se refere ao trabalho interior, aquele que deve ser feito para a construção de um Eu mais assertivo, humano e consciente. Saber como somos, em relação a nós próprios e ao outro, nos leva a viver sem as barreiras constrangedoras de «obrigações» que em nada nos farão bem, nem ao próximo. A honestidade, aplicada com calma e confiança, demonstrando gratidão, nos ajuda a caminhar solidamente de mãos dadas, não só com o outro como também com a Humanidade.

Sou bondoso

A bondade começa por nós próprios. Para estar bem com o outro tenho que estar bem comigo. Se não consigo fazer Reiki a mim próprio, se não consigo cuidar de mim, como hei de conseguir cuidar do outro, de forma equilibrada?

Comecemos sendo bondosos conosco, nos escutando, cumprindo o que necessitamos. Assim temos um coração aberto e predisposto, preenchido com verdadeiro amor incondicional, que nos permite estar, criar e recriar uma relação. «Só por hoje, sou bondoso» é um princípio de paz interior, com reflexos para o outro e para o mundo.

Por vezes diz-se que devíamos nascer com um manual de instruções – grande verdade. Crescemos muito tecnologicamente e no acesso à informação, mas o mesmo nos leva a regredir na forma de estar nas relações, em cuidar de nós e dos outros. O Reiki não é uma pílula milagrosa, não é a solução para todas as questões, mas sua prática nos permite crescer, equilibrados e capazes da prática do amor incondicional – dar sem esperar receber. Na relação, o Reiki permite uma construção aberta, consciente e honesta, do caminho que cada um trilha em conjunto com o outro. Como dizia Vasco Pinto Magalhães, «Não há soluções, há caminhos».

Todos temos projetos que queremos cumprir com sucesso. A adversidade, a confusão, o stress e a indisciplina podem ser nossos piores inimigos. Como podemos usar o Reiki no trabalho para melhorar a eficiência e harmonizar os relacionamentos?

MOTIVAÇÃO

Iniciar um projeto para o dia a dia, constituir uma empresa ou desenvolver um projeto Reiki de voluntariado requer uma das maiores forças interiores – a motivação!

A motivação é a energia que nos move do ponto A para o ponto B, ultrapassando as dificuldades, a inércia e qualquer desafio que se apresente. Esta energia interior é única em cada um. Marta Graham dizia: «Existe uma vitalidade, uma força de vida, uma energia, um despertar, que é traduzido em ação através de você e, porque só existe um de você em todos os tempos, essa expressão é única.»

Esta é a energia da motivação – imparável se conseguirmos descobri-la.

A prática do Reiki nos permite escutar o coração, que é a residência da motivação.

DISCIPLINA

Tendo motivação, devemos alimentá-la com disciplina. Esta prática de concentração nos eleva acima do comum, acima do fazer por fazer ou mesmo do *laissez-faire* (deixa fazer).

A disciplina molda todo nosso ser, desde a energia à mente, às emoções. Como adquirir disciplina? Sabendo o que temos de fazer, que é a nossa energia que o deve fazer, que será a disciplina que nos permitirá trabalhar e descansar.

A energia do motor, a energia das partes, a energia do todo.

Um projeto é quase sempre feito por um conjunto de pessoas. John Croft concluiu, num estudo sobre gestão de projetos, que de mil projetos sonhados apenas um é celebrado ao final de um período de três anos. Às vezes o que falha é a falta de sinergia. Afinal, o que é a sinergia? É a «convergência das partes de um todo, que concorrem para um mesmo resultado; efeito resultante da ação de vários agentes que atuam da mesma forma, cujo valor é superior ao valor do conjunto desses agentes, se atuassem individualmente». Este é o significado de sinergia e é ela que permite o sucesso de um projeto.

Identificar o motor do projeto é ter a certeza de que a energia que o concebeu continua a alimentá-lo. Aceitar opiniões e delegar tarefas às pessoas que compõem a equipe é conferir responsabilidade e valor a cada uma delas. Juntas fazem a energia do todo – criam o valor global, interior, do projeto. Não devemos esquecer que tudo está interligado, que nosso sucesso será também o sucesso dos outros.

COMO APLICAR O REIKI NO TRABALHO

Em nosso emprego nos deparamos sempre com dificuldades, que são inevitáveis. Podemos, no entanto, aplicar (sempre) os Cinco Princípios do Reiki nos problemas para nos ajudarmos e ajudarmos os outros. Criar um bom ambiente é importante e pode estar em suas mãos consegui-lo.

Sou calmo

Olhar de frente para a tempestade, para as solicitações, e respirar tranquilamente. A mente serena, apoiada pela respiração, permite criar aquele segundo precioso que nos possibilita ver com clareza. Ser calmo perante a adversidade permite escolher as melhores opções e ir pelo caminho que fará mais sentido.

> PRÁTICAS QUE AUXILIAM ESTE PRINCÍPIO:
> * Respiração abdominal;
> * Posição no Chacra Esplênico e no Chacra Cardíaco;
> * Posição no Chacra Cardíaco e no Plexo Solar.

Confio

Se estivermos muito ansiosos, projetando muito para o futuro, perdemos o centro e muito facilmente podemos perder a confiança. Como confiar? Esta é uma das virtudes, ou princípios, mais difíceis de aplicar. Como confiar no outro? A experiência nos diz que o excesso de confiança no outro, e até em nós próprios, nos leva a caminhar no fio da navalha, à beira do precipício. Ao praticar Reiki percebemos que a confiança está baseada em três pilares – em nós, no outro e no Universo.

Em nós porque somos o centro, o ser que irá realizar e que precisa de energia própria para tal. Devemos confiar em nossas capacidades, ou aceitar que devemos melhorar para atingirmos as competências necessárias para realizarmos nossa tarefa.

Nos outros, porque não estamos sós, vivemos em sociedade. Se conhecermos nossas fronteiras, identificando as necessidades, o que pedimos e damos ao outro, totalmente de forma explícita, estaremos construindo um contrato de confiança saudável para todas as relações.

Confiar no Universo – um conceito abstrato. Para uns significa confiar na vida, para outros na energia que nos anima, para outros ainda em Deus. No fundo, confiar no Universo significa compreender o mecanismo da vida, as sincronicidades que nos interpelam, aceitar as ajudas que tantas vezes desprezamos e que seriam mais um apoio rumo ao sucesso. Confiar no Universo é confiar na vida – o objetivo final de todos é ser feliz. Ao confiar, dentro das fronteiras comuns e acordado entre todos, somos felizes como indivíduos e enquanto comunidade.

PRÁTICAS QUE AUXILIAM ESTE PRINCÍPIO:
- Posição no Chacra Esplênico e no Chacra Cardíaco;
- Posição no Chacra Esplênico e no Chacra da Terceira Visão.

SOU GRATO

A pressão do sucesso é incrível. Em nossa sociedade, no trabalho, temos sempre que responder com sucesso. Será essa a realidade?

Não é. O mais natural é termos uma aprendizagem baseada na tentativa/erro. A observação das lições aprendidas pelos outros, aliada à nossa forma de ser e de estar, é o que nos ajudará a errar o menos possível. Quando somos gratos por tudo em nossa vida estamos mais leves, mais integrados e agimos com maior inteligência. Ao aplicar este princípio em nossos sucessos e fracassos, estamos tornando conscientes todas as lições que percorremos com leveza de espírito. Esta leveza não é irresponsabilidade, mas consciência. Agradecendo algo que corra mal, percebemos o que nos levou a falhar – um desafio interno, externo ou ambos?

Ao trazer à consciência essas respostas, com gratidão, fazemos a mudança, cujo princípio é o que vem imediatamente a seguir – trabalhar honestamente.

> **PRÁTICAS QUE AUXILIAM ESTE PRINCÍPIO:**
> - Posição no Chacra do Plexo Solar e no Chacra Cardíaco;
> - Posição no Chacra do Plexo Solar e no Chacra da Terceira Visão.

TRABALHO HONESTAMENTE

O trabalho honesto tem dois aspectos: interior e exterior.

Interiormente, devemos comunicar com sinceridade – falar de mim para mim com total transparência, sinceridade e abertura. É esta comunicação interna que também nos leva a estabelecer a fortaleza de espírito que precisamos para estarmos centrados. Sabendo de nossas forças e fraquezas, através desta comunicação verdadeira, estamos nos elevando na consciência. Auxiliará também a compreender melhor os outros, pois muitas das situações são um espelho, um reflexo de nós mesmos.

Exteriormente devemos trabalhar com humildade e sabedoria. Humildade não é diminuição do ser ou humilhação, é ter consciência do que se sabe, de quem se é. É conhecer as fronteiras de cada um e respeitá-las. Ser rigoroso, disciplinado e ter uma verdadeira vontade de trabalhar, de produzir, nos leva a crescer interiormente e a observarmos nossa obra a ser realizada.

A prática deste princípio proporciona a iluminação interior de nossas fraquezas, auxiliando a se tornarem forças. E exteriormente nos leva a saber respeitar as fronteiras e a produzir o que é nosso dever produzir.

> PRÁTICAS QUE AUXILIAM ESTE PRINCÍPIO:
> * Meditação/reflexão diária sobre o que foi feito e o que devia ter sido feito;
> * Posição no Chacra Laríngeo e no Chacra Cardíaco;
> * Posição no Chacra Laríngeo e no Chacra da Terceira Visão.

SOU BONDOSO

A bondade é uma das maiores virtudes do Homem. Ao contrário do que se possa pensar, essa bondade começa primeiro em nós. «Só por hoje, sou bondoso» nos traz o amor-próprio, reconhecermos quando precisamos perdoar a nós próprios pelos nossos erros e fraquezas. Quando assim fazemos sabemos melhor ser bondosos para com os outros, nada lhes pedindo em troca. Este é um ato de amor incondicional, algo que os praticantes de Reiki fazem quando doam Reiki a alguém.

Ser bondoso em nossos projetos implica olhar com amor genuíno para as situações. Perdoar, acarinhar, ensinar, respeitar, elevar – são tudo reflexos da bondade. Primeiro em nós, esvaziando a dor e a necessidade, preenchendo com amor e compaixão; depois mais facilmente conseguimos fazê-lo com o outro, perdoando seus erros e desvios. Num projeto todos têm de funcionar como um todo – saudável e vivo!

> PRÁTICAS QUE AUXILIAM ESTE PRINCÍPIO:
> * Meditação orientada para a compaixão;
> * Posição no Chacra da Terceira Visão e no Chacra Cardíaco;
> * Posição no Chacra Cardíaco.

DAR RESPOSTA

O *feedback* é sempre importante, quer numa situação de aprendizagem quer de colaboração. Ao nos envolvermos em um projeto, devemos dar resposta, quer àqueles que nos apoiam interiormente, quer aos que são beneficiados pelo projeto.

É necessário sempre avaliar a comunicação com os outros (e a interior também). Que resposta devemos dar? Como podemos, de forma assertiva, indicar alternativas ou levar um projeto ao debate? A comunicação não é simples, pois cada um tem seus códigos e necessidades, que podem ser totalmente opostos aos do interlocutor. Na prática do Reiki, na prática dos Cinco Princípios, podemos encontrar o mesmo código de comunicação e respeito. Saber ouvir, saber falar.

REIKI, DORMIR E OS SONHOS

O Reiki traz equilíbrio, harmonia e serenidade – estes são os pressupostos. Então, porque podemos ter uma má noite, povoada de bastantes sonhos?

ALGUMAS PERSPECTIVAS SOBRE A INFLUÊNCIA DO REIKI NOS SONHOS

* Temos que mudar o preconceito de que o Reiki é a causa de tudo. O Reiki é uma parte de um todo. Se fizerem Reiki à noite e beberem café, como acham que pode ser essa noite?
* O Reiki tem um efeito em nosso interior, e a energia traz à superfície o que é necessário resolver.

Se fizer Reiki à noite, pode despertar mais seu subconsciente para a resolução de situações que estão por resolver. Opte em fazer isto em um período de tempo mais amplo antes de ir dormir, ou então aproveite essa oportunidade para resolver as situações que julgava ter resolvido ou foram ocultadas da consciência.

Não tenha receio de suas próprias reações. Quando tiver uma noite agitada, tente refletir no que pode ter provocado isto:

* Teve um dia agitado?
* Comeu muito no jantar?
* Está cansado emocional e mentalmente?
* Comeu chocolates ou doces?
* Bebeu café?
* Tem preocupações e situações que quer ocultar, esquecer?

Se tiver preocupações, envie Reiki para elas, é uma boa forma de resolver a situação energeticamente e que ajudará a ter uma outra postura para a sua resolução.

Ao acordar de um sonho mais agitado, enviem Reiki para aquilo que se lembra e que pode perturbar – estará a libertando esse peso energético e a dar mais autoconfiança em sua capacidade de resolver situações.

Por vezes, a prática de Reiki pode também causar o que se chama de sonhos lúcidos, ou seja, uma experiência vívida, quase real, na forma de sonho. Aproveite as lições que possa tirar dessa experiência.

A PERSPECTIVA TAOISTA SOBRE OS SONHOS LÚCIDOS

Chen Tuan, sábio eremita, se refere a um dos princípios-base do taoísmo – para encontrar paz, o adepto deve libertar-se do apego aos sentidos exteriores e à realização. O adepto deve tornar-se realizado com o mundo interior da energia e dos sonhos.

SUGESTÕES DE REIKI PARA DORMIR BEM

- Tente compreender qual a melhor hora para fazeres o autotratamento;
- Coloque sempre uma intenção – se for para dormir melhor, não se esqueça de intensionar isto;
- Limpe seu espaço energeticamente; se usar incenso, areja depois o quarto (obrigatório);
- Você também pode colocar um copo com água e sal grosso, para ajudar na limpeza da energia (na mesa de cabeceira);
- Se você tem o Nível 2, coloque o *Honshazeshonen* na cama, com a intenção de ajudar a relaxar e a dormir melhor.

O EQUILÍBRIO EMOCIONAL

O equilíbrio emocional é um desafio diário para quem tem um olhar atento em si mesmo. É como se estivéssemos num mar que por vezes é tranquilo e muitas vezes fustigante.

«O que se opõe ao descuido e ao descaso é o cuidado.
Cuidar é mais do que um ato; é uma atitude.
Representa uma atitude de ocupação, de preocupação,
de responsabilização e de envolvimento afetivo com o outro.»
– Leonardo Boff

Muitos praticantes de Reiki encontram nesta prática as ferramentas para o desenvolvimento da atitude de cuidado, criando assim o espaço e o tempo necessários para compreenderem o que causa seu desequilíbrio emocional e de que forma o podem restabelecer. Praticam Reiki em si e nos outros, e sentem-se realizados.

Outros procuram a pílula milagrosa – irão falhar nesse intento.

Outros encontram na capacidade de dar equilíbrio aos outros o mote para se esquecerem de seus problemas e desequilíbrios. Apenas estão adiando o inevitável e possivelmente piorando sua condição. Sendo este último caso algo bastante importante na prática de Reiki, desenvolverei um pouco mais o assunto.

Cuidar do outro sem cuidar de si é a receita para o fracasso.

Desprezar a necessidade de equilíbrio emocional para lidar com o dia a dia pode levar ao esgotamento de si e mesmo daqueles que o rodeiam. Se cada um aceitasse a responsabilidade pelo seu próprio equilíbrio, criaríamos um ecossistema humano mais saudável.

O método Reiki permite aprender a cuidar dos outros. Muitas pessoas têm esse impulso, o que é uma atitude humana muito bonita. Doar. Dar ao próximo incondicionalmente. Por isso se diz que o Reiki é uma prática de amor incondicional. É preciso estar predisposto para doar. O Mestre Usui dizia que com a prática dos Cinco Princípios e do autotratamento atingiríamos o *Satori*, a iluminação, e o *Anshin Ritsumei*, a plena paz e felicidade.

Naturalmente, nos dias que correm, de tantas solicitações e exigências, o equilíbrio fica mais difícil e, por isso, mais necessário. O praticante de Reiki não é um ser perfeito, é alguém que caminha para sua paz e felicidade, para seu equilíbrio emocional, mental, espiritual e físico.

Como não existem pessoas perfeitas, alguém que faça Reiki a outro possivelmente não estará em seu total estado de equilíbrio emocional, mas deve estar suficientemente equilibrado para se desapegar, desenvolver sua prática corretamente e verificar que a mesma não o levou ao seu desequilíbrio.

Por isso, o praticante ou o terapeuta deve sempre realizar seu autotratamento. Sem esta consciência, esta atitude de cuidado, é melhor não praticar nos outros.

PORQUE NÃO PRATICAR NOS OUTROS QUANDO NÃO ESTAMOS EQUILIBRADOS EMOCIONALMENTE?

O Reiki flui quando é necessário. É uma energia sem polaridade, passiva. O Reiki é uma energia vital, nunca trará aspectos negativos. Ao passar pelo praticante, um pouco dessa energia permanece com ele. É por isso que quando a prática é bem efetuada o praticante nunca se sente cansado. O Reiki é mesmo excepcional!

Por isso, nunca está em questão a passagem de Reiki. A questão está do lado de quem está passando. O praticante ou terapeuta, caso tenha questões emocionais e não tenha em atenção seu autocuidado, irá ver seus canais energéticos debilitados e mais estreitos. Sua aura não estará fortalecida e o contato com a aura de seu paciente poderá levar a reestimulações, a efeitos de espelho de sua própria condição. Assim, o paciente ficará satisfeito com sua sessão, mas o praticante irá sofrer as consequências de seu descuido.

Se realmente quisermos ajudar o próximo e praticarmos a bondade, devemos em primeiro lugar direcionar essa força para nós.

O TREINO PARA O EQUILÍBRIO EMOCIONAL

«A realidade existe onde a nossa mente se focar.»

Para conhecermos nosso equilíbrio temos de reservar tempo para nós mesmos. Esse é o primeiro passo.

O segundo é a prática constante do autotratamento, identificando a origem das questões.

O terceiro passo é procurar um colega, para receber tratamento. A perspectiva de outras pessoas nos enriquece.

Devemos praticar constantemente os Cinco Princípios, pois são eles que nos levam à mudança.

CINCO PRINCÍPIOS PARA O EQUILÍBRIO EMOCIONAL

Só por hoje, sou calmo

«Faço o autotratamento, cuido de mim, gosto de mim, crio um lago de serenidade no meu interior e esvazio-me de todos os preconceitos. Antes de escutar ou cuidar do outro, sei que devo estar oco como um bambu.»

Só por hoje, confio

«Acredito em mim mesmo e nas minhas capacidades. Confio no Universo e sinto o fluxo da energia. Sei que faço o meu caminho para atingir a felicidade. Não me vou preocupar, pois confio em mim.»

Só por hoje, sou grato

«Agradeço por todas as situações, incluindo o meu desequilíbrio emocional. Sei que tudo o que possa considerar mau será bom para o meu crescimento. Irá permitir-me parar e crescer mais. Serei mais feliz.»

Só por hoje, trabalho honestamente

«Sou verdadeiro comigo mesmo. Sou verdadeiro com os outros. Aceito parar quando devo. Aceito continuar quando devo. Compreendo o equilíbrio de todas as coisas.»

Só por hoje, sou bondoso

«Sou bondoso comigo mesmo, por isso trato-me. Sei que com este trabalho irei mudar por mim mesmo.»

10 – A Onda
Num momento tempestuosa
No outro calma,
A onda do oceano
É na verdade
Tal e qual a existência humana

FAZER MAL COM REIKI – UMA QUESTÃO PERTINENTE COM UMA RESPOSTA ÓBVIA

A questão de poder fazer mal com Reiki surge não só na mente de quem não é praticante como também na de quem é praticante de Reiki. A questão é tão pertinente que merece ser olhada com todo o cuidado e respeito, apesar da resposta ser muito óbvia.

O Reiki é energia, esse é um princípio básico que todos aceitamos. A prática do *Usui Reiki Ryoho* envolve os Cinco Princípios – só por hoje sou calmo, confio, sou grato, trabalho honestamente, sou bondoso. Cada um destes princípios é por si próprio também uma determinada frequência, expressa no Reiki. É como o arco-íris. O branco representa a junção de todas as cores, mas, quando acontece a difração, cada uma das cores surge com suas devidas propriedades.

Quando pensamos em amor, todos compreendemos o que isso significa e sabemos que o mesmo se divide em vários tipos de «amor»: mas amor é amor e este não causa uma ação errada. Qualquer tipo de ação errada ou mal é próprio da inconsciência e ignorância do ser humano. Nós, sim, desvirtuamos as qualidades, os conceitos, as práticas. Se observarmos a peça *Romeu e Julieta*, de Shakespeare, temos o amor entre duas pessoas, incrivelmente belo e vívido, mas impossível pela condição social de ambos e daqueles que os rodeiam. A opção de terminar com suas vidas não foi do amor, mas deles mesmos. O amor não pede suicídios, mas vida e felicidade; as situações e a incapacidade de compreensão é que nos leva a tomar as piores decisões.

"Hoje em dia as pessoas necessitam de melhorar e reconstruir interior e exteriormente a vida, daí a razão do lançamento de meu método para o público seja ajudar pessoas com doença no corpo e na mente. – Mikao Usui (*Usui Reiki Ryoho Hikkei*)

Somente a ignorância de um praticante de Reiki poderia levar a esta afirmação. Lendo a frase do Mestre Usui, vemos que é um método para auxiliar, cuidar e curar (dentro do possível) as doenças do corpo e da mente. Com uma filosofia de vida que está orientada para a iluminação (*Satori*) e a elevação da consciência, o Reiki tem tudo o que à energia vital corresponde – vida, criação.

"Toda a existência tem um poder curativo. Plantas, árvores, animais, peixes e insetos, mas especialmente os humanos, como senhores da criação, têm um poder considerável. O *Usui Reiki Ryoho* materializa a capacidade curativa que o humano tem." – Mikao Usui (*Usui Reiki Ryoho Hikkei*)

Se alguém afirmar que pode fazer mal com o Reiki, naturalmente que está num caminho de ignorância. Ele e a sua mente poderão fazer mal a alguém, mas nunca o Reiki ou o *Usui Reiki Ryoho*. É como se alguém tentasse dar amor a alguém através da violência – nunca seria amor! Fazer mal com o Reiki nunca será Reiki!

«Eu gostaria de lançar este método para o público, para benefício de todos e com a esperança da felicidade de todos.» – Mikao Usui

É muito importante que os praticantes se perguntem: «O que estou fazendo no Reiki?», «Para que quero o Reiki em minha vida?», «Compreendo verdadeiramente os princípios de transformação no Reiki?». Só colocar as mãos não basta. Achar que se tem poder é absurdo. Promover o medo e a ignorância é atroz.

O caminho do Reiki é o da transformação e do desenvolvimento pessoal, num caminho para a felicidade. Temos a possibilidade de nos tratar e de tratar os outros, mas o verdadeiro objetivo é nossa própria transformação.

Fazer mal com o Reiki é uma questão que nem se coloca, assim como fazer mal com o amor. Os praticantes devem, sim, rever sua mente, o coração e suas ações. O caminho para a transformação é longo e talvez termine no final da vida. Até lá temos de, só por hoje, sermos um pouco melhores.

OS 3 «C» DO REIKI – CORAÇÃO, COMPROMETIMENTO E CONSCIÊNCIA

Quando praticamos Reiki sentimos alguma coisa mudando em nós, algo de diferente numa capacidade e na consciência. Quando a mudança nos traz, por vezes, acontecimentos extraordinários como ver o bem--estar ou a recuperação total de uma pessoa, precisamos de nos centrar no que é mais importante, para que o ego não perturbe o «caminho para a felicidade».

O CORAÇÃO NO REIKI

Falamos muitas vezes que Reiki é amor incondicional. Quando o praticamos percebemos exatamente o que isso quer dizer. É uma energia que flui naturalmente para nós e através de nós, trazendo equilíbrio e vitalidade. Muitas pessoas, quando recebem Reiki, dizem que sentem um grande conforto, «humanidade», alegria interior, união, equilíbrio. Isto tem a ver com a componente energética de Reiki, o autotratamento e o tratamento aos outros.

Na base da prática do Reiki estão os Cinco Princípios que o Mestre Usui nos legou – só por hoje, sou calmo, confio, sou grato, trabalho honestamente, sou bondoso. Estes princípios nos trazem a elevação da consciência para alcançarmos o *Satori,* a iluminação. Quando fazemos nossa prática com o coração temos em nós as sementes da mudança, que vão sendo alimentadas por esta energia universal. Dia a dia, meditando e praticando, vamos vendo a transformação e isso é feito sem ansiedade, sem expetativas. As coisas acontecem naturalmente. Só por hoje, sou calmo, dizia o Mestre Usui – passo a passo vamos construindo o nosso caminho, com a mente e o coração.

O COMPROMETIMENTO NO REIKI

«O Reiki está disponível para quem o procurar.» – Hawayo Takata

No Reiki não existem promessas, quer de cura quer de crescimento pessoal. No entanto, para crescermos verdadeiramente temos de nos comprometer. O compromisso é difícil de entender, principalmente se quisermos apenas responsabilizar o Universo pela nossa vida e decisões e não termos a verdadeira consciência de quem somos e do que precisamos fazer. Quando dizemos que vamos deixar fluir, temos de perceber a amplitude do que estamos desejando. Uma coisa é termos nosso caminho bem definido interiormente, outra é acharmos que algo exterior a nós é que verdadeiramente nos guiará. Em parte, ambas são precisas. Tanto precisamos de confiar no Universo, reconhecendo os caminhos da vida e do que é o bem supremo, como devemos saber tomar as rédeas da nossa vida, e para isso é preciso comprometimento.

Ninguém entrega ao Universo a preparação de um exame sem se esforçar para tal, à espera que milagrosamente corra bem. Então porque fazê-lo com o Reiki, que é uma prática de desenvolvimento pessoal?

Crescer interiormente e compreender a dimensão do nosso ser é também assumir o compromisso que temos para com a vida e para com o impacto que podemos ter no planeta e na sociedade. Ao assumir o compromisso na prática do Reiki estamos dizendo «eu esforço-me para melhorar e mudar, eu cresço no tempo que for necessário.»

O compromisso nada tem de pesado ou de negativo; se você achar isto, reveja suas crenças e no que o Reiki poderá lhe ajudar para resolver nessa situação. O compromisso é a linha orientadora para um objetivo.

O objetivo do Reiki é atingir o *Satori*. Qual é seu compromisso com o Reiki e com você mesmo?

A CONSCIÊNCIA NO REIKI

Diz-se que o Mestre Usui atingiu dois momentos de elevação da consciência – o de seu propósito de vida e o da percepção do Reiki, no final da meditação no Monte Kurama. A estes momentos chama-se, em japonês, *Anshin Ritsumei*. Quando compreendemos nosso propósito de vida, seguimos para um novo caminho, que em vários momentos vai nos dando acesso à elevação da consciência. O Reiki nos traz a consciência de nós mesmos pela prática do autotratamento e da meditação, *Gassho*, por exemplo.

Trabalhar a consciência é o princípio construtivo para nosso ser. É o processo de autodescoberta que possibilita o domínio da mente e das emoções, o alcance da equanimidade e da paz duradoura. O Reiki é simples e só mesmo essa simplicidade permite tanto crescimento em nós mesmos.

Vale a pena praticarmos o Reiki, procurarmos e alimentarmos estes três *C* de Reiki – coração, comprometimento e consciência. Só por hoje.

A consciência traz a percepção do nosso universo interior e exterior, a compreensão do bem supremo e do caminho para a felicidade.

A AUTOCONSCIÊNCIA NO REIKI

Muitos praticantes de Reiki iniciam o caminho para poderem cuidar do outro, para tratar um familiar, um amigo, para se colocarem a serviço. Ao longo do tempo apercebem-se de que, afinal, o Reiki pede que se tratem a eles mesmos em primeiro lugar e que, além do tratamento, precisam ainda da sua própria transformação interior – da mudança de padrões.

Ao deixarmos a energia fluir para dentro de nós, sentimos algo invulgar, mas próximo. Um conforto e ao mesmo tempo uma sabedoria interior que ressoa com o Universo. Sentimos a gratidão pelos princípios e pela energia e isso muda e aumenta a nossa autoconsciência.

Na autoconsciência, quem sou eu...?

Um homem perturbado aproximou-se do Mestre zen.
«Por favor, Mestre, sinto-me perdido, desesperado.
Eu não sei quem sou.
Por favor, mostre-me o meu verdadeiro eu...!»
Mas o Mestre apenas desviou o olhar sem responder.
O homem começou a suplicar e a implorar, mas ainda assim o
Mestre não deu qualquer resposta.
Finalmente, frustrado, o homem virou-se para sair.
Naquele momento, o Mestre o chamou pelo nome.
«Sim?» – disse o homem, que girou de volta.
«Aí está!», exclamou o Mestre.

Este conto zen explica de forma muito simples como por vezes a nossa mente, ou mesmo o ego, tanto procura saber quem «eu sou», esquecendo-se de quem já é. Complicamos, isso sim.

Na prática dos Cinco Princípios, tão simples e diretos, encontramos a orientação, o silêncio, a resposta para «quem sou eu?». Isto porque leva-nos no caminho do *Satori*, da iluminação, como dizia o Mestre Usui.

Encontro-me no silêncio dos meus pensamentos, na ausência do meu ego. Nesse todo, vazio, sei quem sou. Aqui se assume a autoconsciência. Sair de mim para o outro e voltar do outro para mim.

Já no caminho da autoconsciência, vislumbrando quem sou, consigo sair de mim e ir para o outro. Assim como consigo voltar do outro para mim, seguro de que não perco a minha identidade. No poema «O Espelho», o Imperador Meiji leva-nos a refletir nesta transação.

125 – O Espelho
Devo polir o meu eu
Mais e mais
Para usar o claro
E brilhante coração dos outros
Como um espelho

O espelho sou eu, o meu coração, e ele espelhará mais brilhantemente o coração dos outros quando está limpo, iluminado. Tal acontece quando me conheço e me predisponho. Só por hoje, confio que todos os dias polirei mais o meu eu, aceitando as adversidades internas e externas. É esse o Tao do Reiki, o caminho que nos leva ao *Satori*.

Toda a prática de Reiki, independentemente de sistemas ou Mestres, nos leva a apreciar e vislumbrar esse caminho. Resta a cada um decidir o que vai fazer perante o convite à felicidade.

COMO PRATICAR O REIKI
POR ENTRE AS DIFICULDADES DA VIDA

Já se sentiram esmagados pelo peso das situações? Nada parece estar funcionado e todas as coisas correm mal? Sentem-se incapazes de praticar o Reiki, sem vontade e com desânimo geral?

Então, estão passando por mais uma fase da vida que requer muita atenção. Ciclicamente temos períodos de vida que não são fáceis e que se tornam num desafio incrível para nós.

COMO ESTAMOS?

Nestes momentos difíceis, precisamos fazer uma revisão de vida. Centrados, praticando os Cinco Princípios, em desapego com as nossas próprias questões. Esta avaliação é o que nos permitirá, praticando o quarto princípio do Reiki («Só por hoje, trabalho honestamente»), verificar nosso estado interior e exterior. O desapego é importante, pois devem identificar as situações sem irem emocionalmente atrás delas. Experimentem escrever num papel toda esta vossa reflexão, preferencialmente, como se fosse uma lista.

Técnicas e atitudes para a auto-observação:

- Enraizamento;
- Cinco Princípios;
- Meditação *Gassho;*
- Desapego;
- Banho seco;
- Chuva de Reiki.

OBSERVAR A ENERGIA

Já observamos como estamos; devemos agora compreender nossa energia e aquela que nos rodeia. Como acha que está a energia em seu meio ambiente? No trabalho? E em casa? Será que há algo que precisa ser mudado? Como pode fazer essa mudança?

Observe também como está sua própria energia. Compreenda que tudo é momentâneo e que o que sente agora poderá mudar amanhã, principalmente se praticar Reiki. Lembre-se de que a energia densa acumula-se muito facilmente em nosso corpo, por isso observa como estão suas articulações e a mobilidade, se está se sentindo mais pesado e denso. Pratique o enraizamento, o banho seco e a chuva de Reiki para ir se limpando. Faça exercício físico e alguma dieta que possa lhe ajudar na desintoxicação. Execute o *Hesso Chiryo*.

Técnicas e atitudes para observar a energia:

- *Reiji-Ho* para aumentar a sensibilidade;
- As energias negativas ou talvez não;
- *Nentatsu* — alcançar o pensamento positivo.

COMO PRATICAR O REIKI ENTRE AS DIFICULDADES DA VIDA

Para praticar Reiki é preciso praticar Reiki. Pode parecer uma afirmação disparatada, principalmente quando estamos num momento difícil da vida mas, como qualquer prática, o Reiki também requer uma atitude e disciplina. As mãos são as asas do coração e, se o Reiki não flui para nós, temos de rever algumas situações:

- Estou desequilibrado de alguma forma e por isso não consigo centrar-me na prática?
- Se não consigo fazer autotratamento, já procurei forma de receber um tratamento?
- Como está meu coração – ou seja, a capacidade de «produzir» e manifestar amor incondicional?
- Consigo praticar os Cinco Princípios em mim, na situação e nos outros?

- Já experimentei enviar Reiki para a situação (ou situações)?

Neste momento de dificuldade, preencha-se de Reiki, harmonize suas emoções e sua mente, traga conforto ao corpo. Procure ajuda se necessitar e tente observar todas as situações com o olhar do Reiki, que é o olhar do coração. Não desista. Agradeça ao Universo por você ter esta oportunidade de mudar coisas em sua vida.

COMO RESOLVER QUESTÕES ENTRE REIKIANOS

A prática de Reiki nos transformas ou, supostamente, devia nos transformar. Este pode ser um processo bastante longo e não nos impede de tomarmos más resoluções, termos posturas menos próprias ou emoções negativas. Ser reikiano é ser humano em todas as suas dimensões. Assim, é natural que surjam questões entre reikianos que possam ser perturbadoras, principalmente se avaliar à luz dos Cinco Princípios.

Junte as mãos em *Gassho* e recite os Cinco Princípios. Transforme as questões em amor incondicional e seja você mesmo a transformação.

DESMISTIFICAR

Por vezes, o que mais causa atrito e dor entre os praticantes de Reiki é exatamente ser praticantes e considerarem que, como tal, apenas o amor incondicional flui em todas as suas ações. Não é assim.

Somos humanos e essa é que deve ser nossa base. O Reiki nos traz ferramentas incríveis para trabalhar e crescer interiormente, mas isso não acontece com uma sintonização, mas com a prática e a tomada de consciência.

Acreditar que alguém é melhor por ser praticante de Reiki, que é elevado por ser Mestre, que é infalível por ser terapeuta, é errado. Esse tipo de consideração pode levar a pessoa a tomar considerações e decisões que podem comprometer até a sua continuidade na prática, no caso de se decepcionar.

Se todos nos considerarmos no mesmo plano, sem acima ou abaixo, sem Mestre ou não Mestre, então podemos lidar com as situações de uma forma mais construtiva. Outro aspecto também importante é não colocar atributos ao Reiki pelas atitudes das pessoas. O Reiki é bem definido, mas as ações de seus praticantes é que poderão estar desenquadradas dos princípios.

Tomar consciência dos Cinco Princípios

Se você se sente perturbado por certas circunstâncias, avalia-as e avalie-se à luz dos Cinco Princípios. Retire-se, pratique meditação *Gassho*, recite os Cinco Princípios e observe como isso poderá ajudar-lhe a ter uma outra perspectiva sobre as situações.

Só por hoje – Consegue se colocar no aqui e agora? Sem julgamento? Está preso no passado ou querendo se mover para o futuro?

Sou calmo – Que memórias e emoções lhe traz esta situação? O que lhe faz perder a calma? Sente isso em que parte do corpo ou chacra? Avalie sua ausência de energia e trate-se com o Reiki.

Confio – Você confia em você para resolver esta situação? Prefere que seja outra pessoa a resolvê-la ou que ela desapareça por si mesma?

Sou grato – Agradeça esta oportunidade. As más situações fazem crescer. Observe o que ainda lhe falta para estar em paz, agradeça e cresça com a situação. Agradeça à situação e a todos os intervenientes, agradeça ao Reiki por lhe ajudar neste caminho.

Trabalho honestamente – Você está sendo verdadeiro consigo e com todos os intervenientes nesta situação?

Sou bondoso – Consegue ser bondoso nesta situação? Já se tratou com o Reiki? Já enviou Reiki para a situação? Já tentou resolver a situação com os intervenientes à luz do Reiki?

Elevar a consciência

«Os problemas significativos com os quais nos deparamos não podem ser resolvidos no mesmo nível de pensamento em que estávamos quando eles foram criados.» – *Albert Einstein*

Se você quer resolver uma situação, precisa mudar sua consciência perante a você mesmo e perante a situação e seus intervenientes. Pode praticar os seguintes exercícios:
- Enraizamento;
- Banho seco;

- Chuva de Reiki;
- Meditação *Gassho;*
- *Hesso Chiryo;*
- *Nentatsu.*

Estes exercícios podem ajudar-lhe, mas, acima de tudo, precisa mudar verdadeiramente. Terá tempo e energia para fazer essa mudança, mas terá de trazê-la no plano consciente e no aqui e agora. Mude, pois valerá a pena.

Resolver questões entre reikianos com os Cinco Princípios

O Reiki só flui com mente limpa e coração predisposto. Se é uma energia de amor incondicional, não conseguirá fluir se não tiver o coração aberto para isto, portanto precisa ultrapassar e refletir nos Cinco Princípios, aplicando-os na circunstância:

Só por hoje – Encontrem-se, deixem fluir o Reiki e resolvam a situação frente a frente.

Sou calmo – Tragam o Reiki à situação, não deixem que o ego e as memórias surjam acima da vossa consciência presente. Com coração aberto e amor incondicional, terão outras oportunidades de solucionar a situação.

Confio – Acreditem em vossa capacidade de crescer e resolver a situação. Confiem um no outro, e no Reiki, para abordar a situação. Repartam responsabilidades, em concordância, para resolver a situação.

Sou grato – Agradeçam de coração a situação que cada um está provocando no outro. Por vezes os praticantes gostam de proferir a célebre saudação hindu – *Namaste.* Se for esse seu caso, sinta-a de verdade e saúda o deus que há no outro.

Trabalho honestamente – Sejam verdadeiros na situação, mas não atirem pedras um no outro, pois nada vai resolver. Trabalhe no aqui e agora, de coração aberto, em verdade, é libertador. Experimentem.

Sou bondoso – Sem bondade e compaixão de nada serve querer resolver uma situação com o Reiki. Será apenas uma resolução do ego, o que levará que a situação se repita constantemente, com esta ou outras pessoas.

Faça *Gassho.* Experimente meditar sobre a situação fazendo *Reiji-Ho.*

O QUE É A INVEJA E COMO TRATAR SEUS EFEITOS

A inveja é um sentimento de tristeza que, em primeiro lugar, afeta o que tem o sentimento e poderá afetar aquele por quem o sentimento é desenvolvido. Esta inveja vem de se olhar mais para o outro do que para nós próprios, da falta de amor-próprio. Johann Goethe dizia que a alegria não está nas coisas, está em nós. Este olhar para nós deve também ser feito na medida do que somos e não só do que temos ou não temos. A inveja encontra um terreno fértil naquele que se sente inferior aos outros. Será alguém inferior? Não, com certeza que não é.

MUDAR O SENTIMENTO DE INVEJA

«Nenhum homem é feliz sem um objetivo e nenhum homem pode ser feliz sem fé na sua própria capacidade para atingir esse objetivo.»
– Ron Hubbard

Se temos uma réstia de inveja em nós, então temos de ultrapassar isso. Se somos praticantes de Reiki, temos de observar os Cinco Princípios e pegar neles para nos construirmos, para alcançarmos o *Satori*, a iluminação, como dizia o Mestre Usui.

COMO PODEMOS USAR OS CINCO PRINCÍPIOS PARA A INVEJA QUE AINDA RESIDA EM NÓS

Só por hoje – Estar no momento presente, aqui e agora; neste preciso momento, de nada precisamos e tudo podemos ser, está em nossas mãos.

Sou calmo – Na serenidade procurar a paz interior, aquela que nos permite ver além do desejo e do apego. Respirar tranquilamente, não deixar que o desejo se enraíze em nós, a comparação desenvolver-se e não fazer juízos de valor.

Confio – Nas minhas próprias capacidades, sei que sou capaz.

Sou grato – Por tudo o que tenho. Se alguém fez algo melhor ou atingiu algo melhor, porque não estudar como conseguiu e aprender mais?

Trabalho honestamente – Sou verdadeiro comigo mesmo, compreendo se desenvolvo inveja e tristeza, ou não. Se sim, então tenho de perceber onde devo trabalhar mais. Sei que não devo julgar os outros, principalmente porque não sei o que passaram para alcançar o que conseguiram.

Sou bondoso – Comigo mesmo! E com os outros – não vou polui-los com meus pensamentos ou desejos. A inveja nos faz reavaliar que objetivos temos em nossa vida. O que queremos? Para onde vamos e como?

O complexo de inferioridade pode nos levar sempre a desejar mais, e mais, e mais. Se vivermos num processo de comparação estaremos sempre questionando: por que não eu? Por que ele? Isso é estar mais centrado nos outros do que em nós próprios e precisamos contrariar essa construção. O contrário da inveja é o amor!

«Temos a capacidade e a responsabilidade de escolher se as nossas ações seguem um caminho virtuoso ou não.» – Dalai Lama

O Reiki é amor incondicional e seus princípios constituem o caminho que nos ajuda na elevação da consciência. Enviem Reiki para a vossa situação, para esses sentimentos. Façam a meditação *Gassho*. Esvaziem a mente e pratiquem o *Nentatsu*. Permitam-se sair desses sentimentos e estados que apenas vos colocam para baixo.

AJUDAR AQUELES QUE TÊM INVEJA

«Não existe luta entre o bem e o mal, mas entre a sabedoria e a ignorância.» – Buda

A inveja é um estado de ignorância, é não compreender o valor que se tem e desconhecer o que os outros são. A melhor forma de ajudarmos alguém que tem inveja é enviar-lhe Reiki. O Reiki é passivo, por isso, se a pessoa não aceitar não irá receber. No entanto, nós fizemos aquilo que devíamos em prol do próximo. Enviem esse amor incondicional, perdoem. Receberão de volta o que derem, pois o vosso coração ficará tranquilo e feliz. No vosso envio, imaginem a pessoa ficando feliz, gostando de si mesma.

ULTRAPASSAR OS EFEITOS DA INVEJA

Se estão felizes, estão leves e isso é contagiante. Se estão tristes, estão pesados e isso pode ser também contagiante. Se alguém tem inveja de outra pessoa gera formas de pensamento que também são energia – mas densa. Então, essa energia densa pode ficar próxima da nossa aura e nos afetar. Assim como as nuvens afetam o Sol, apesar de ele sempre lá estar. O melhor que podemos fazer é Reiki: vamos fazer brilhar o Sol interior, para que as nuvens exteriores se afastem e não nos afetem.

No ioga há até as expressões «Ser puro como uma flor de lótus», «Eu sou uma flor de lótus» ou «Om Mani Padme Hum». Então vamos fazer autotratamento e muito enraizamento, para ajudar essa energia mais densa a escoar para a terra, vamos caminhar e estar ao ar livre para reforçar a nossa energia, fazer uma desintoxicação alimentar e enviar muito Reiki para a situação. Podemos também nos imaginar tratando nossas próprias zonas afetadas – por vezes a cabeça, os ombros e as costas. Há também quem goste de usar o álcool nos braços e nas pernas, como se estivesse se lavando, o que é algo parecido com o nosso *Kenyoku-Ho* – o banho seco –, uma técnica para não esquecer. Caso seja necessário, procurem alguém que vos trate.

A NÃO-VIOLÊNCIA PARA PRATICANTES DE REIKI

A não-violência, *Ahimsa*, foi a forma de luta que Gandhi encontrou para a independência da Índia, ou seja, sua luta foi não lutar. *Ahimsa*, do sânscrito, significa evitar a violência, não fazer mal.

Patanjali indicava **cinco yamas**, cinco princípios, como curiosamente temos no Reiki. *Yama* é uma restrição, um código, uma conduta que o praticante deve viver para atingir um estado de consciência virtuoso.

Ahimsa: não-violência. Abstinência de agredir outros, inocência, não causar dor a qualquer criatura por pensamento, expressão ou escrita, em qualquer momento;
Satya: veracidade, palavra e pensamento em conformidade com os factos;
Asteya: não roubar, não invejar, não ficar em dívida com os outros;
Brahmacharya: conduta ética, continência, abster-se de ter relações sexuais, manter-se fiel quando casado;
Aparigraha: ausência de ambição, não se apropriar de coisas que não sejam suas.

Na base da não-violência estão muitos movimentos, como o de Martin Luther King, o Movimento Humanista, a IFR, entre muitos outros. Todos eles procuram a solução de problemas sociais através da não-violência.

«Ficar com raiva é como segurar um pedaço de carvão ardente com a intenção de atirá-lo a alguém; você é que se queima.» – Buda

A NÃO-VIOLÊNCIA PARA PRATICANTES DE REIKI

Na prática do Reiki encontramos o *yama Ahimsa* no quinto princípio: **Só por hoje, sou bondoso.**

A violência se expressa de muitas formas, umas explícitas outras encobertas. A pressão, a dúvida, procurar problemas, criar problemas, falar mal dos outros, ignorar, a falta de afeto e a dependência são alguns dos exemplos. Ser praticante de Reiki não é mais do que ser-se humano. Não nos cresce um braço adicional, não aumenta a atividade cerebral, não nos tornamos iluminados de um dia para o outro. No entanto, temos uma base filosófica que nos ajuda a melhorar – os Cinco Princípios.

Estes princípios são, também eles, os pilares para uma atitude de não-violência – só por hoje, sou calmo, confio, sou grato, trabalho honestamente e sou bondoso.

Como pode então um praticante de Reiki cair na expressão da violência?

Indagava o Mestre Usui que «se não pode curar-se a si mesmo, então como pode curar os outros?». Esta cura é também aplicada à violência. Se não pararmos de ser violentos conosco, como poderemos deixar de o ser com os outros? Se o praticante de Reiki estiver cheio de feridas e não cuidar de si mesmo, naturalmente, suas atitudes poderão não ser as melhores e a forma como vê a realidade ser algo distorcida. Poderá sentir-se perseguido, considerar que tem tanto para dar e que outros não aceitam receber. Isto é sinal de desequilíbrio.

A prática de Reiki é feita com amor incondicional – dar sem esperar receber. Devemos ter esse amor incondicional preenchendo totalmente nosso coração, caso contrário podemos apenas estar praticando amor condicional.

Como desenvolver a não-violência com os Cinco Princípios de Reiki

> *«A violência, seja qual for a maneira como ela se manifesta, é sempre uma derrota.» – Jean-Paul Sartre*

Só por hoje, sou calmo

Abster de me agredir com pensamentos, palavras e ações. Abster de agredir os outros com pensamentos, palavras e ações. Observar a mente e o coração como um lago e não tomar reações imediatas a cada pedra lançada ao nosso lago. Enviar Reiki para as situações, praticar os Cinco Princípios antes de qualquer ação.

Só por hoje, confio

Se tiver verdadeira confiança em mim saberei ter confiança nos outros. A confiança estabelece-se no reconhecimento das fronteiras de cada um e na capacidade de partilha desinteressada. Saber o que se quer em troca por se dar é uma grande tomada de consciência. Todos queremos algo em troca: poderá ser um simples obrigado, mas estarmos conscientes disso nos torna mais serenos e confiantes.

Só por hoje, sou grato

Agradecer a cada momento a vida, a consciência que temos para rumar à felicidade. Agradecer pelos erros cometidos, pois nos ajudam a crescer. Agradecer pelos erros que em nós se cometem, pois nos levam mais rapidamente ao caminho certo. Somos praticantes de Reiki – constantemente deixamos fluir o amor incondicional para nós, para os outros, para as situações.

Só por hoje, trabalho honestamente

O verdadeiro trabalho honesto é aquele feito interiormente. Ser verdadeiro para o exterior só tem um reflexo genuíno se se for verdadeiro interiormente. É nesta verdade que reconhecemos as feridas e as carências. É nesta verdade que pedimos ajuda e sabemos cuidar melhor de nós.

Só por hoje, sou bondoso

Alcançar a não-violência, cuidar de quem é violentado. Olhar para dentro e exprimir bondade conosco, um pleno amor incondicional, um carinho infinito por nós mesmos. A não-violência tem de primeiro ser praticada em nós mesmos, caso contrário serão apenas palavras e modas. Despertar para a bondade é viver sem fardos.

UMA HISTÓRIA SOBRE *AHIMSA*, A NÃO-VIOLÊNCIA

«Nunca use violência de tipo algum. Nunca ameace com violência de algum modo. Nunca tenha sequer pensamentos violentos. Nunca discuta, porque isso agride a opinião do outro. Nunca critique, porque isso ataca o ego do outro. Assim, seu sucesso estará garantido.» – Mahatma Gandhi

Esta história é contada nos Vedas, os textos sagrados hindus. Um certo sábio *sadhu* ou sadu (infopedia) costumava fazer um percurso anual pelas aldeias, para ensinar. Um dia, ao entrar numa aldeia viu uma grande e ameaçadora cobra, que aterrorizava a população. O *sadhu* falou com a cobra e ensinou-lhe o *Ahimsa*. No ano seguinte voltou à aldeia e viu novamente a cobra. Como estava modificada...! Esta outrora magnífica criatura estava agora magra e cheia de feridas. O *sadhu* perguntou à cobra o que acontecera. Ela respondeu-lhe que tinha tomado os ensinamentos de *Ahimsa* no coração e assim parou de aterrorizar a aldeia. Como já não era uma ameaça, as crianças atiravam-lhe pedras e importunavam-na. Assim, tinha medo de sair para caçar. O *sadhu* abanou sua cabeça e disse: «Eu lhe aconselhei contra a violência, mas nunca lhe disse para não sibilares.»

A moral desta história é que nos proteger, assim como aos outros, não viola a *Ahimsa*. Praticar *Ahimsa* significa tomar responsabilidade por nosso comportamento agressivo e assim ter consciência e parar de magoar os outros. Isto é agir com clareza e verdadeiro amor.

A não-violência é cada vez mais importante. Temos séculos de sociedade, evoluímos incrivelmente na tecnologia, mas humanamente continuamos ainda muito pequeninos. A prática do Reiki auxilia-nos a trazer clareza ao pensamento e à ação. Praticar os Cinco Princípios e o autotratamento, são esses nossos pilares.

O NOSSO UNIVERSO DE DOR

Todos somos um universo incrível, cheio de coisas boas mas, por vezes, nos encontramos também num Universo de dor e sofrimento. É importante compreendermos o universo de dor, pois acontece com todos nós. Nesta dor, podemos nos tornar incrivelmente exigentes, querendo uma resposta às nossas necessidades, sem pensar no todo, no conjunto ou até nas necessidades dos outros.

Porque surge este universo de dor

«A maioria das pessoas tem medo de encarar e assumir seu lado sombrio, mas é lá na escuridão que encontrará a felicidade e a sensação de estar completo com que sonha há tanto tempo. Quando usa o tempo para se descobrir por inteiro, abre as portas do verdadeiro esclarecimento. Uma das armadilhas da era da informação é a síndrome do "já conheço isso". Com frequência, o conhecimento nos impede de viver a experiência em nosso coração. O trabalho com a sombra não é intelectual: é uma viagem da mente ao coração. Diversas pessoas que trilham o caminho do

aperfeiçoamento individual acreditam que completaram o processo, mas são incapazes de ver a verdade sobre si mesmas. Muitos de nós almejam ver a luz e viver na beleza de seu eu mais elevado, mas tentamos fazer isso sem integrar todo nosso ser. Não podemos ter a experiência completa da luz sem conhecer a escuridão. O lado sombrio é o porteiro que abre as portas para a verdadeira liberdade. Todos devem estar atentos para explorar e expor continuamente esse aspecto do ser. Quer goste quer não, sendo humano tem uma sombra. Se não consegue vê-la, pergunte a alguém da família ou às pessoas com quem trabalha. Elas vão indicá-la. Pensamos que nossas máscaras mantêm o nosso eu interior escondido, mas sempre que nos recusamos a reconhecer aspectos nossos e quando menos esperamos ele arranja maneira de erguer a cabeça e dar-se a conhecer.» – Debbie Ford

Quando a dor nos invade, acabamos por perder a distância e a serenidade necessárias para avaliar as situações. A ansiedade surge, por vezes também a confusão e a tristeza. Esta dor tem sempre origem em nós mesmos. É nossa fragilidade em algo que se revela e que nos leva ao confronto. Se conseguirmos ter uma atitude construtiva, então olhamos para o interior e percebemos essa janela aberta. Se não conseguirmos essa atitude iremos culpar os outros e as coisas – iremos exigir, permanecer em revolta e, nesse processo, com certeza que magoaremos quem estiver ao nosso redor.

A dor interior advém da fragilidade, do que ainda falta retificar e melhorar. Quando sofremos entramos em contato profundo com nós próprios e a primeira camada que observamos é a das coisas que não estão bem.

Transformar o universo de dor em harmonia

Felizmente existem muitos recursos para podermos transformar a dor em harmonia, o sofrimento em felicidade. Todos conjugados, darão muito mais possibilidade de ultrapassarmos as questões e de transmutarmos este tipo de energia mais densa e atitude negativa em momentos de harmonia e leveza. Não podemos nos esquecer de que somos um todo – corpos físico, mental, emocional e espiritual. Todos estes corpos são percorridos e influenciados pela energia. Por isso, se temos um desequilíbrio num deles, todos poderão ficar afetados, pelo que quando se trata de um devemos tratar de todos. O exercício físico, a alimentação cuidada, o reforço de vitaminas, entre muitas outras coisas, é sempre um cuidado positivo para nossa questão.

O que podemos fazer com o Reiki?

- Receber uma sessão de Reiki irá ajudar a encontrar o equilíbrio e a expansão da consciência sobre a questão;
- Fazer o autotratamento;
- Praticar Reiki em conjunto e partilhar as várias perspectivas com os colegas ou mesmo receber Reiki em grupo;
- Meditar – *Gassho* ou *Karuna Metta*;
- Praticar os Cinco Princípios do Reiki como mudança de consciência;
- Praticar exercícios de limpeza energética, como o banho seco e a chuva de Reiki.

Os Cinco Princípios

Os *Gokai* podem ser excelentes ferramentas para a sanação da dor, ou pelo menos para auxiliar no caminho de cura que fazemos com o Reiki. Medite com estes princípios e sinta o que lhe faz ressoar em relação à sua questão. Aceite a sabedoria de cada princípio e o sinta fluir e vibrar em você. Retire-se em meditação com os princípios.

Acima de tudo, perceba que, se sente dor, é um momento incrível para se conhecer. Aprofunde essa relação consigo mesmo, crie seus laços interiores e já será um passo fantástico para a cura. Lembre-se também de ter uma boa atitude para com os outros, pois eles também têm seus maus momentos, ou a pressão que lhe colocar também poderá ser prejudicial.

ALÉM DO EGO

O que estará para lá do ego?

*«Buda, no momento de sua iluminação, invocou a Terra como
testemunha, tocando-a com a mão direita. O Sol e a luz pararam
e todas as criaturas do mundo vieram para oferecer obediência ao
supremo, que quebrara as correntes da vida egocêntrica.
"Seja luz para si mesmo", declarou Buda no final da vida.
Além de seu corpo físico, está o corpo de luz! Como Buda fez,
desperte sua consciência incondicional, que está em seu interior.»*
— Romio Shrestha

«Cogito ergo sum», penso logo existo. A asserção de Descartes – que ainda hoje ressoa em nossa sociedade, que nos levou da crença religiosa à crença racional – será o pilar ou as correntes da nossa vida?

Se observarmos todos os ensinamentos que recebemos, todas as crenças que foram depositadas em nós, veremos que pouco ou nada nos ajudam a descobrir quem realmente somos. Ou pedem para nos tornarmos subservientes de uma hierarquia, ou nos reduzem a um simples plano mental que pouco consegue explicar a profundidade do todo que somos. No fundo, tudo o que herdamos, observamos consciente ou inconscientemente, ou ainda o que fomos construindo de valores e defeitos, constitui o nosso ego. E ele é poderoso. O ego ocupa espaço e é como uma gigantesca estátua espelhada, no nosso interior, que nos impede de ver quem realmente somos.

Quando sofremos, não queremos encontrar o momento do sofrimento dentro de nós. Por vezes temos a noção fugaz do que realmente nos fez sofrer e voltamos a tapá-lo no mais obscuro recanto da nossa memória. Embrenhamo-nos nos pensamentos e emoções para nos agarrarmos à felicidade que parece querer escorregar de nossas mãos, como se tentássemos apanhar um riacho selvagem. Nosso grande desafio é despertarmos em nós mesmos. Isto não quer dizer desacreditar nossa religião, a espiritualidade ou a racionalidade, significa simplesmente que devemos viver o que realmente somos e não apenas a projeção que conseguimos fazer.

ALÉM DO EGO, PARA UM PRATICANTE DE REIKI

«Quando se começa a levar por diante a decisão, cuidados devem ser tomados para que tudo possa acontecer de uma maneira confortável e relaxada.» – Lu-Tzu

Os Cinco Princípios são os pilares de construção para um praticante de Reiki. Não adianta apenas fazermos autotratamento ou tratarmos os outros se não praticarmos os Cinco Princípios, isto porque eles são as bases para nossa mudança de consciência. Estes princípios não pertencem a uma religião, seita ou credo, referem-se aos valores fundamentais do ser humano e por isso todos podem praticar Reiki. O fluxo da energia nos permite encontrar o equilíbrio e os Cinco Princípios mudam a consciência na observação, na ação e na reação. Como?

Só por hoje – estar no aqui e agora, viver o momento presente;

Sou calmo – conheço os meus limites, observo cada ação e crio distância para que tenha as melhores ação e reação;

Confio – na vida, pois nada há mais belo do que viver e realizar. Confio em mim e na minha capacidade de criar. Confio nos outros, no seu papel na vida;

Sou grato – agradeço as pequenas e as grandes coisas, as maravilhas da vida e as dificuldades que me ajudam a crescer. Compreendo que não devo ter medo, pois se for calmo e confiar, terei capacidade de viver. Torno-me disponível e predisposto para a vida;

Trabalho honestamente – sou verdadeiro em tudo o que sou e faço;

Sou bondoso – para comigo e para com os outros, para com todos os seres, para a vida em geral.

> Através da prática, chegamos a nosso Eu profundo, nos desapegamos do ego, e aquela estátua gigantesca torna-se apenas o espaço do nosso trabalho, uma parte de nós que respeitamos, mas que não representa tudo o que somos. Esta é a beleza do Reiki — é simples.

Parte VIII

O Tao do Reiki

57. Sete dias de caminho

DIA 1 – *MULADHARA*

«Nosso corpo tem uma sabedoria que nós desconhecemos.
Damos-lhe ordens que não fazem sentido algum.» – Henry Miller

Hoje iniciamos o primeiro dia do nosso caminho. Uma viagem conjunta, mas de vivência muito pessoal e interior. É assim mesmo a vida, quando caminhamos mais despertos. Trabalhamos o interior para podermos dar mais para o exterior. Desejo-lhe um caminho muito bonito e cheio de alegria.

«Não siga o passado; não se perca no futuro. O passado já não existe; o futuro ainda não chegou. Observando profundamente a vida como ela é, aqui e agora, permanecemos equilibrados e livres.» – Koan Zen

Neste primeiro dia no caminho, trabalhe o estar no aqui e agora, a consciência de sua raiz e a importância do presente. Não se apegue ao que se passou, nem deseje tanto o que vai acontecer. Só consegue ser feliz agora. Se puder, arranje um caderno para colocar as questões e suas reflexões. Irá ajudar-lhe a compreender o conjunto de todo este trabalho e a perceber, no futuro, como você cresceu.

- Como se sente neste momento?
- Acha que está muito agarrado ao passado ou querendo viver o futuro?
- Como se encontra com a vida, aqui e agora? Se sente feliz?
- O que acha que lhe impede de ser feliz neste exato momento?
- O que vai fazer para se tornar feliz em cada momento, no presente?

Sua raiz é o que liga você à terra, às pessoas. É a construção de sua tribo e de seu poder, neste momento. É sua afirmação e concretização. É a sobrevivência enquanto ser. Com a cor vermelha não tem medo e tem força. É a vibração mais baixa de todos os chacras, mas é a que dá resistência a seu corpo, que é um templo sagrado. Como você lida com o Chacra da Raiz? Sente-se no aqui e agora? Está enraizado? Se sente integrado? Consegue usar o vermelho?

Práticas

Neste primeiro dia, guarde um momento para tomar consciência de você mesmo. Sinta seus pés no chão e o ar que inspir. Tome consciência de cada momento único de vida... Só por hoje. Como o enraizamento é importante, dedique-se a esta prática várias vezes por dia. Se desenraizar-se com frequência, não se preocupe, é normal e seu corpo energético vai aprendendo a se enraizar. Ao longo do dia vai tendo consciência do momento presente... Sinta o ar, o que vê, o que toca, o que saboreia.

Técnicas de Reiki

Como hoje trabalhamos o aqui e agora, a melhor forma de fazer isto é através da meditação *Gassho*.

Comece da seguinte forma:

1. Ligue-se à energia Reiki;
2. Deixe fluir para a mente e para o coração;
3. Recite os Cinco Princípios;
4. Observe como está, sinta-se;
5. Pratique o enraizamento, o banho seco e a chuva de Reiki;
6. Observe como está, novamente;
7. Sente-se confortavelmente e coloque as mãos em *Gassho* junto ao coração;
8. Recite os Cinco Princípios lentamente e sinta a vibração de cada um em seu corpo e na aura;
9. Concentre-se apenas na respiração e imagine que inspira Reiki, não só pelo Chacra da Coroa e pelo nariz, mas também pelos dedos médios;

10. Se concentre na entrada de energia pelo dedo médio e terá mais serenidade e verificará como a energia entra em você;
11. Se puder, realize este exercício durante 10 minutos;
12. No final, agradeça.

DIA 2 – *SVADHISTHANA*

«Muitas vezes, as mãos irão resolver um mistério com que o intelecto tem lutado em vão.» – Carl G. Jung

Neste segundo dia de reflexão e trabalho interior, vamos nos dedicar ao nosso segundo chacra – observar os objetivos de vida, nossa liberdade e a presença no mundo. Observe as seguintes questões e tente perceber como tem estado perante a si mesmo e ante os que lhe rodeiam:

> • Pratica os Cinco Princípios e consegue senti-los em si? Fazem parte de teu cotidiano e sente a transformação que eles lhe trazem?
> • Consegue aplicar o segundo princípio, só por hoje, sou calmo, nas situações mais difíceis? Se não, o que acha que pode lhe ajudar a conseguir? O que irá fazer para ser mais equilibrado em suas decisões?
> • Qual seu maior objetivo de vida neste momento? Está com força para realizá-lo? Se não, como acha que vai conseguir e de que forma o Reiki poderá ajudar?

O Chacra Esplênico trabalha com os objetivos de vida, a liberdade, a alegria, a criatividade, a sexualidade, a relação íntima com o outro, os órgãos sexuais. Verifique estas situações em você:

> • Como se relaciona com os outros? Se sente uma pessoa envolvente e carismática?
> • Tem objetivos de vida?
> • Sente-se uma pessoa livre ou constrangida? Porquê?

«Quando admiro a maravilha de um pôr do sol ou a beleza da Lua,
minha alma se expande em reverência ao Criador.»
– Mahatma Gandhi

PRÁTICAS

Para trabalhar o Chacra Esplênico prencisa fazer atividades que lhe tragam realização: exercício físico, brincar, rir, apanhar sol e coisas que lhe disponham interiormente, que lhe façam sentir vivo.

TÉCNICAS DE REIKI

- Ao fazer seu autotratamento, coloque a intenção de se preencher de vitalidade e alegria. A alegria é muito importante para o Chacra Esplênico;
- Purifique suas emoções com o *Hesso Chiryo*, que é uma técnica muito vital para a desintoxicação;
- Pratique o banho seco e a chuva de Reiki, para eliminar algo que tenha ficado em sua aura com a limpeza.

DIA 3 – MANIPURA

«Qual era seu rosto original, aquele que possuía
antes de nascer?» – Koan Zen

Hoje você irá ao encontro de seu poder pessoal para o consolidar. Torne esse seu poder numa força para ajudar os outros e a si mesmo.

Só por hoje, sou grato... Pelo que você é grato?

O *koan Zen* remete para a reflexão «quem sou eu verdadeiramente?». Esta procura pelo eu, pela verdadeira identidade, torna-se num caminho mais sereno quando é preenchido pela gratidão – agradeço por tudo o que sou, incluindo as partes que são más. Poderia dizer «menos boas» mas não, precisamos identificar claramente aquilo que muitas vezes escondemos e, à luz da gratidão, nos unir num todo. Você é um todo, pleno das coisas que são más e boas, e o resultado dessa união é o ser incrível que você manifesta. Aí dentro está uma luz extraordinária – é você.

Neste dia do caminho, sinta-se. Sinta seu poder interior! Reveja estas questões:

- Sei reconhecer meus limites? Se não, o que preciso para me conhecer melhor?
- Sei agradecer por todas as lições que eu mesmo me atribuo na vida?
- Sei usar meu poder pessoal para me construir e ajudar os outros a se construírem? Se não, o que é preciso para fazer isto?

O chacra do Plexo Solar – Manipura

O Plexo Solar é a fonte de nosso poder pessoal. Visualize-o como um Sol e compreenderá que é aí que reside sua força interior. À direita tem o fígado e à esquerda o baço – a depuração e os pensamentos. O Plexo Solar também é chamado Chacra Simpático, porque se lembra de absorver a energia dissonante que o rodeia, provocando inchaço na barriga, sensação extrema de acumulação e mal-estar, isto porque não está capaz de processar e de transformar a energia que absorveu. Este é o chacra pelo qual comunicamos nossas emoções; basta reparar que cruzamos os braços frente ao Plexo Solar quando queremos nos fechar para os outros. Nesta base de poder, reflita também no seguinte:

- Sei lidar com minhas emoções?
- Conheço-me na totalidade e identifico o que preciso?
- Sou dependente de alguma forma?
- Tenho problemas na região da barriga?

Práticas

Seu trabalho com o Plexo Solar passa por compreender e aceitar seu poder pessoal. Imagine um grande Sol, forte e incrivelmente quente – coloque-o em seu Chacra do Plexo Solar. Como se sente?

TÉCNICAS DE REIKI

- Depois de seu autotratamento, coloque uma mão no Plexo Solar e outra no Chacra Cardíaco, pois vai ajudar-lhe a harmonizar as emoções com o amor incondicional. Deixe-se ficar assim por algum tempo;
- Ao longo do dia tente colocar assim as mãos, em momentos de repouso. Sente-se bem?

DIA 4 – ANAHATA

«O Reiki é a arte secreta de convidar a felicidade.» – Mikao Usui

No número quatro você encontra a estabilidade: os quatro lados, o quadrado, o quarto chacra – o Cardíaco. O amor incondicional ressoa com o Reiki e com o quarto chacra. Sinta-o. Só por hoje, trabalho honestamente – trabalho a verdade e partilho em verdade. Assim é o quarto princípio do Reiki, que coincide com o quarto chacra – o Cardíaco. Quando o coração bate e trabalha, tudo funciona e o mundo interior cresce em beleza e transborda para o exterior. O coração pede simplicidade e preenchimento. Este não pode ser exterior, mas interior. Eu sou pleno em mim. Consegue sentir desta forma?

- Sente-se preenchido? Totalmente? Se não, o que acha que falta e de que maneira poderá preencher?
- O que lhe pede o coração neste preciso momento? Se escuta, consegue cumprir o que ele precisa?

O quarto chacra é também chamado «inviolável». Este tesouro que temos no peito, o amor incondicional, o jardim de nossa compaixão, é inestimável e é a fonte inesgotável do que há de mais precioso – o amor. Quando temos o coração predisposto tudo flui – não interessa quem está à frente, flui. A energia cumpre seu propósito e nós nos sentimos realizados. O Chacra Cardíaco é o motor do Reiki e da evolução de nossa consciência – escute o que ele tem para lhe dizer.

- Você costuma escutar seu coração? O que lhe diz com frequência?
- Acha que tem mais para dar do que para receber? Por quê?
- Sabe receber? Tem certeza?

PRÁTICAS

Coloque as mãos no Chacra Cardíaco, na região do timo, e deixe fluir Reiki. Sinta o calor agradável da energia preenchendo seu peito e fazendo com que seu jardim interior cresça e fique brilhante. Sorria interiormente.

TÉCNICAS DE REIKI

- Depois do autotratamento, pratique o *Nentatsu*. Esvazie a mente, coloque a virtude que quer alcançar e deixe o Reiki fluir, para que essa virtude cresça. Como se sente?

DIA 5 – *VISHUDDHA*

«*Nada lhe posso dar a não ser a oportunidade, o impulso, a chave. Eu ajudarei a tornar visível seu próprio mundo, e isso é tudo.*»
– *Hermann Hesse*

Comunicar é preciso, mas quando fazê-lo? E como o fazer?
Só por hoje, sou bondoso. O que lhe diz esta bondade?

- Que bondade tem com você?
- Que bondade tem com os outros?
- Se acha mais bondoso para com você mesmo do que com os outros? Por quê?

Neste processo de trabalhar a bondade, não precisamos de muitas palavras, mas sentir corretamente os dois corações trabalharem – mente e coração. Você sente essa harmonia e a plena comunicação?

O Chacra Laríngeo é a porta, o canal entre esses dois corações. Como está essa sua porta?

O quinto chacra é o da comunicação, que também tem a ver com a bondade do quinto princípio. É o chacra da expressão, do diálogo interior e exterior, do comum e do extrassensorial. Comunicar é preciso e de todas as formas... com bondade. A Lua, representada no *Vishuddha*, é nossa parte psíquica e oculta; assim, a comunicação tem algo de extraordinário, de além-matéria – é a comunicação com o Universo e com a vida. Reflita sobre as seguintes questões:

> - Você sabe comunicar consigo mesmo? E com os outros?
> - Escuta a sabedoria da vida e sabe comunicá-la aos outros?
> - Ouve o que o Universo tem para você? Compreende verdadeiramente a dimensão espiritual?

PRÁTICAS

Tratar o Chacra Laríngeo nem sempre é confortável... Como posicionar as mãos? Relaxe. Coloque uma mão perto da base do pescoço, em contato com a tiroide, e a outra mais abaixo, em contato com o timo. Assim está trabalhando a comunicação com o amor incondicional – o quinto chacra com o quinto princípio. O que sente?

Não se esqueça de colocar a intenção – a bondade (para si mesmo), a harmonia, o amor.

TÉCNICAS DE REIKI

- Faça meditação *Gassho* e recite em voz alta os Cinco Princípios do Reiki. Faz vibrá-los através do Chacra Cardíaco. Saiu mais forte?

DIA 6 – *AJNA*

«Exige muito de você e espera pouco dos outros. Assim, evitará muitos aborrecimentos.» – Confúcio

Está no dia da consciência e da visão interior. É nossa consciência que observa e que cresce com a prática dos princípios. Quanto mais conscientes ficamos mais felizes somos, mais independentes nos tornamos e compreendemos nosso papel no Universo junto com o de todos os outros. E, então, temos de nos perguntar:

- Que consciência tenho de mim? Sei quem sou?
- Aceito meu papel e o papel dos outros na vida? Se não, por quê?
- Quero verdadeiramente ser consciente, ou é preferível por enquanto não estar muito consciente?

A Terceira Visão rege sua intuição, a capacidade de ir ao mais profundo de si enquanto se liga ao Universo e vê as coisas como elas são, para lá dos olhos físicos. Sua visão interior será tão apurada quanto sua capacidade para manter uma mente limpa e a consciência elevada. As exigências do cotidiano e os estímulos cada vez mais intensos e presentes em nossa vida lhe impedem, muitas vezes, de ver corretamente. Então, precisa se perguntar:

- Consigo ver claramente as situações e tomar as melhores decisões?
- Sei escutar minha intuição? Acredito no que sinto e pressinto? Por quê?
- De que forma me conheço como ser, como espírito, como parte para lá do corpo?

PRÁTICAS

Tente perceber qual é seu ponto mais fraco. Que chacra, que órgão. Após o tratamento, coloque uma mão na Terceira Visão e outra nessa região. Usa a intuição, tente perceber o que a energia quer lhe dizer sobre essa sua fragilidade. Está tomando consciência de si e se tornando forte!

TÉCNICAS DE REIKI

- Pratique o *Hesso Chiryo* para a desintoxicação.

DIA 7 – *SAHASRARA*

«Ser feliz é ter futuro e é dar futuro.» – Vasco Pinto de Magalhães

Hoje é dia da nossa ligação ao Universo, por isso fique atento às suas mensagens. Ele conspira com você e isso quer dizer que estão em sintonia. Depois dos princípios e da percepção da consciência, vem nossa ligação à fonte, ao Universo, que é feita pelo Chacra da Coroa. Nossa felicidade vem da capacidade de compreendermos que temos de ser completos, ligados ao céu, ligados à terra. Tudo faz seu sentido e a vida espera por nós. Vale a pena vivê-la se lhe tivermos paixão e amor. O desapego, esse fica para aquelas coisas que apenas nos prejudicam; o amor fica para a vida e para tudo o que sentimos amar incondicionalmente.

- De que forma sente que se liga ao Reiki? O que lhe traz?
- Sente a mesma coisa com a vida? Por quê?
- Como é feliz? O que vai fazer para ser feliz?

Sahasrara é o lótus das mil pétalas, a pureza que se liga ao Universo. É através deste chacra que alcançamos a supraconsciência e a sensação de iluminação e clareza de espírito. Quando o chacra está aberto, nossa mente também se encontra aberta ao mundo das ideias. Reflita no seguinte:

- Você se considera uma pessoa de vastos horizontes e mente aberta?
- O que identifica como limitações de seu pensamento? Que coisas arcaicas, fora do tempo, ainda lhe restringem?
- Sente-se um ser de luz? Por quê?
- O que irá fazer para ser um ser de luz cada vez mais?

---

*«Ser feliz é ter futuro e dar futuro. Todos pensamos em sermos felizes
e acordamos todos os dias com esse desejo. Mas ser feliz não é
uma sorte nem a ausência de problemas. É viver com sentido, com
coragem, construindo o futuro e dando futuro. Isso depende de mim.
Era uma vez um homem que corria e corria pela vida... A vida era
curta e necessitava de correr muito para gozar muito e ser feliz.
E quanto mais corria mais necessitava correr...! Descobria sempre
mais lugares para visitar. Necessitava encontrar tudo e gozar tudo.
Até que um dia, cansado de tanto correr, parou.
Então, a felicidade pôde alcançá-lo.»*
– *Vasco Pinto de Magalhães*, Não Há Soluções, Há Caminhos

Práticas

Coloque as mãos no Chacra da Coroa. Tente encontrar a posição mais
confortável para que ele receba Reiki. Imagine que a energia vai para a
Pineal e que lhe preenche com harmonia e felicidade.

Técnicas de Reiki

- **Cinco Princípios** – são a nossa base, o início e o fim da prática,
  como dizia o Mestre Usui. Pratique-os sentindo os princípios res-
  soando em todo seu corpo.

Espero que tenha gostado destes **sete dias de caminho**, que fomos
percorrendo ao longo dos princípios e dos chacras. Fico-lhe grato pela
companhia nesta bonita jornada de autocrescimento.

58. Cinco dias de atenção plena com o Reiki

DIA 1 — O OBSERVAR

«As chamas ardentes da raiva secaram o rio do meu ser.
A densa obscuridade da ilusão cegou a minha inteligência.
A minha consciência afoga-se nas torrentes do desejo.
A nevasca enregelada da inveja arrastou-me para o samsara.
A montanha do orgulho precipitou-me nos mundos inferiores.
O demônio da crença no ego tem-me, firme, pela garganta.»
— Dilgo Khyentse Rimpoche

Neste conjunto de cinco dias vamos trabalhar o Reiki na perspectiva da atenção plena. A prática do Reiki é incrivelmente completa, resumi-la apenas à terapia é extremamente redutor. Meditar com o Reiki é uma experiência transformadora e é isso que quero partilhar com você ao longo destes cinco dias. Vai fazendo os exercícios dentro de seu tempo, sinta e observe suas próprias evolução e mudança.

OBSERVAR

As memórias nos assaltam, o julgamento prende e nos oprime. Assim deixamos de querer ter consciência e de olhar para dentro, queremos apenas fazer e não ser. Como ultrapassar então a dor da memória, o peso da ação praticada e o julgamento?

«A vida tem um propósito definido: ter a própria escuridão da mente
dissipada, e assim alcançar a felicidade sem fim.»
— Kentetsu Takamori

Observar não implica apegar. Quando observamos o interior e nos percorrem todas aquelas emoções pesadas, fruto das memórias que fomos recalcando, sentimos a tristeza, o sofrimento, a dor física somatizada por algo que é apenas uma memória. Foi. Aconteceu. Passado. Na observação, em consciência, estamos neutros. Entregamo-nos ao ato de compaixão que permite sanar a dor e iluminar a escuridão da mente. Na compreensão não há apego, no amor incondicional e na compaixão não há apego. Olhar para dentro é ter o maior ato de compaixão em todo o Universo – é dar valor à vida que temos, criando espaço para a felicidade se desenvolver e permanecer em nós. É inspirar, expirar, de consciência centrada. Um olhar para dentro sem sofrimento, compreendendo o caminho que leva para fora dele.

EXERCÍCIOS DE REIKI PARA O DIA 1

Para este primeiro dia, desenvolva sua capacidade de observação. Comece qualquer atividade de Reiki com o esvaziar da mente:

1. Visualize uma sala no interior de sua mente, como está?
2. Esvazie a sala e pinte as paredes, o teto e o chão de branco.

Repita este exercício várias vezes ao longo do tempo e no intervalo dos exercícios. É importante desenvolver o conceito de mente limpa e de estar no aqui e agora. Mesmo no desenvolvimento da intuição, é importante uma mente vazia onde as situações possam surgir e revelar-se.

Coloque sua atenção na forma como se liga ao Reiki.

1. Sinta o contato de suas mãos;
2. Sinta como a energia lhe toca;
3. Sinta seu fluir em seu interior.

Como flui a energia em seu coração? Como seria se lhe desse cor e forma?

Pratique o *Joshin Kokyu Ho*, além de desenvolver a energia vital, concentre-se neste fluxo de ar que entra e que sai, não pensando em mais nada. Parecem exercícios muito simples, mas não são. Se os dominar, então conseguiu alcançar a plena consciência de si.

DIA 2 — A MENTE

*«Primeiro temos de cultivar a atenção plena. Para manifestarmos
e emanarmos Reiki devemos focar e purificar a mente.»
— Kenji Hamamoto*

Depois da atitude de observação e de se conhecer como observador,
vamos aprofundar a mente.

A MENTE

*«A mente é difícil de ser controlada: é sempre veloz, inclina-se
perante aquilo que deseja. É bom o treino da mente; uma mente bem
domada traz felicidade.» — Buda*

A mente não é um parasita nem algo estranho a nós. É uma parte
nossa, uma criação natural nossa e deve ser abordada com a mesma compaixão com que abordamos uma ferida e com a mesma importância e o
respeito com que encaramos o espírito ou nossos ideais. A mente produz,
cria e nos ajuda a ter uma percepção da realidade – umas vezes concreta,
outras vezes deturpada. É então nossa responsabilidade, a do observador,
saber instruir a mente para que possa trabalhar de forma síncrona com o
coração para nos trazer a visão correta do mundo. Se você tem uma mente demasiadamente produtiva não se entregue e nem se abandone a ela,
pelo contrário: adquira domínio sobre ela, eduque-a e lhe dê compaixão e
amor – Reiki. Já pensou em enviar Reiki para sua mente?

EXERCÍCIOS DE REIKI PARA O DIA 2

Como correram os exercícios de ontem? Se quiser, mantenha a mesma prática, principalmente esvaziar a mente – essa é mesmo muito importante. Os exercícios de hoje vão centrar-se em suas atividades com o
Reiki – será aí que deve aplicar toda sua atenção:

1. Ao fazer a ligação com o Reiki coloque-se apenas no momen-
    to presente – sinta como está, sinta o percurso da energia en-
    trando em você;

2. Nos Cinco Princípios, deixe cada um ressoar em você. Entregue sua energia e o Reiki a cada um dos princípios e observe como lhe transformam;

3. No autotratamento, mantenha a mente vazia e apenas sinta – perceba como está essa parte do corpo, sinta o que a energia lhe traz. Antes de mudar de posição, sinta como está;

4. No tratamento aos outros, deixe a energia fluir com sua atenção apenas no fluxo constante. Não se prenda ao que sente quanto à outra pessoa, ganhe o domínio de sua mente e das emoções e se mantenha centrado. Entregue-se à respiração, ao enraizamento, uma coisa de cada vez, deixando fluir.

Como se sente?

Nota alguma diferença quando exerce com total atenção o que está fazendo?

DIA 3 – DESINTOXICAR = LIBERTAR

«Nada lhe posso dar a não ser a oportunidade, o impulso, a chave.
Eu ajudarei a tornar visível seu próprio mundo, e isso é tudo.»
– Hermann Hesse

Hoje vamos concentrar a atenção em nossa desintoxicação. Quando recitamos os Cinco Princípios estamos desintoxicando a mente e o coração, quando fazemos o autotratamento estamos desintoxicando todos nossos corpos. Hoje é exatamente isso o que faremos – com Cinco Princípios e autotratamento, vamos trabalhar nossa desintoxicação. Encare estes exercícios com alegria e deixe fluir o Reiki.

EXERCÍCIOS DE REIKI PARA O DIA 3

A desintoxicação pode ser feita de várias formas – física, mental, emocional, energética e até espiritual. Tente perceber de que forma você se sente mais intoxicado ou bloqueado:

*   Físico?
*   Mental?

- Emocional?
- Energético?
- Espiritual?

Em seu corpo físico, experimente avaliar sua alimentação. Dedique-se a caminhar mais, a fazer o coração funcionar. Para cada um dos outros corpos (incluindo também o físico) vamos aplicar hoje duas técnicas: *Gedoku Chiryo Ho* e a meditação *Gassho*. No capítulo de técnicas pode encontrar a respectiva descrição.

- Primeiro faça seu autotratamento como costuma fazer e depois do Chacra do Plexo Solar;
- Coloque a mão esquerda em cima do *Tanden* (dois dedos abaixo do umbigo) e em seguida põe a direita exatamente na mesma direção, mas nas costas;
- Visualize todas as toxinas (físicas, mentais, emocionais, energéticas, espirituais) saírem de você;
- Não se preocupe se saem pela barriga ou pelos pés, deixe-as apenas sair.

Aqui, ao fazer o *Gedoku* também pode praticar a atenção plena – isto quer dizer que deve apenas concentrar-se no fluxo de Reiki que entra e de energia densa que sai, sem se focar nos aspectos negativos. Isto é muito útil, porque assim aprenderá a dar importância ao que é mais importante. Se percebe que não consegue, faça a seguinte pergunta a você mesmo: É mais importante focar-se na cura ou na doença?

Termine seu autotratamento, faça o banho seco e a chuva de Reiki.

Passe à meditação:

Sente-se confortavelmente, preste atenção à sua postura e endireite-se, para que o canal flua serenamente. Primeiro, atenção na mente:

- Visualize o interior da cabeça como sendo uma sala;
- Esvazie a sala por completo;
- Pinte as paredes de branco, assim como o chão e o teto;
- Verifique se tudo está vazio;
- Permaneça nesse vazio.

Execute a *Gassho*:

1. Sente-se confortavelmente, com os pés bem firmes no chão, para que a energia flua, os ombros relaxados, as costas direitas, o queixo ligeiramente inclinado para baixo;
2. Coloque as mãos em posição *Gassho* (mãos juntas) encostadas ao Chacra Cardíaco;
3. Leve a atenção para o ponto onde os dois dedos médios se encontram e sinta a energia que se concentra nessa região;
4. Mantenha-se no aqui e agora e respire suavemente, fazendo uma respiração completa. Leve a energia ao *Tanden*;
5. Mantenha-se focado na energia que entra por seus dedos e vai para o *Tanden* e, ao expirar, na energia que vai do *Tanden* até aos dedos, saindo para o exterior. Não se deixe ir atrás dos pensamentos, apenas constate, mas mantenha-se centrado;
6. Quando sentir que estás pronto, inspire muito Reiki e recite os Cinco Princípios, centrado no coração, fazendo-os vibrar do interior para o exterior, pausadamente;

Só por hoje, sou calmo, confio, sou grato, trabalho honestamente e sou bondoso.

7. Permaneça no vazio de sua mente, apenas preenchido pela vibração dos Cinco Princípios, e sinta como está. Imagine a vibração fluindo para sua aura, para todo o espaço que lhe rodeia;
8. Quando quiser, abra os olhos e traga essa vibração para seu dia.

DIA 4 – PLENA ATENÇÃO NA PRÁTICA

«Uma jornada de mil milhas começa com um simples passo.»
– Lao-Tsu

Espero que esteja gostando destes momentos para o desenvolvimento da plena atenção com o Reiki. Hoje vamos nos focar na prática, no fluxo da energia.

EXERCÍCIOS DE REIKI PARA O DIA 4

Hoje vamos levar a atenção plena ao fluxo da energia e aos símbolos. A prática é muito simples e pode fazê-la após seu autotratamento ou quando sentir que tem disposição para tal. Não se esqueça de preparar o momento e de se sentir confortável.

Para quem tem Nível 1

Ligue-se à energia e, quando sentir o fluxo de Reiki chegar às mãos, faça o seguinte:

1. Feche os olhos e limpe a mente;
2. Concentre-se no chacra da palma das mãos;
3. Sinta o que se passa nessa zona;
4. Como flui a energia até ao chacra;
5. Como sai a energia do chacra;
6. Se o chacra tivesse uma cor, qual seria?
7. Acompanhe o percurso da energia saindo de suas mãos. Como sente a energia? É bom?

Esta técnica irá ajudar-lhe a focar e perceber o que está fazendo com o envio de Reiki. É um desenvolvimento incrível da consciência. Experimente várias vezes, pois será sempre diferente.

Para quem tem o Nível 2 ou 3

Pode usar o símbolo com que se sentir mais confortável. O ideal será experimentar todos os símbolos. Se sentir algum mal-estar emocional ou energético, alivie a pressão do símbolo, afastando-o. Inspire Reiki e, ao expirar, deixe sair o que não quer. Se esta situação aconteceu é bom, é sinal de que precisava ser tratado com o símbolo.

1. Sinta como a energia flui para o coração e de lá para todo o corpo;
2. Deixe a energia Reiki sair pelas mãos e pelos pés e sinta como se todo o interior fosse lavado por essa energia;
3. Concentre-se no símbolo que escolheu;
4. Desenhe o símbolo à frente, do tamanho do corpo (se visualizar cores, pode vê-lo dourado, violeta, verde ou azul);
5. Diga seu mantra três vezes para o ativar;

6. Sinta sua vibração, como o símbolo vibra em contato com sua aura;
7. Traga-o lentamente para mais perto de seu corpo, sempre sentindo sua vibração;
8. Verifique se transmite alguma imagem ou impressão na Terceira Visão;
9. Saboreie o momento;
10. Quando quiser, imagine o símbolo se dissolver em sua aura, preenchendo-a com sua vibração e energia;
11. Usufrua essa vibração durante algum tempo;
12. Quando quiser terminar, não se esqueça de enraizar, tomar consciência do corpo e do aqui e agora;
13. Tome nota do que se passou na meditação e, se tiver alguma sugestão de algo a tratar ou a fazer, faça esse tratamento que a intuição lhe pede.

Quando o Reiki flui é mesmo um momento especial e maravilhoso. Somos muito afortunados por podermos e sabermos praticar. Só por isso vale a pena dizer «Só por hoje, sou grato». Sou grato também a você, por este caminho e pela companhia nestes cinco dias.

DIA 5 – A VIVÊNCIA NO AQUI E AGORA

«A missão do Usui Reiki Ryoho é guiar para uma vida pacífica e feliz, curar os outros, melhorar sua felicidade e a nossa.»
– Mikao Usui

Como foram para você estes cinco dias?

Espero que tenha tido boas experiências. Hoje vamos ver como trazer tudo o que fizemos, e um bocadinho mais, para uma vivência no aqui e agora.

EXERCÍCIOS DE REIKI PARA O DIA 5

Quando aprendemos a ler praticamos, praticamos e praticamos. Levamos anos desenvolvendo uma leitura correta, uma dicção correta, e chegamos a um momento em que nos esquecemos de como foi difícil essa aprendizagem.

Desenvolver a atenção plena requer o mesmo espírito e visão – demora tempo, muito tempo, requer prática, prática e prática, e quando lá chegamos parece que foi simples, pois está integrado. É com a integração que conseguimos mais rapidamente atingir um bom resultado. Se aplicarmos a nossa atenção nas pequenas coisas do dia a dia, mais depressa aprendemos a controlar a mente e a viver de forma mais equilibrada, descobrindo como reconhecer pensamentos e emoções, sabendo como os gerir.

Neste dia vamos fazer coisas simples, para desenvolver a plena atenção no dia a dia:

- Quando beber seu café ou chá saboreie, aproveite cada gole que dá. É diferente o que sente?
- Quando falar com alguém, foque apenas na conversa e não faça duas coisas ao mesmo tempo. Como correu?
- Em seu trabalho, experimente, ao responder a um e-mail, fechar tudo o resto e focar-se apenas naquela resposta. Como foi?
- Quando o celular tocar, não atenda logo. Deixe tocar três vezes e pense «que as minhas palavras sejam bondosas». Como correu?

Além destas tarefas, pode adicionar outras. Mas, coloque também algo muito importante:

- Ao longo do dia, recite várias vezes os Cinco Princípios com plena atenção, pausadamente, fazendo vibrar em si cada palavra, cada sentimento. Será que esta prática irá mudar seu dia?

O quinto dia é um reflexo de tudo o que já praticou. Mesmo a leitura destas páginas pode ser feita com toda a atenção possível.

Desejo que estes cinco dias tenham sido muito bonitos para você e que, principalmente, te tenham levado a momentos de paz. O Reiki pede-nos uma prática constante, que serve para nos construir enquanto pessoas melhores e mais felizes. Temos de confiar e ser bondosos conosco.

59. O caminho interior em 21 dias

Em momentos da nossa vida avaliamos nossas ações, vivências e práticas e, estando predispostos, iniciamos um percurso que é chamado o «caminho interior». Este caminho nos leva ao âmago do nosso ser, à causa e não ao efeito; chama-nos a atenção para a verdade interior e para a realidade além do véu de ilusões que vamos construindo, pelos mais diversos motivos. Seja este caminho interior – que tem como objetivo atingir a felicidade e, como tal, a iluminação – cumprido com alegria e motivação. Faremos o início deste caminho em 21 dias.

> **Estes 21 dias irão requerer as seguintes condições:**
> - Tempo e disponibilidade;
> - Mente limpa;
> - Coração predisposto.

Destas três condições, para o praticante de Reiki, talvez a mais difícil seja o tempo, mas é necessário. Lembre-se: «Se não cuidar de mim, quem cuidará?»

As condições de mente limpa e coração predisposto são as premissas para a prática do Reiki: cessar os pensamentos, silenciar o ego e ter o coração predisposto, com vontade de doar incondicionalmente, principalmente para este momento de estar consigo mesmo.

Esta prática pode ser realizada por qualquer praticante de Reiki, de qualquer sistema de ensino, se possível com o apoio de seu Mestre.

Vamos **dividir os 21 dias em três momentos distintos**, agrupados num conjunto de sete dias cada:

- **O Despertar** — do dia 1 ao dia 7;
- **A Transformação** — do dia 8 ao dia 14;
- **A Realização** — do dia 15 ao dia 21.

Este conjunto de dias é uma representação dos três níveis de Reiki, serão as etapas interiores que irá trilhar, meditar e conquistar ao longo destes 21 dias. No final de cada período identifique como se sente, pois irá lhe ajudar a perceber de que forma foi mudando através da prática.

A prática das técnicas de Reiki indicadas também é importante. A sequência poderá variar, pode, por exemplo, fazer primeiro os Cinco Princípios do Reiki, mas as restantes devem manter a sua ordem para que haja um exponencial maior de energia e da elevação da consciência.

O DESPERTAR

Neste período de sete dias irá focar seu trabalho no diamante em bruto que você *é*, olhar para seu ser, exteriormente, observar as ações, identificar o que quer modificar.

EXERCÍCIOS

Técnica do banho seco (*KENYOKU-HO*)	**Dia 1 a 7**
Técnica da respiração (*JOSHIN-KOKYUU-HO*)	**Dia 1 a 7**
Autotratamento	**Dia 1 a 7**
Meditação dos Cinco Princípios (*GOKAI*)	**Dia 1 a 7**
Técnica de emanação da energia (*HATSUREI-HO*)	**Dia 1 a 7**
Identificar e escrever as atitudes a mudar	**Dia 1 a 5**
O que vai fazer para mudar essas atitudes?	**Dias 6 e 7**

Escreva as atitudes a mudar

Dia 1 a 5

Identifique que tipo de atitudes quer mudar, não pense ainda no como:

_____
_____
_____
_____

Dias 6 e 7

Identifique o que irá fazer para mudar essas atitudes, através de sua prática de Reiki:

_____
_____
_____
_____

Resumo dos sete dias (1 a 7)

Como se sentiu após a prática destes sete dias? Notou diferenças?

_____
_____
_____
_____

Noto diferenças em mim:

	SIM	NÃO
Fisicamente	◯	◯
Emocionalmente	◯	◯
Mentalmente	◯	◯
Espiritualmente	◯	◯

A TRANSFORMAÇÃO

Neste período de sete dias irá trabalhar toda sua transformação através da consciência. Identificará em que regiões do corpo se apresentam mais os sintomas, possivelmente as causas, e identificará de que forma está mudando o que quer alterar.

Exercícios

Técnica do banho seco (*KENYOKU-HO*)	**Dia 8 a 14**
Técnica da respiração (*JOSHIN-KOKYUU-HO*)	**Dia 8 a 14**
Autotratamento	**Dia 8 a 14**
Meditação dos Cinco Princípios (*GOKAI*)	**Dia 8 a 14**
Técnica de emanação da energia (*HATSUREI-HO*)	**Dia 8 a 14**
Identificar de que forma estás realizando as mudanças	**Dia 8 a 14**
Quais os chacras que costumam estar pior no autotratamento?	**Dia 8 a 14**
Identificar se esses chacras representam os sintomas ou as causas do que quer mudar	**Dia 8 a 14**

Identificação – Dia 8 a 14

Identifique o que está fazendo para mudar o que deve mudar, no dia a dia:

_____

_____

_____

_____

Quais os chacras que estão piores no autotratamento (no conjunto dos sete dias)?

	Desequilibrado?		É um sintoma do problema?		É a causa?	
	SIM	NÃO	SIM	NÃO	SIM	NÃO
Chacra da Raiz	◯	◯	◯	◯	◯	◯
Chacra Esplênico	◯	◯	◯	◯	◯	◯
Chacra do Plexo Solar	◯	◯	◯	◯	◯	◯
Chacra Cardíaco	◯	◯	◯	◯	◯	◯
Chacra Laríngeo	◯	◯	◯	◯	◯	◯
Chacra da Terceira Visão	◯	◯	◯	◯	◯	◯
Chacra da Coroa	◯	◯	◯	◯	◯	◯

SUAS NOTAS:

_____

_____

_____

_____

RESUMO DOS SETE DIAS (8 A 14)

Como se sentiu após a prática destes sete dias? Notou diferenças em você?

_____

_____

_____

_____

Noto diferenças em mim:

	SIM	NÃO
Fisicamente	○	○
Emocionalmente	○	○
Mentalmente	○	○
Espiritualmente	○	○

A REALIZAÇÃO

Neste período de sete dias trabalhará para sair e realizar seu ser interior, o que quer realmente atingir.

Exercícios

Técnica do banho seco (KENYOKU-HO)	Dia 15 a 21
Técnica da respiração (JOSHIN-KOKYUU-HO)	Dia 15 a 21
Autotratamento	Dia 15 a 21
Meditação dos Cinco Princípios (GOKAI)	Dia 15 a 21
Técnica de emanação da energia (HATSUREI-HO)	Dia 15 a 21
Identifique como está vivenciando e praticando sua mudança	Dia 15 a 21
Quais os chacras que costumam estar pior no autotratamento?	Dia 15 a 21
Identificar se esses chacras representam os sintomas ou as causas do que quer mudar	Dia 15 a 21

Identificação – Dia 15 a 21

Identifique como está vivenciando e praticando sua mudança.

_____

_____

_____

_____

Quais os chacras que estão pior no autotratamento (no conjunto dos sete dias)?

	Desequilibrado?		É um sintoma do problema?		É a causa?	
	SIM	NÃO	SIM	NÃO	SIM	NÃO
Chacra da Raiz	○	○	○	○	○	○
Chacra Esplênico	○	○	○	○	○	○
Chacra do Plexo Solar	○	○	○	○	○	○
Chacra Cardíaco	○	○	○	○	○	○
Chacra Laríngeo	○	○	○	○	○	○
Chacra da Terceira Visão	○	○	○	○	○	○
Chacra da Coroa	○	○	○	○	○	○

Suas notas:

_____

_____

_____

_____

RESUMO DOS SETE DIAS (15 A 21)

Como se sentiu após a prática destes sete dias?
Notou diferenças?

_____
_____
_____
_____

NOTO DIFERENÇAS EM MIM:

	SIM	NÃO
Fisicamente	○	○
Emocionalmente	○	○
Mentalmente	○	○
Espiritualmente	○	○

Acredita que irá conseguir, de uma forma mais constante, atingir a mudança que pretende?

_____
_____
_____
_____

Você se sente mais confiante consigo mesmo? Por quê?

_____
_____
_____
_____

PARABÉNS!

Chegou ao final deste período de 21 dias de caminho interior. É um momento que pode ser vivido e repetido em qualquer ocasião, pois é um processo interior e totalmente seu. A repetição destes dias poderá servir para reavaliar de que forma as mudanças continuam, efetivamente, ou se ainda precisam de mais trabalho.

60. Cinco dias de prática de Reiki para a elevação da consciência

Estes cinco dias de prática estão orientados para sua forma de estar na vida, num aspecto de autorreflexão, limpeza interior, desintoxicação, harmonia e elevação da consciência, podendo ser partilhada com quem nos rodeia. É importante que considere estes cinco dias como um tempo para ganhar espaço e tempo; dedique-se e permita-se ter esse espaço e esse tempo. Verá que, mesmo que só consiga ter 15 minutos, eles farão toda a diferença. Lembre-se do poema 124 do Imperador Meiji:

124 – Em geral
Olha para ti
Com frequência.
Sem te aperceberes
Podes ficar perdido
E cometer erros

Este poema nos fala sobre a autorreflexão e a forma como podemos ficar perdidos em nossos próprios erros. Um dos maiores erros é tentar moldar os outros como nós queríamos que eles fossem. Nestes cinco dias de prática (que poderá repetir sempre que quiser), permita-se desfrutar o tempo que tiver. Não é preciso mais do que isto, principalmente se os viver com atenção plena. Pode praticar cinco horas de Reiki, mas se sua mente perambula entre tarefas não adianta muito. Se focar sua atenção, em pouco tempo poderá ver resultados surpreendentes, porque viveu verdadeiramente o momento.

PRÁTICAS COMUNS PARA TODOS OS DIAS

Ao longo destes cinco dias, pode iniciar sua prática como sentir melhor ou então siga estes passos:

- Ligue-se à energia, da forma como aprendeu;
- Enraíze-se para que a energia da Terra lhe preencha na parte inferior do corpo e para que os excessos possam fluir para a Terra;
- Faça o banho seco, que irá cortar as ligações e o excesso de energia que tiver nos braços e nas mãos;
- Faça a chuva de Reiki, pois ajuda-lhe a limpar a aura.

Seguindo estes passos estará trabalhando sua limpeza, o que irá lhe ajudar a sentir melhor a energia e a lidar com as situações que queira refletir. Quanto mais purificar seu canal, melhor o Reiki fluirá e seu processo de elevação da consciência será mais rápido e sentido. Partilho com você as palavras sábias, com mais de 20 anos, da minha professora de ioga. «Não perca tempo em exercícios constantes, com os chacras, se depois não mudar seus hábitos.» Este ensinamento é muito importante para nossa elevação da consciência. Não são os exercícios que nos levam até lá, mas a mudança que fazemos em nós. Essa, sim, nos permite viver, durante mais tempo, na elevação que atingirmos.

Tudo o que fizer ao longo destes cinco dias são processos para ir ganhando consciência, e depois a verdadeira diferença estará na mudança que fizer em si. Não se esqueça de seguir sempre os Cinco Princípios do Reiki e, principalmente, seja bondoso consigo.

DIA 1 – SÓ POR HOJE, SOU CALMO

Após sua preparação, junte as mãos em *Gassho* e sinta a energia, como ela flui em você. Como se sente?

Recite os Cinco Princípios, deixando-os vibrar em você, e sinta seu efeito.

Leia o poema 119 do Imperador Meiji: como acha que ele se reflete no princípio «sou calmo»?

119 – Prática
Escolhido para ser
Um guia
Do mundo
Deve-se ter
Uma atitude correta

Sinta-se como se tivesse sido escolhido para ser um guia do mundo. Avalie suas ações no momento presente e observe o que poderia mudar. Sua elevação da consciência, hoje, tem a ver com a transformação dos «defeitos» em virtudes. Se quiser, escreva numa folha de papel o que quer atingir ou como quer ser.

TÉCNICAS
Pode praticar uma das duas técnicas que lhe apresento, ou até as duas, sem se esquecer de que o processo deve ser feito com alegria e atenção plena.

Nentatsu – atingir o pensamento positivo
- Esvazie a mente e em seu centro coloque a virtude que quer alcançar. Visualize-se dessa maneira. Coloque uma mão na nuca e outra na testa, deixe fluir o Reiki durante o tempo que quiser.

Envio de Reiki para a situação
- Coloque suas mãos em cima do papel que escreveu, ou coloque o papel entre as mãos, e deixe fluir o Reiki com a intenção de conseguir mudar e adquirir aquelas virtudes.

Como se sente depois destes exercícios? Faça novamente a meditação *Gassho* e agradeça. Tenha um dia feliz.

DIA 2 – SÓ POR HOJE, CONFIO

A confiança e um céu interior sem limites, o que será que isso te diz?

2 – O Céu
Azul-claro e sem nuvens,
O grande céu.
Também eu gostaria
De ter um espírito assim

Hoje vamos trabalhar as limitações. Faça uma pequena observação sobre si mesmo e pense no que te limita (interiormente) e de que forma gostaria de ser sem essa limitação.

TÉCNICAS

- Coloque a mão esquerda abaixo do umbigo e a direita na mesma direção, mas nas costas. Deixe fluir o Reiki para desintoxicar e imagine que tudo o que você não quer sai de você (não se preocupe por onde). Pode reforçar inspirando coisas boas (ou Reiki) e expirar o que quer que saia.
- Temos de criar espaço em nós para o Reiki e para as coisas boas.
- Quando terminar, perceba como se sente. Deixe fluir o Reiki como um rio dentro de você e apanhe muito sol (com cuidado), para ajudar a carregar e a limpar.

Como se sente depois destes exercícios? Faça novamente a meditação *Gassho* e agradeça. Tenha um dia feliz.

DIA 3 – SÓ POR HOJE, SOU GRATO

Quando as coisas são muito fáceis não prestamos atenção a elas. Quando temos saúde não nos lembramos dela. Faça parte da nossa natureza humana. Então, hoje vamos trabalhar a gratidão: de que forma trazemos a gratidão para nossa vida e para tudo o que nos acontece?

11 – Em geral
Se seu passado é abastado
E sem problemas pessoais
As tuas obrigações humanas
São facilmente esquecidas

TÉCNICAS

Se sente que há algo em sua vida que é incapaz de agradecer, então pode fazer a seguinte técnica:

- Feche os olhos e ligue-se à energia;
- Deixe-a fluir para seu coração, até se sentir inteiramente preenchido de Reiki;
- Visualize à sua frente a situação que lhe custa agradecer;
- Apenas a observe: ela pertence ao passado e você está apenas a observando;
- Envie Reiki para a situação;
- Imagine as pessoas envolvidas e a situação ficando cada vez mais brilhantes;
- Quando quiser terminar, visualize a situação esfumar-se em luz, muito leve, e todos muito contentes;
- Agradeça e sinta como está. Não se esqueça do banho seco e da chuva de Reiki.

Como se sente depois destes exercícios? Faça novamente a meditação *Gassho* e agradeça. Tenha um dia feliz.

DIA 4 – SÓ POR HOJE, TRABALHO HONESTAMENTE

Quando pensamos nos outros como seres humanos, que sofrem como nós, que amam como nós, que têm expectativas e desejos como nós, trazemos à consciência a pergunta: vale a pena?

Este vale a pena toca-nos nas ações que tomamos impensadamente e isso está muito relacionado com o quarto princípio: a honestidade. Sendo verdadeiro, vale a pena qualquer tipo de guerra?

121 – A forma correta de pensar
Através do oceano
E em todos as direções,
Eu penso em todos os povos como irmãos.
Qual é o motivo da guerra neste mundo?

O exercício de hoje é simples, é observar.

> - Vá para um local onde goste de estar, nestas suas férias, e observe as pessoas, mas sem as julgar. Observe como são tão parecidas com você e vai enviando Reiki para elas, para que seus desejos, pelo bem supremo, sejam concretizados.

Como se sente depois destes exercícios? Faça novamente a meditação *Gassho* e agradeça. Tenha um dia feliz.

DIA 5 – SÓ POR HOJE, SOU BONDOSO

Sua bondade é o que mais faz brilhar o espelho do coração. Se você brilhar, os outros também irão brilhar. Só por hoje, veja boas coisas em você e nos outros. De que forma acha que a bondade transforma o espelho de seu coração?

125 – O Espelho
Devo polir o meu eu
Mais e mais
Para usar o claro
E brilhante coração dos outros
Como um espelho

Ao longo do dia, vai enviando Reiki com muita bondade e amor incondicional a quem se lembrar ou para as pessoas com quem vai cruzando. Desapegue-se – não precisa saber o que aconteceu com esse envio, faça-o apenas por um ato de bondade e humanidade.

TÉCNICAS

No final do dia, volte a praticar o *Nentatsu* como fez no primeiro dia. Visualize a virtude que quer atingir.

Como se sente depois destes exercícios? Faça novamente a meditação *Gassho* e agradeça. Tenha um dia feliz.

Que, acima de tudo, esteja bem consigo mesmo e em uníssono com o Universo. Partilhe esse seu bem-estar e a descoberta com os outros, alegre-se e espalhe a benesse do Reiki e da felicidade que está em você.

A elevação da consciência é assim, simples como o próprio Reiki. É a simples transformação de nossa forma de estar e a reflexão da mesma na vida e em tudo que nos rodeia.

Espero que tenha gostado deste programa – ele parece simples mas é muito profundo, toca nos pontos que precisamos transformar para sermos melhores. Como nosso crescimento não é uma corrida, então leve seu tempo. Sinta.

Que cada momento de seus dias seja vivido com alegria, por conseguir saborear a particularidade que eles lhe trazem.

Parte IX

Uma aprendizagem integral

61. Uma aprendizagem integral

«Estudar o caminho é estudar o eu.
Estudar o eu é esquecer o eu.
Esquecer o eu é estar atualizado por miríades de coisas.
Quando atualizado por miríades de coisas, seu corpo e a mente,
assim como os corpos e mentes dos outros, são largados.
Nenhum traço de realização se mantém
e este não-traço continua infinitamente.»
– Dogen, Mestre zen

Cada vez mais acredito numa visão integral da nossa vida e da apli-cação do estudo que fazemos com um propósito: ser mais feliz, ter uma paz duradoura. Praticar o *Reiki Ryoho* é importante e sem dúvida um pilar incrível para nossa felicidade. Essa prática, aliada a outros saberes, ajuda-nos a criar uma perspectiva de como e onde estamos e também a compreender melhor os outros. Quero partilhar com você três vertentes que considero interessantes: o *Karuna*, a numerologia e a cristaloterapia. Elas podem ser integradas no Reiki. O *Karuna* é uma continuação da prática, a numerologia nos ajuda a compreender quem somos e algumas das características dos outros e a cristaloterapia também pode ser uma ferramenta auxiliar de relevo na cura e na terapêutica.

KARUNA

Na década de 1980, William Rand e Kathleen Milner, entre outros, trabalharam em conjunto usando suas percepção e sensibilidade no en-contro da energia que auxiliaria os praticantes de Reiki a desenvolverem ainda mais seu trabalho de autocura e de cura aos outros. A base desta percepção foi o *Karuna*, palavra sânscrita para compaixão.

O *Karuna* está dividido em três níveis de aprendizagem: Nível 1, Cons-truir o Jardim da Alma; Nível 2, o Tratamento Amoroso e Compassivo do Jardim da Alma; Nível 3, Viver no Jardim da Alma.

Por considerarmos o ensino tão importante, ainda colocamos um Nível 3B, ao qual chamamos Realizar o Jardim da Alma. O tempo de aprendizagem depende muito de escola para escola. Por opção, por acreditar que um ensino deve ser praticado, cada nível tem pelo menos seis meses de prática regular. Precisamos praticar em nós e nos outros, para melhor compreendermos o *Karuna* como terapia energética e compassiva. O Nível 1 de *Karuna* só pode ser ensinado a partir do Nível 2 do Reiki. E o Nível 3 de *Karuna* apenas a Mestres de Reiki.

A IMPORTÂNCIA DA APRENDIZAGEM E DA APLICAÇÃO DE KARUNA

O Reiki é amor incondicional, *Karuna* é compaixão. Um passivo, o outro mais ativo. *Karuna* traz-nos ferramentas específicas para o tratamento das emoções, dos relacionamentos, dos traumas; traz meditação para cura e união com a essência da Terra. *Karuna* é compaixão, é o elemento ativo que nos leva a chegar ao outro e a auxiliá-lo em seu caminho para a felicidade. Esse caminho começa por nós, pelo perdão, pelo desapego e pelo crescimento interior. Podemos dizer que *Karuna* é uma terapia para autocuidado e o cuidado dos outros, que nos leva ativamente a trabalhar os bloqueios e a resolvê-los dentro de nossos limites. Muitos dizem que é «melhor» do que o Reiki. Tal é impossível de afirmar. Uma vida inteira de prática de Reiki não chega para entendermos toda a extensão de sua aprendizagem e limites, por isso procuramos sempre algo que nos ajude a compreender melhor. *Karuna* é isso mesmo, um companheiro de viagem no caminho do Reiki, que nos auxilia a compreender a terapia, o cuidar, o crescer.

Karuna é o desenvolvimento da compaixão, da autocura e da cura aos outros de traumas, de questões emocionais e de bloqueios mentais. Permite-nos realizar cirurgia psíquica e muito mais, no caminho terapêutico da compaixão.

COMO APLICAR KARUNA E REIKI

As nossas intenção e vontade são mesmo muito importantes. Elas ajudarão a energia a manifestar-se e, como tal, temos de nos tornar conscientes do que realmente queremos fazer ou de que forma queremos deixar a energia trabalhar. Siga a forma como seu Mestre lhe ensinou a ligar-se à energia e interprete estes passos apenas como uma outra perspectiva.

1. Ligue-se à fonte e deixe fluir o Reiki e o *Karuna;*
2. Se quiser, desenhe os símbolos nas mãos (Reiki e *Karuna*);
3. Pode visualizar o tratamento através do *Reiji-Ho* ou usando o *mudra Kai* na Terceira Visão;
4. Aplique a energia nas posições de autotratamento ou tratamento aos outros, que está habituado a fazer, e deixe fluir. Desenhe ou visualize os símbolos se estes surgirem, o que significa que a energia necessita dessas frequências;
5. Pode também aplicar todos os símbolos na aura da pessoa, com gentileza, suavidade, amor, compaixão e respeito;
6. No final, agradeça.

No dia a dia pode também aplicar esta conjugação de energia como sentir, como por exemplo para a harmonização de uma relação – pode usar o *Harth* com o *Honshazeshonen* ou o *Seiheki*. O *Karuna* e o Reiki conjugam-se perfeitamente – são a união da compaixão com o amor incondicional. Nós, praticantes, devemos fazê-lo sempre com respeito e integridade. Deixe fluir a energia com consciência e dedicação.

O *TONGLEN* «DAR E RECEBER», COM APLICAÇÃO NO REIKI E NO *KARUNA*

Se alguém nos faz sofrer, muitas vezes pedimos justiça e que essa pessoa sinta o mesmo que nós. Mas, se continuarmos sempre neste ciclo de ação e reação, de dor, sofrimento, vingança e «justiça», iremos acabar em situações que cada vez mais nos vão magoar, deixando marcas profundas em nossa vida e na dos que nos rodeiam. Será isso o melhor para nós todos?

«Quando outra pessoa lhe faz sofrer é porque sofre profundamente dentro de si mesma e seu sofrimento está a transbordar. Ela não precisa de punição, necessita de ajuda.» – Thich Nhat Hanh

Tonglen é dar e receber, um conceito budista que nos pede para recebermos o sofrimento dos outros e dar-lhes paz, saúde e felicidade. O *Tonglen* está relacionado com compaixão, um conceito muito diferente da piedade, ao qual estamos mais habituados. A compaixão nos pede o bem para todos os seres sencientes, para toda a vida, incluindo nós mesmos. Se queremos praticar o *Tonglen*, dar e receber, temos de fazê-lo com compaixão, saindo de nós mesmos e chegando aos outros em equilíbrio e harmonia.

O *Tonglen* nos ensina também a prática da aceitação e do desapego. Esta é necessária, pois quando observamos algo que não é bom, ou uma situação em determinada pessoa, temos que aceitar que aquele é seu momento de vida e aquilo que ela é capaz de entender no momento. A capacidade de desapego é importante para que não fiquemos com essa experiência, vivência ou energia em nós.

DAR E RECEBER COM REIKI

Antes de iniciar a prática, tenha atenção à sua harmonia emocional e mental, verifique como está energeticamente e sinta-se. Pratique o banho seco e a chuva de Reiki; se puder, pratique o *Hatsurei-Ho*. Peça conselho ao seu Mestre sobre estes exercícios e veja se pode praticá-lo.

Para praticantes de Nível 1

1. Ligue-se à energia e permaneça em meditação *Gassho*;
2. Recite calmamente os Cinco Princípios do Reiki;
3. Visualize uma grande bola de energia Reiki à sua frente, que pode transformar qualquer coisa negativa em algo positivo (se quiser, visualize uma cor verde ou violeta, ou a que surgir na ocasião);
4. Visualize a pessoa ou a situação à frente dessa bola de energia;
5. Visualize um raio suave de energia fluindo para a pessoa, levando saúde, paz e felicidade;
6. Visualize a energia mais densa da pessoa e seus problemas indo para a bola de Reiki;
7. Durante algum tempo, visualize esta troca energética, vendo a pessoa ficando cada vez melhor e a sua energia densa sendo transformada pelo Reiki;
8. No final, faça sua limpeza e verifique como está.

Para praticantes dos níveis 2 e 3

1. Ligue-se à energia e permaneça em meditação *Gassho*;
2. Recite calmamente os Cinco Princípios do Reiki;
3. Inicie o *Enkaku Chiryo*, o tratamento à distância;
4. Visualize a pessoa à sua frente e coloque as mãos com as palmas viradas uma para a outra, ligeiramente afastadas;
5. Envia Reiki para a pessoa e traga sua energia mais densa para o espaço cheio de Reiki entre suas mãos;
6. Veja essa energia sendo transformada;
7. Continue enviando Reiki e recebendo, no espaço entre as mãos, a energia da pessoa;
8. Quando quiser terminar, visualize bem a pessoa;
9. Faça sua limpeza e verifique como está.

DAR E RECEBER COM *KARUNA*

1. Pratique a cascata de *Karuna*, para fazer uma limpeza energética completa, interior e exterior;
2. Verifique sua ligação à fonte de energia *Karuna*;
3. Desenhe um *zonar* nas mãos;
4. Visualize um *zonar* no coração;
5. Preenche o coração de energia *Karuna*, visualizando sempre esse *zonar*;
6. Visualize à sua frente a pessoa com quem irá praticar o *Tonglen*;
7. Envie para o coração dela energia *Karuna*, para que se preencha de compaixão e harmonia;
8. Receba em seu coração, preenchido de *Karuna* e com o *zonar*, a energia que vem da pessoa;
9. Sinta este circuito sempre fluindo e não se apegue a sensações;
10. Mantenha o enraizamento e visualize o *zonar* transmutando cada vez mais e a pessoa ficando mais leve e feliz;
11. No final, verifique como está e faça a limpeza, novamente com a cascata de *Karuna* e o banho seco.

NUMEROLOGIA

«Os domínios do mistério prometem as mais belas experiências.»
– Albert Einstein

Quero partilhar com você apenas uma parte da numerologia, que é uma prática incrivelmente extensa e que requer imenso estudo. Da inúmera sabedoria desta prática, destaco a procura dos «Número de Personalidade», «Caminho da Vida» e «Número do Destino». Conhecer um pouco mais destas técnicas ajudará seu autoconhecimento e até mesmo o conhecimento de seus pacientes, ao verificar a que chacra estão mais associados. Observe bem como a descrição de cada número se enquadra com os chacras, faça a experiência com você e com seus pacientes. Geralmente, numa consulta de Reiki não falo sobre estas características com a pessoa, a não ser que já a conheça bem. No entanto, ressalvo sempre que isto nada tem a ver com o Reiki.

NÚMERO DE PERSONALIDADE
Somar os números do dia de nascimento. Por exemplo, se você nasceu num dia 30, some 3+0=3 ou num dia 14 some 1+4=5.

CAMINHO DA VIDA
Some todos os números da data de nascimento. Por exemplo, se nasceu em 23-10-1968, some 2+3+1+0+1+9+6+8=33.

NÚMERO DO DESTINO
Soma dos números correspondentes a cada letra de seu nome completo, usando as seguintes correspondências de número/letra:

123456789
ABCDEFGHI
JKLMNOPQR
STUVXWYZ
CARLOS PAREDES
319361 7195451
23+32=5+5=10=1

1

O COMEÇO, O PRIMEIRO, O PRINCÍPIO, A PREPARAÇÃO DO CAMINHO.

DINAMISMO, INICIATIVA, INDEPENDÊNCIA, ATITUDE POSITIVA PERANTE A VIDA, ORIGINAL, CORAJOSO E LÍDER.

O 1 deve ter algum cuidado com seu autocentramento, desenvolvendo mais a compaixão e a compreensão do que é uma família, ultrapassando sua arrogância e o orgulho, assim como a impaciência e as obsessões.

2

A DUALIDADE, A UNIÃO, A CONJUGAÇÃO, AS SENSAÇÕES.

Tende a ser alguém gentil, bondoso, diplomático e colaborativo. Deve dar atenção à sua emotividade, se for muito sensível, pois poderá tornar-se muito dependente, tímido e ainda com alguma tendência à automartirização.

3

A CRIATIVIDADE, A EXPRESSÃO, A ALEGRIA, O INTERRELACIONAMENTO.

As ideias e a criatividade estão sempre presentes; se tornou uma pessoa adaptável e sociável, com boa capacidade de expressão. Desenvolva a sabedoria, para que ultrapasse alguma imaturidade e a incapacidade de dar o verdadeiro valor a si, aos outros e às coisas.

4

A REALIZAÇÃO, O TRABALHO, O PODER.

É bastante prático e responsável. Como o quadrado, se tornou sólido e alguém de confiança; seu trabalho é organizado e está muito orientado para os objetivos da vida. Tenha cuidado para não deixar gelar ou sofrer demasiadamente o coração; não seja tão apegado ao dinheiro, lembre-se que nem tudo é trabalho e pratique o amor incondicional.

5

O DESENVOLVIMENTO, A LIBERDADE, A COMUNICAÇÃO E AS MUDANÇAS.

Você tem um espírito livre, é um aventureiro por natureza, sempre curioso e adaptável, à procura da vida e das experiências que ela proporciona. Tenha atenção à impaciência, cultive a virtude da solidez e da confiança. Alargue os horizontes e não esteja sempre contra.

6

A RESPONSABILIDADE, O AJUSTAMENTO, A AFETIVIDADE.

É muito ligado à família e capaz de proporcionar muitas coisas boas a todos os que lhe rodeiam. Aprecia a paz e a vida. Precisa ter cuidado com alguma preguiça e a inveja; não se intrometa demais na vida dos outros, nem queira ser o centro de tudo.

7

A INTERIORIDADE, A REFLEXÃO, O AMADURECIMENTO E A SABEDORIA.

Pode unir a espiritualidade à sua mente analítica e é capaz de realizar grandes mudanças, com prudência e cuidado. Não se deixe isolar demasiadamente, nem se torne pessimista – a vida se abre para você se se abrir a ela.

8

A MATERIALIDADE, A COLHEITA, O DESENVOLVIMENTO.

É ótimo para gerir a vida e bastante prático, com uma presença muito evidenciada. Sabe para onde se dirige. Tenha cuidado para não se perder no caminho; não abuse de seu poder, compreenda a ligação entre a terra e o céu.

9

OS IDEAIS, O BALANÇO DE TUDO O QUE FOI ALCANÇADO OU NÃO, A PREPARAÇÃO PARA UM NOVO CICLO.

Sua grande compaixão ajuda-lhe a ultrapassar os limites e tem boa capacidade para ensinar, cuidar e dar conselhos. Não se feche, não seja de extremos. Compreenda a vida e lhe expanda.

11

A INSPIRAÇÃO, O DOMÍNIO, A REVELAÇÃO.

É um visionário capaz de uma grande abnegação por um propósito maior. Poderá estar virado para a espiritualidade e alguma vidência. Não se deixe tomar por noções de superioridade nem se torne hipersensível, como se tudo o que lhe rodeia fosse mau e estivesse sempre em sofrimento.

22

A construção universal, o poder.

É um grande idealista e tem um projeto para a vida e para o Universo. Tenha atenção ao ser demasiado voluntarioso e aos esgotamentos nervosos; tenha calma e aprenda a interligar-se verdadeiramente com os outros, deixando-os também terem um papel na vida.

33

A visão da vida; procura a perfeição.

É um humanitário, visionário, transformador, que procura criar o melhor para os outros. Se não sublimar suas características negativas, poderá tender a cumprir uma agenda muito egoísta, deixando os outros para segundo plano. Medite bastante sobre seus propósitos de vida e como poderão beneficiar a todos, com harmonia.

CRISTALOTERAPIA

O uso que faço de cristais é, em primeiro lugar, para mim, para o meu crescimento e saúde. Com cada cristal, gosto sempre de meditar, de estar, de sentir sua ligação com a Terra e com o Universo e de que maneira esse cristal ressoa comigo. Existem centenas e centenas de cristais e só mesmo você poderá sentir com quais tem afinidade e quais poderão auxiliar numa ação terapêutica com outra pessoa. Claro que se aprende muito com o trabalho pessoal, mas lhe aconselho a procurar um curso com alguém que saiba trabalhar com eles. Também deve ter algum cuidado de manutenção dos cristais, limpando-os regularmente com água, colocando-os ao sol ou ao luar, ou então usando o meu método favorito – a selenite. Se quiser transportá-los com alguma proteção, para que não percam energia, pode usar saquinhos de pano vermelho ou preto. Pessoalmente, tenho meus cristais guardados em caixas de pano preto com separadores, organizados por cores ou trabalho energético, mas isso é algo que só mesmo você pode sentir. Indico-lhe, de forma resumida, alguns dos cristais com que trabalho e considero muito interessantes para nosso desenvolvimento pessoal e até na prática do Reiki.

- **AMETISTA**

Desperta a terceira visão, auxilia o desenvolvimento da intuição. Acalma os pensamentos e a mente, facilita a meditação.

- **AMAZONITE**

Propicia o aumento do poder de vontade e da comunicação, assim como da inspiração.

- **AVENTURINA**

Equilibra as emoções, equilibra o corpo, a mente e o espírito. Propicia uma forte energia de cura.

- **ÁGUA-MARINHA**

Expressa a verdade interior. Diminui o medo e a tensão mental.

- **CITRINO**

Aumenta a autoestima e propicia boa sorte para projetos pessoais, a abundância e a prosperidade.

- **CORNALINA**

É energizante e auxilia a recarregar a energia vital, assim como a trabalhar os aspectos do Chacra Esplênico.

- **CRISTAL DE QUARTZO**

Fornece clareza mental e vibratória, e equilibra a aura.

- **HELIOTRÓPIO**

Desintoxica o fígado, fortalece o sistema imunológico, equilibra todo nosso sistema vital.

- **HEMATITE**

Pedra de proteção e enraizamento. Auxilia na memória e na concentração. Sela a aura de energias negativas e densas.

- **Jade**
Cumprimento de objetivos através da inspiração. Boa sorte.

- **Jaspe**
Antisstressante, alinha os chacras. É uma pedra que traz conforto e paz.

- **Labradorite**
Protege, limpa e equilibra a aura. Pode auxiliar a encontrar nossa finalidade espiritual, a elevação da consciência e a proteção.

- **Malaquite**
Limpa o Plexo Solar. Liberta emoções reprimidas e auxilia a visão interior.

- **Quartzo cor-de-rosa**
Abertura do coração. Conforto. Paz interior.

- **Quartzo fumado**
Auxilia no foco da mente, na fadiga, estimula os instintos de sobrevivência e fixa a energia da luz no corpo.

- **Quartzo citrino**
Aumenta a autoestima, é um purificador. Também é usado para a prosperidade, o sucesso profissional, transmuta e dissipa a energia densa.

- **Quantum quattro**
Atitudes positivas e sistema imunológico. Ajuda a ultrapassar o luto, corta ligações indesejáveis e padrões negativos.

- **Selenite**
Estimula a atividade cerebral, expande a consciência, simboliza o estado de mente clara.

- **SÍLEX**

O sílex liberta os bloqueios, auxilia a invocar guias e aperfeiçoa o espírito.

- **SODALITE**

Desperta e prepara a mente para a terceira visão e o conhecimento intuitivo.

- **TURMALINA PRETA**

Atua na proteção e no enraizamento. Focos e força do corpo e da mente.

> Espero que com este capítulo lhe tenha ajudado a descobrir mais perspectivas que podem lhe auxiliar em seu crescimento pessoal e, principalmente, em seu percurso com o Reiki. Siga o que sente, aprenda sempre, pois o saber não ocupa lugar e... pratique o Reiki.

Referências

SOBRE O BUDISMO

Ao longo deste livro, você foi lendo várias referências sobre o Budismo e a forma como ele se cruza com o Reiki. Não pense que para ser praticante de Reiki tem que ser budista, nada disso. O Budismo faz parte da sociedade japonesa e, como tal, reflete-se em muitas práticas, assim como o Cristianismo faz o mesmo com as práticas tradicionais em alguns países. Encontramos profundas raízes do Budismo nos Cinco Princípios, nas práticas e também nos símbolos com que trabalhamos nos níveis 2 e 3. Para compreender um pouco melhor o papel do Budismo no Japão, coloco esta tabela que, resumidamente, auxilia a compreenção de como ele esteve e está presente.

Período	Seitas budistas	Características
Nara (710–794)	Jôjitsu, Kusha, Ritsu, Sanron, Hossô, Kegon	Aceitação do Budismo pela corte e sua propagação.
Heian (794–1185)	Shingon, Tendai	O Budismo torna-se cada vez mais presente e mistura-se com o Xintoísmo.
Kamakura (1185–1333); **Muromachi** (1333–1568); **Momoyama** (1568–1600)	Jôdo-shû, Rinzai Zen, Sôtô Zen, (Jôdo) Shinshû, Nichiren	Surgem novas seitas e há uma simplificação na prática e no conceito de salvação. As seitas Jôdo, com a salvação pela fé em Amida; Zen, pela meditação; Nichiren, pela fé no *Sutra* do Lótus.

Tokugawa (1600–1868)	Ôbaku Zen	O Budismo passa ser a religião oficial. A prática do *Nembutso* e das peregrinações torna-se popular.
Meiji (1868–1912); Taishô (1912–1926); Shôwa (1926–1989; pré-II Guerra)	Reiyûkai, Risshô Kôsei-kai, Sôka Gakkai.	O Imperador Meiji institui o Xintoísmo Imperial. O Budismo e outras religiões são colocadas em segundo plano ou mesmo proibidas.
Shôwa (1926–1989; pós-II Guerra); Heisei (1989–presente)	Shinnyô-en, Agonshû, Aum-Shinrikyô	Surgem muitas novas religiões com o final da II Guerra Mundial e a abertura religiosa.

Partilho também as palavras de Thich Nhat Hanh e seus Cinco Princípios, que são guias para a forma moral e ética de viver, segundo valores universais. Eles contêm valores eternos como a compaixão, o autodomínio, a justiça social, a honestidade, o respeito e a sabedoria. Em sua fundação está a ideia de «primeiro, não fazer mal». Leia estes princípios com seu coração e sinta o que deve fazer.

- **Ciente do sofrimento causado pela destruição da vida**, voto para cultivar a compaixão e para aprender os caminhos que protejam a vida de pessoas, animais, plantas e minerais.
- **Ciente do sofrimento causado pela exploração, a injustiça social, o roubo e a opressão**, comprometo-me a cultivar a bondade amorosa e a aprender maneiras de trabalhar para o bem-estar de pessoas, animais, plantas e minerais.
- **Ciente do sofrimento causado pela má conduta sexual**, comprometo-me a cultivar a responsabilidade e a aprender maneiras de proteger a segurança e a integridade de indivíduos, casais, famílias e da sociedade.

- **Ciente do sofrimento causado por palavras descuidadas e pela incapacidade de ouvir o sofrimento dos outros**, comprometo-me a cultivar a palavra amável e a escuta profunda para levar alegria e felicidade aos outros e aliviá-los do seu sofrimento.
- **Ciente do sofrimento causado pelo consumo irresponsável**, comprometo-me a cultivar uma boa saúde, tanto física quanto mental, para mim, para minha família e para a sociedade, praticando alimentação, bebida e consumo conscientes.

CENIF – CENTRO PORTUGUÊS DE INVESTIGAÇÃO E FORMAÇÃO EM TERAPIAS COMPLEMENTARES

O Cenif é o centro criado por Sílvia Oliveira e João Magalhães, em 2012, para o desenvolvimento da prática do Reiki. Aí são dados cursos de Reiki para adultos e crianças, com acompanhamento ao longo do tempo. Os alunos começam por um estágio da prática a partir do segundo nível de Reiki e têm também oportunidade para efetuar voluntariado. No Cenif ensina-se também *Karuna* e muitas outras práticas, que podem auxiliar seu desenvolvimento pessoal e a prática profissional. O Cenif está presente em Guimarães e na Amadora.

Para mais informações: amadora@cenif.com e www.cenif.com

ASSOCIAÇÃO PORTUGUESA DE REIKI

A Associação Portuguesa de Reiki foi constituída em 2008 com o propósito de auxiliar os praticantes de Reiki em seu percurso, de contribuir para o esclarecimento público sobre esta prática e filosofia de vida, regulamentar a prática profissional e apoiar aqueles que mais precisem com ações de voluntariado. Com cerca de 1000 associados, mais de 30 núcleos em Portugal continental e nas ilhas e cerca de 50 instituições onde é realizado o voluntariado, a Associação Portuguesa de Reiki prima por manter seus objetivos com coração aberto, incentivando a união e a harmonia entre os praticantes e as associações de Reiki em Portugal. A APR é a federada número 40 da Federação Nacional do Voluntariado em Saúde e faz parte da direção da mesma. O trabalho realizado pelos órgãos sociais e coordenadores é feito em regime de voluntariado.

Para mais informações: info@montekurama.org

www.associacaoportuguesadereiki.com

EUROPEAN REIKI FEDERATION

A European Reiki Federation foi fundada a 24 de outubro de 2014, com o intuito de desenvolver uma parceria europeia entre as associações e as federações de Reiki, para o esclarecimento, o apoio associativo, a investigação acadêmica e a ação social comunitária. Fazem parte da ERF as seguintes associações: Associazione Italiana Reiki; La Fédération de Reiki (França); ProReiki (Alemanha); Reiki Council (Reino Unido) e a UK Reiki Federation (Reino Unido).

www.europeanreikifederation.org/

ESCOLA PORTUGUESA DE REIKI

- Estrada de Polima, 1007 – 1.º F
  Abóboda, São Domingos de Rana – Cascais
- Avenida Eng. Arantes e Oliveira, 5 – 1.º C
  – Lisboa
- Rua José Rocha, 100 A
  – Vila Nova de Gaia

JAMES DEACON

Quero agradecer ao Mestre James Deacon por sua amizade, apoio na minha pesquisa e sua contribuição para a divulgação do Reiki em Portugal, através dos materiais que foi gratuitamente disponibilizando ao longo de tantos anos.

James Deacon é Mestre de Reiki, facilitador de cura, professor, investigador e escritor. Nasceu na República da Irlanda e vive atualmente no Reino Unido. Ao longo de mais de 35 anos, James Deacon esteve envolvido numa extensa e ampla pesquisa dos mais diversos aspectos na área de «mente, corpo e espírito».

Profundamente envolvido com a arte do Reiki Ryoho, James tem uma sólida experiência nas disciplinas de «terapia de energia vital», tendo trabalhado principalmente com SHEN®, Toque Terapêutico, Cura Mesmero-Magnética, *Tenchi Seiki Te-Ate* e aspectos específicos do *Qi Gung*, antes de fazer a iniciação e o treino em Mestre de Reiki, em 1998. Para James Deacon, o Reiki Ryoho é uma paixão. Perspicaz e adepto do «reenquadramento» como um meio de ajudar as pessoas a entenderem melhor, desde 2001 partilha suas percepções com a comunidade Reiki *online*, expressando a sua verdade, muitas vezes de forma clara e direta, noutras usando o humor, a sátira e a ironia para demonstrar seu ponto de vista.

Investigador hábil e dedicado às origens, história e evolução da arte do *Reiki Ryoho*, o trabalho de James Deacon influenciou um grande número de pessoas no mundo inteiro da comunidade Reiki a repensar e reavaliar o que lhes foi vendido como «verdade» – ajudando a separar os fatos da ficção, os mitos comumente repetidos, e a atravessar o que se tornou comum. Também administra o site de informações Reiki (em inglês). Página de Reiki de James Deacon: www.aetw.org. Este site, abrangente de recursos de Reiki, oferece uma riqueza de informações com mais de 390 páginas de Reiki e outras terapias relacionadas com a energia.

Oferece artigos em profundidade sobre os símbolos do Reiki, a história, as técnicas, os estilos, os sistemas de classificação e outros tópicos relacionados. Tem inúmeros e-books, traduções de documentos do início do Reiki e fotografias raras dos primeiros praticantes de Reiki. Além de links para mais de 130 estilos de Reiki e sistemas de terapia energética, de «AET», *Kofutu* e *Zarlen Therapy*, dezenas de milhares de praticantes de Reiki leram os artigos de James Deacon e acederam aos seus e-books a partir de vários sites. Por exemplo: www.scribd.com/Rlei_ki/documents Os seus e-books foram acedidos mais de 300 000 vezes.

Bibliografia

MAGALHÃES, J., *Reiki – Elevação da Consciência: Mahatma*, 2014.

CARLI, J. D., *Reiki – Manual do Terapeuta Profissional*. Lisboa, Dinalivro, 2010.

CHIA, M., *Healing Light of the Tao*. Vermont, Destiny Books, 1993.
___, *Healing Light of the Tao: Foundational Practices to Awaken Chi Energy*. EUA, Destiny Books, 2008

CHOPRA, D., *Saúde Perfeita*. Ed. Best Seller, s.d.

DALE, C., *The Subtle Body*. Colorado, Sounds True, 2009.

DAVEY, H., *Japanese Way of the Artist: Living the Japanese Arts and Ways, Brush Meditation, the Japanese Way of the Flower (Michi: Japanese Arts and Ways)*. Stone Bridge Press, 2006.

JOHAN, H., *Chakras: Energy Centers of Transformation*. Vermont, Inner Traditions/Bear & Co., 2000.

JOHARI, H., *Chakras – Energy Centers of Transformation*, Destiny Books, EUA, s.d.

LOUIS-FRÉDÉRIC., *Japan Encyclopedia*. Harvard, Harvard University Press, 2002.

MÁRQUEZ, C., *Técnicas Japonesas de Reiki*. Ed. Uriel Satori, s.d.

MELLOWSHIP, D., e Chrysostomou, A., *The Essence of Reiki: The Definitive Guide to Usui Reiki*. Londres, Ayni Books, 2008.

OSHO. (2002). *Intimidade – Confiar em Si Próprio e no Outro*. Cascais, Pergaminho, 2002.

QUEST, P., *Living the Reiki Way*. London, Piatkus, 2008.
____, *The Reiki Manual: A Training Guide for Reiki Students, Practitioners*, 2011.
____, *Reiki para a Vida*. Lisboa, Nascente, 2012.

RAND, W. L., *Reiki Master Manual: Including Advanced Reiki Training*. EUA, Vision Publications, 2003.
____, *Reiki the Healing Touch, First and Second Degree Manual*. EUA, Vision Publications, 1998.

SEO, A. Y., *Enso – Zen Circles of Enlightenment*. Boston, Weatherwill, 2007.

STIENE, B. Y., *La Enciclopedia de Reiki*. Buenos Aires, Uriel Satori, 2006.

STURGESS, S., *The Yoga Book A Practical Guide Of Self-Realization*. India, Watkins Publishing, 2000.

SUI, C. K., *Cura Prânica Avançada*. São Paulo, Ground, 1992.

WILBER, K., *No Boundary: Eastern and Western Approaches to Personal Growth*. Shambhala, 2001.

Este é apenas
o começo de seu
caminho.

Conheça outros livros da Bambual Editora

www.bambualeditora.com.br

ESPERANÇA ATIVA

Como encarar o caos em que vivemos sem enlouquecer

JOANNA MACY E CHRIS JOHNSTONE

O que nos ajuda a encarar a confusão que vivemos é o entendimento de que cada um de nós tem algo de significativo para oferecer, uma contribuição a fazer. Ao enfrentarmos o desafio de desempenhar nosso melhor papel, descobrimos algo precioso que enriquece nossas vidas e contribui para a cura de nosso mundo. Numa ostra, em resposta a um trauma, cresce uma pérola. Nós crescemos e oferecemos nossa dádiva de Esperança Ativa.

ORÁCULO DA MULHER SELVAGEM

Uma Jornada ao Encontro do Feminino Sagrado

JENNIFER PERRONI

Este oráculo-livro dialoga com a parte mais íntima da mulher, aquela em que muitas vezes ela mesma não quer olhar, mas precisa. O Oráculo da Mulher Selvagem é composto por 42 cartas, livro com 152 páginas e embalagem para guardar cartas e livro juntos. Inspirada por Clarissa Estés Pinkola, Márcia Frazão, Caitlin Matthews, Carl Jung, Mirella Faur, Joseph Campbell, entre outros, a autora convida mulheres e homens à uma Jornada ao Encontro do Feminino.

SEMEAR, CULTIVANDO PLANTAS MEDICINAIS PARA COLHER AFETO

MAYRA MACHADO, JOANA MOSCOSO E OUTRAS AUTORAS

Este livro narra a experiência de como foi construir coletivamente uma farmácia viva, realizada por frequentadores de uma clínica da família do SUS, uma médica de família, uma psiquiatra e os colaboradores do posto. Desejamos que este registro inspire a disseminação das práticas tradicionais de autocuidado e que mais iniciativas semelhantes a esta sejam realizadas – plantando para colher afeto!

Siga-nos nas redes sociais

 @bambualeditora